DOSSIER
RHODOCANAKIS

ÉTUDE CRITIQUE

DE BIBLIOGRAPHIE ET D'HISTOIRE LITTÉRAIRE

PAR

ÉMILE LEGRAND

PROFESSEUR A L'ÉCOLE NATIONALE DES LANGUES ORIENTALES

PARIS
ALPHONSE PICARD ET FILS, ÉDITEURS
LIBRAIRES DES ARCHIVES NATIONALES
ET DE LA SOCIÉTÉ DE L'ÉCOLE DES CHARTES
82, RUE BONAPARTE, 82

1895

DOSSIER
RHODOCANAKIS 1552

CE VOLUME PEUT SE JOINDRE
A NOTRE BIBLIOGRAPHIE HELLÉNIQUE

DOSSIER
RHODOCANAKIS

ÉTUDE CRITIQUE

DE BIBLIOGRAPHIE ET D'HISTOIRE LITTÉRAIRE

PAR

ÉMILE LEGRAND

PROFESSEUR A L'ÉCOLE NATIONALE DES LANGUES ORIENTALES

PARIS
ALPHONSE PICARD ET FILS, ÉDITEURS
LIBRAIRES DES ARCHIVES NATIONALES
ET DE LA SOCIÉTÉ DE L'ÉCOLE DES CHARTES
82, RUE BONAPARTE, 82

1895

PRÉFACE

Le but de la présente publication est de démasquer les impostures diverses que n'a cessé d'accumuler, depuis plus d'un quart de siècle, Démétrius Rhodocanakis (1), commerçant à Syra, Grec d'origine, mais devenu par naturalisation sujet britannique.

Ce n'est pas la première fois que nous dénonçons les inqualifiables procédés de ce personnage. En effet, il y a dix ans, nous dûmes déjà exprimer notre opinion concernant trois titres forgés par lui (2) pour étayer une thèse burlesque, d'après laquelle il serait aujourd'hui l'unique héritier de plusieurs dynasties byzantines et, comme tel, aurait le droit de se dénommer Démétrius II Ducas-Ange-Comnène-Paléologue-Rhodocanakis, quinzième empereur titulaire de Constantinople.

---

(1) En grec Ῥοδοκανάκης (ou Ῥοδοκάνακις, suivant la graphie adoptée par le héros de ce livre). Les membres des nombreuses et honorables familles qui portent ce nom l'écrivent Ῥοδοκανάκης et le transcrivent *Rodocanachi* (que les Français font rimer à tort avec *mamamouchi*). Comme marchand, à Londres, Ῥοδοκάνακις signait *Rodocanachi ;* comme « prince », il signait dès lors et signe encore *Rhodocanakis*. Cette duplicité avait sans doute pour but de mettre la « principauté » à l'abri des tours pendables que le commerce devait lui jouer. Voir ci-après, p. 139.

(2) Ce sont les numéros 1, 2 et 3 de la liste publiée plus loin (pp. 6 et suivantes).

Si cet homme avait borné son ambition à s'inscrire ainsi sur ses cartes de visite, on se serait certainement étonné tout d'abord de voir tant de glorieux noms accolés à un si obscur patronymique, mais on eût fini par rire de cette bouffonnerie. Malheureusement, Démétrius Rhodocanakis a poussé l'outrecuidance jusqu'à vouloir être pris au sérieux. Pour faire croire à la légitimité de ses revendications, il a attesté l'existence d'imprimés et de manuscrits imaginaires, il a fabriqué des portraits et des épitaphes, il a donné des reproductions falsifiées d'un tableau et d'une monnaie, il a attribué des ouvrages anonymes à des auteurs de son invention, etc., etc.; bref, il a mis tout en œuvre pour tromper le public. Nombreuses sont ses victimes (1). Nous avons nous-même été sa dupe. A une époque où, jeune encore, nous n'avions étudié à fond ni l'histoire politique, ni l'histoire littéraire de la Grèce médiévale et moderne, nous crûmes sur parole cet ex-Hellène et nous eûmes la simplicité par trop latine de lui dédier une brochure, en tête de laquelle nous lui décernâmes un de ces qualificatifs qui ne conviennent qu'aux véritables pasteurs des peuples (2).

Plus versé que nous dans les questions de généalogie, un ami, à qui nous avions offert un exemplaire de cette brochure, voulut bien nous faire toucher au doigt quelques-unes des invraisemblances dont fourmille la thèse de Démétrius Rhodocanakis. Nous étudiâmes alors, avec la plus grande attention, les

---

(1) On verra plus loin comment il a mystifié le capitaine Lawrence-Archer, la rédaction de l'*Almanach de Gotha* et la famille Ralli.
(2) Voir plus loin, p. 128.

différentes publications de ce soi-disant historien et nous ne tardâmes pas à acquérir la certitude, humiliante pour notre amour-propre, que celui que nous avions considéré comme un authentique rejeton des empereurs de Byzance, n'était purement et simplement qu'une *altesse en ruolz*, un *prince en chrysocale* (1).

Nous fûmes vite consolé de cette malencontreuse dédicace ; mais ce qui nous mortifia vivement, c'est que, ayant puisé dans un roman de ce Ponson du Terrail (2) les éléments dont se compose la préface de la susdite brochure, nous nous étions fait l'écho fidèle de détails apocryphes et avions ainsi, à notre grand chagrin, contribué à les propager. Nous fûmes longtemps obsédé par le souvenir de cette involontaire complicité. L'occasion de nous en expliquer ne se fût peut-être, d'ailleurs, jamais présentée, si les diverses élucubrations du mystificateur n'eussent dû fatalement revenir sous nos yeux, quand nous entreprîmes notre Bibliographie hellénique.

En effet, il nous fallut alors opter entre deux alternatives : ou mentionner chacun des ouvrages à sa place chronologique et légitimer ainsi leur intrusion dans la littérature néo-grecque, ou déclarer (ce qui était notre conviction solide et dûment formée) que nous les tenions pour imaginaires. C'est à ce dernier parti que nous nous arrêtâmes. Aux érudits, qui ont si favorablement accueilli notre Bibliographie hellénique, nous avons à peine besoin de dire que, avant de prononcer cet arrêt de proscription,

---

(1) Victor Hugo, *Les Châtiments*, livre III, pièce IV, vers 22.
(2) Dans la *Biographie de Constantin Rhodocanakis*. Voir plus loin, p. 102.

nous nous étions livré à la plus minutieuse enquête. L'axiome juridique *is fecit cui prodest* est, en toute équité, applicable à Démétrius Rhodocanakis.

Notre *Bibliographie hellénique des quinzième et seizième siècles* était publiée depuis six ans, il y en avait près de dix-huit que nous avions cessé toutes relations avec Rhodocanakis, nous ignorions s'il vivait encore ou s'il opérait dans un monde meilleur, quand, un beau jour, nous reçûmes de lui une lettre datée de Syra, le 1ᵉʳ août 1891, où il nous disait : « Je viens de lire le prologue de votre Bibliographie. Les livres dont vous niez l'existence se trouvent dans la bibliothèque Vaticane, comme le cardinal Pitra peut vous le dire, et, avant de publier les autres volumes de votre Bibliographie, vous ferez bien de visiter personnellement, comme je l'ai fait moi-même, en 1870, les galeries du Vatican, où sont rangés les livres imprimés, *dont*, comme vous savez, *il n'existe pas de catalogue* (1). Je n'ai aucune rancune contre vous pour les remarques que vous avez écrites de bonne foi. »

Émanant d'un homme connu pour son insolence et sa grossièreté, cette lettre d'une politesse étudiée ne pouvait que dissimuler un piège. Rhodocanakis parvenait à se contenir, dans l'espoir de nous mieux leurrer. Fort heureusement, nous étions édifié de vieille date sur la valeur de ses boniments les plus solennels, et nous lui répondîmes que nous maintenions nos précédentes affirmations. Revenant à la charge, il nous écrivait encore, le 18 mars 1892 : « Il est facile de nier

---

(1) Voir plus loin, pp. 29-30, ce qu'il faut penser de cette lettre de Démétrius Rhodocanakis.

ce qu'on ne peut prouver. » Le bon apôtre se gardait bien d'ajouter qu'il est tout aussi facile d'affirmer ce qui n'existe pas. Enfin, plus récemment (lettre du 19 janvier 1895), il poussait ce cri de détresse du naufragé qui voit disparaître sa dernière planche de salut : « Si vous saviez l'énorme quantité de livres ignorés par vous qu'il fallait mentionner dans votre Bibliographie, vous réfléchiriez bien, avant de publier la brochure sur [les] *livres imaginaires.* »

Toutefois notre première enquête n'avait porté que sur les trois ouvrages mentionnés dans la préface de la *Bibliographie hellénique des quinzième et seizième siècles* (1). Ayant l'intention de publier celle du dix-septième, nous devions infailliblement rencontrer de nouveau des ouvrages que Démétrius Rhodocanakis a seul le privilège de connaître. Le résultat de nos recherches antérieures n'était pas de nature à nous inspirer une aveugle confiance en certains titres que le faussaire a répandus à foison dans ses opuscules. Comme il affirmait posséder la plupart des ouvrages de ses « aïeux », je le priai de me procurer une photographie des intitulés. Je ne me faisais assurément aucune illusion sur le succès de ma tentative. D'ailleurs, lors même que Rhodocanakis nous eût envoyé la photographie d'un des 24 titres qu'on lira plus loin, nous eussions, sans respect pour Virgile, accusé le soleil d'imposture (2). Mais il ne fut pas nécessaire d'en arriver à une pareille extrémité.

Rhodocanakis accueillit avec un empressement calculé la requête que nous lui avions adressée.

---

(1) Et ci-après (pp. 6 et suivantes), sous les numéros 1, 2, 3.
(2) *Géorgiques*, I, 463-464.

Le 19 juin 1892, il nous écrivit : « Les photographies des titres des livres désirés sont faites et vous les aurez prochainement. »

Le 8 août 1892 : « Je vous prie *d'avoir patience*, et vous aurez à temps pour être insérées à leur propre place dans votre Bibliographie les photographies, lesquelles j'étais obligé de faire quatre fois ! Si j'avais confiance à la poste, je vous enverrais les livres, avec prière de me les retourner par la même voie, et ainsi finira cet épisode littéraire. »

Après ce dernier aveu, il eût été cruel d'insister. Peut-être même avions-nous trop longtemps usurpé le rôle du chat qui joue avec la souris. Mis au pied du mur, Rhodocanakis battait piteusement en retraite, prouvant ainsi jusqu'à l'évidence qu'il ne possédait aucun des 24 ouvrages dont nous reproduisons plus loin les titres (1).

Nous reprîmes dès lors et poursuivîmes avec vigueur l'enquête dont nous publions aujourd'hui les résultats. Nous croyons n'avoir rien négligé pour la rendre aussi complète et aussi sincère que possible. Il ne faut pas croire toutefois que, en écrivant cette étude, nous nous soyons flatté de ramener Rhodocanakis à une juste notion de lui-même et à une saine

---

(1) Toutes les fois que j'ai exprimé à Rh. mes doutes sur l'existence des livres concernant ses « aïeux », il a toujours déplacé la question. Ainsi, le 18 mars 1892, il m'écrit que, dans un ouvrage qu'il élucubre sur les Giustiniani de Chio, je verrai indiqués des livres dont je n'ai jamais imaginé l'existence (il ne doit pas mentir) et il m'envoie une liste de sept opuscules sur la prise de Constantinople par les Turcs, en me priant de lui indiquer une bibliothèque où ils se trouvent (car il croit être seul à les posséder). C'est se dérober à l'aide du sophisme, aussi puéril que banal, qui consiste à ne pas répondre à ce qu'on demande et à répondre à ce qu'on ne demande pas.

appréciation de ses actes. Dans les deux lettres publiées ci-après (pp. 127 et suiv.), « Démétrius II » a pris à tâche de prouver qu'il est incurable et que les douches glacées de la critique ne font qu'exaspérer sa mégalomanie.

Nous remercions de tout cœur, en terminant, les personnes très nombreuses qui nous ont prêté main-forte pour balayer de l'Histoire ce prince d'opérette et nous leur demandons pardon de les avoir associées à une si désagréable besogne de nettoyage.

DOSSIER
RHODOCANAKIS

CHAPITRE PREMIER

IMPRIMÉS IMAGINAIRES

L'âne a beau se couvrir de la peau du lion, il ne s'en affuble jamais si parfaitement qu'il ne laisse percer quelque petit bout d'oreille révélateur. Ce n'est pas que nous voulions, dans une comparaison désobligeante, discréditer maître aliboron en assimilant sa ruse innocente aux fourberies coupables de Démétrius Rhodocanakis, mais la déconvenue du baudet de la fable nous revint à l'esprit, le jour où nous trouvâmes les moyens de démasquer cette première série d'inventions bibliographiques. En effet, malgré sa prodigieuse astuce, l'imposteur a poussé l'oubli de ses devoirs professionnels jusqu'à tracer lui-même la marche à suivre pour renverser son échafaudage de mensonges. Le faussaire est toujours l'artisan de sa propre ruine.

Essayant de répondre, il y a vingt-cinq ans, au spirituel persiflage dont sa principauté fut l'objet en Angleterre, à cette époque, Démétrius Rhodocanakis fagota une brochure intitulée : *Reply to a criticism in the Saturday Review*, où il eut l'imprudence d'insérer, p. 13 (ce chiffre, pour lequel il

éprouve tant d'antipathie (1), aurait dû lui inspirer une salutaire défiance), la note que voici :

For information relative to the books mentioned in Appendix A, B, C, D, vide the Catalogues of the British Museum, of the Royal Libraries of Belgium, Dresden, Copenhagen, Berlin, Madrid, Gottingen, The Hague, Stuttgart and Windsor; of the Imperial Libraries of Paris, Vienna and Saint-Petersburgh, of the Vatican at Rome, and of Saint-Mark at Venice, of the Bodleian, of the Advocates in Edinburgh, and of the Royal Medical and Chirurgical Society of London.

Or, tous les titres d'ouvrages correspondant aux numéros 1, 2, 3, 4, 5, 7, 9, 10, 11, 12, 14, 15, 16, 17, 19, 20, 21, 22, 23 et 24 de la liste ci-après sont empruntés aux appendices B et C dont parle cette note ; donc tous sans exception doivent se trouver dans la collectivité des dix-huit bibliothèques énumérées par Démétrius Rhodocanakis (2).

Rien de plus simple que de s'en assurer. Le « prince » pousse l'obligeance jusqu'à nous dire : *vide the catalogues*. Ces catalogues, nous en avons personnellement compulsé quelques-uns, et les autres l'ont été à notre intention par des

---

(1) « Il paraît que Monsieur Picard ne pouvant disposer facilement [de] l'exemplaire numéro 13 de votre *Bibliographie hellénique* et ne connaissant [pas] ma grande antipathie pour ce numéro, me l'a envoyé. Au lieu de lui renvoyer le volume entier, je lui ai renvoyé la page avec le numéro 13, le priant de vouloir bien me la remplacer par une autre avec n'importe quel numéro. » (Lettre de Rhodocanakis à mon adresse, en date du 14 décembre 1894.)

(2) Les numéros 6, 8, 13 et 18 (ce dernier est une prétendue seconde édition du n° 17) ne sont pas mentionnés dans la *Reply* comme existant dans la collectivité des dix-huit bibliothèques, mais ces ouvrages sont également imaginaires. Indiqués ailleurs par Rhodocanakis, ils ont leur rôle déterminé dans le vaste ensemble d'impostures dont il est l'inventeur. La famille Coressius est alliée à la sienne, et cette particularité nous explique que le faussaire ait jeté son dévolu sur ce nom, illustré au dix-septième siècle par Georges Coressius, dont il sera encore question plus loin, dans le chapitre consacré aux épitaphes.

personnes dignes d'une entière confiance. Or, dans aucune des dix-huit susdites bibliothèques, on n'a trouvé trace des ouvrages désignés par les numéros reproduits plus haut.

Cependant, Rhodocanakis ayant l'illogique et déplorable habitude de juger son prochain *ex sensu intimo*, il était à craindre que, avec l'aplomb qui caractérise les farceurs de son acabit, il ne jurât, la main sur « sa conscience », que ses affirmations offraient de plus sérieuses garanties de sincérité que les nôtres. Nous avons eu la férocité de ne pas lui laisser cette suprême ressource.

Nous avons donc fait imprimer une circulaire contenant les titres des 24 ouvrages imaginaires et nous en avons envoyé des exemplaires non seulement aux 18 bibliothèques spécialement désignées par Démétrius Rhodocanakis (ce qui eût suffi), mais encore aux directeurs de 325 autres. Or les réponses des 18 bibliothèques en question, de même que toutes celles que nous avons reçues (1), sont d'une navrante identité et peuvent se résumer ainsi : « Monsieur, nous avons le regret de vous informer que notre bibliothèque ne possède aucun des 24 ouvrages mentionnés dans la liste que vous nous avez adressée. »

Démétrius Rhodocanakis est libre de faire une contre-enquête. Nous le défions d'indiquer, en Europe ou en Amérique (2), une bibliothèque possédant un seul des 24 ouvrages de la liste ci-après ; mais, au cas où il en indiquerait une, nous le défions de produire un certificat du bibliothécaire attestant l'existence d'un de ces 24 ouvrages. Nous défions enfin Démétrius Rhodocanakis de fournir comme preuve de ses assertions autre chose que « sa parole d'honneur ». Il ne manquera pas non plus d'invoquer le témoignage de quelques braves gens, tous invariablement décédés, par conséquent fort empêchés de lui infliger un démenti.

---

(1) Elles forment un très volumineux dossier, que nous conservons précieusement.

(2) Nous lui abandonnons les autres parties du monde. Nous pousserons même la charité jusqu'à lui recommander tout spécialement la bibliothèque du grand Lama, laquelle est, d'ailleurs, d'un accès des plus difficiles et ne possède pas de catalogue.

Le lecteur est instamment prié de remarquer que la question ne porte pas sur un seul ouvrage, mais sur 24, dont certains auraient obtenu plusieurs éditions ; que ces 24 ouvrages ont tous été imaginés pour concourir à un but unique et bien précis : appuyer la thèse saugrenue que Rhodocanakis s'efforce d'accréditer.

Non seulement nulle bibliothèque au monde ne possède aucun de ces 24 ouvrages, mais encore nous défions Rhodocanakis de produire soit un catalogue de vente aux enchères, soit un ouvrage bibliographique ou autre, antérieur à ses propres publications (1), qui mentionne un seul des 24 ouvrages dont il affirme l'existence.

En tête de la circulaire que nous avons adressée nominativement aux 343 bibliothécaires, on lisait ce qui suit :

Monsieur,

Désirant compléter mes études de bibliographie et d'histoire littéraire, je prends la liberté de m'adresser à votre extrême bienveillance pour vous prier de consulter le catalogue de votre bibliothèque, afin de constater si elle possède ou non un exemplaire des ouvrages dont le titre figure dans la liste ci-après.

Si vous découvrez quelques-uns de mes desiderata, *il suffira de me les indiquer par le numéro que je leur ai assigné. Lors même que le résultat de vos recherches serait négatif, il y aurait intérêt pour moi à en être informé.*

---

(1) Le lecteur comprendra les raisons qui nous obligent à faire cette réserve. On sait, en effet, combien il est facile de dire à un libraire : « J'ai tel livre dont je désire me débarrasser, voulez-vous le porter sur votre catalogue ? » Le libraire n'a aucune raison de refuser cette complaisance à un client, il insère l'article. Le catalogue une fois imprimé et distribué, on déclare avoir changé d'avis et le tour est joué. Les exemples de cette supercherie ne sont pas rares. Il y en a encore une autre qui consiste à mettre en vente chez un bouquiniste un ouvrage habilement truqué, que l'on fait racheter pour son compte par un tiers ou même qu'on laisse passer entre les mains d'un acquéreur quelconque. C'est un moyen de délivrer un brevet d'authenticité à un livre entaché de faux. Mais toutes ces mèches et bien d'autres encore sont depuis longtemps éventées.

Dans l'espoir que vous voudrez bien m'aider à mener à bonne fin cette enquête bibliographique, je vous prie, Monsieur, d'agréer, avec mes remerciements anticipés, l'assurance de ma considération la plus distinguée.

ÉMILE LEGRAND,
Professeur à l'École nationale des langues orientales,
Auteur de la *Bibliographie hellénique*.

Venaient ensuite les 24 titres sans aucun commentaire. Nous les reproduisons dans la liste suivante ; mais, après chacun d'eux, nous mentionnons les divers opuscules de Rhodocanakis où ils figurent. Nous indiquons, en outre, pour plusieurs, certaines particularités qui, indépendamment de l'absence des ouvrages dans les 18 bibliothèques désignées comme les possédant, suffiraient à prouver le flagrant délit d'imposture (1). C'est le plus souvent par des détails infiniment petits que les faussaires se trahissent. On verra que le nôtre ne fait pas exception à la règle. Les notices biographiques qui suivent quelques-unes des descriptions sont aussi l'œuvre de Rhodocanakis, c'est-à-dire imaginaires.

---

(1) Dans mes voyages en Italie, j'ai appris, de la bouche même de plusieurs bibliothécaires, que quelques-uns des ouvrages imaginés par Rhodocanakis leur avaient été demandés par différentes personnes. A la Vaticane et à la Marciane, notamment, les *Tables généalogiques* attribuées à Arsène de Monembasie ont été demandées à plusieurs reprises et, chaque fois le chercheur a déclaré qu'il avait puisé le titre de ce livre dans une des brochures de Rhodocanakis. Feu Jean Veloudo m'a raconté qu'il avait cru lui-même à l'existence de l'ouvrage *Palæologæ gentis vicissitudines* attribué à Léon Allatius; et que, dans cette conviction, il l'avait fait chercher en pure perte, à la Vaticane, à la Barberine et à la Vallicellane. Dernièrement aussi, ayant lu l'appel que j'adresse aux lecteurs de ma Bibliographie de vouloir bien me faire connaître les ouvrages qui auraient échappé à mes recherches, un professeur anglais m'a envoyé un exemplaire de la *Reply* de Rhodocanakis, en me signalant les livres dont les titres y sont donnés et à l'existence desquels il n'avait aucune raison de ne pas ajouter foi.

1

Ἱστορία τῆς νήσου Χίου, ὑπὸ Νικολάου Βλαστοῦ τοῦ Κρητός. Venetiis, 1498.

In-4º de 158 pages au moins.
Mentionné par Rh. dans *Reply*, p. 11; *Hellas*, p. 137; *Biographie de Coressius*, p. 25; *Biographie de Constantin Rhodocanakis*, p. 32.

2

Γενεαλογικὰ στέμματα ἐνίων περιφανῶν Βυζαντινῶν Οἴκων, ἀπὸ τῶν ἀρχαιοτάτων χρόνων, μέχρι τῆς νῦν ἐποχῆς, συλλεγέντα ἐκ παντοδαπῶν παλαιῶν τε καὶ νέων χειρογράφων, παρὰ Ἀρσενίου, ταπεινοῦ ἀρχιεπισκόπου Μονεμβασίας. Venetiis, 1533.

In-folio de 214 pages au moins.
Mentionné par Rh. dans *Reply*, p. 11; *Hellas*, p. 137; *Biographie de Coressius*, p. 25; *Biographie de Const. Rhodocanakis*, p. 31.

Rhodocanakis n'a pas seulement donné le titre de cet ouvrage imaginaire, mais encore il en a cité un prétendu passage où Arsène de Monembasie ne reconnaîtrait guère sa façon d'écrire. Qu'on en juge (nous transcrivons le morceau intégralement):

Ὁ τῶν Ῥοδοκανακιδῶν οἶκος ἀρχαιότατος καὶ περιφανέστατός ἐστιν ἁπάντων τῶν Ῥωμαϊκῶν (1) · τὴν ἀρχὴν γὰρ ἐκ τοῦ τῶν Δουκῶν περι-

---

(1) Cette phrase paraît être la traduction de la suivante, que nous lisons dans un article consacré à la *Famille Rodocanachi* : « Sous le rapport de la position et de l'ancienneté, aucune des grandes maisons grecques ne peut être placée au-dessus de la maison Rodocanachi.» (*Histoire générale des hommes vivants et des hommes morts dans le dix-neuvième siècle*, etc., etc., t. II de l'éd. où les articles se classent dans l'ordre alphabétique par tome, Genève, 1860-1866, in-folio, sans pagination générale.) Cet article anonyme pourrait bien être, en matière

κλεοῦς γένους, τοῦ ἐκ τῆς τοῦ μεγάλου Κωνσταντίνου φυλῆς ἀναβλύσαντος, ἔσχε, καθάπερ Ἀντώνιος ὁ Δαλασσηνὸς, Νικήτας ὁ Χωνιάτης, Γεώργιος ὁ Κεδρηνὸς, Μιχαὴλ ὁ Γλύκας, Λαόνικος ὁ Χαλκοκονδύλης, Μιχαὴλ ὁ Ἀτταλειώτης, Γεώργιος ὁ Φραντζῆς, Ἐμμανουὴλ ὁ Χρυσολωρᾶς, Μάρκος ὁ Μουσοῦρος, Ἰωάννης ὁ Λάσκαρις, καὶ πλεῖστοι ἄλλοι ἱστορικοί, ἐν τοῖς συγγράμμασιν αὐτῶν μαρτυροῦσι. — Ἐπεκλήθη δὲ Ῥοδοκανάκειος τὸ πρῶτον ὑπὸ τοῦ θεμελιώσαντος αὐτὸν μαγίστρου Νικηφόρου, δευτερογενοῦς υἱοῦ Ἀνδρονίκου Δούκα τοῦ πρωτοβεστιαρίου καὶ Ἄννας Δαλασσηνῆς τῆς ἑαυτοῦ γυναικός. Οὗτος γὰρ, ὅτε, μετὰ τὴν τοῦ πρεσβυτέρου ἀδελφοῦ Κωνσταντίνου σφαγὴν, τοῦ τὴν βασίλειον ἀρχὴν καταλαβεῖν ἐπιχειρήσαντος, τῆς νήσου Ῥόδου ὑπὸ Κωνσταντίνου τοῦ Πορφυρογεννήτου καὶ τῶν ἐπιτρόπων αὐτοῦ, βασιλεὺς ἀνηγορεύθη, τὴν ἐπωνυμίαν ΡΟΔΟΚΑΝΑΚΙΣ προσέλαβεν, ἵνα τῶν ἄλλων Δουκωνύμων διακριθῇ, καὶ ἵνα τοῖς πᾶσι δηλώσῃ ὅτι τῆς Ῥόδου ἄναξ γέγονεν, τό τε τῆς νήσου σῆμα, τὸν κυανοῦν δὴ θυρεὸν σὺν τῷ ἀνεστραμμένῳ Ἰουστινιανείῳ διαδήματι, τοῖς ἀργυροῖς ῥόδοις καὶ τῷ τῶν χρυσῶν ἀστέρων στεφάνῳ, τὸ ὑπὸ Ἰουστινιανοῦ τοῦ Μεγάλου, πρὸς ἀμοιβὴν τῶν ἐκεῖθεν διὰ τὴν οἰκοδομὴν τῆς φιάλης τοῦ τῆς Ἁγίας τοῦ Θεοῦ Σοφίας ἱεροῦ ναοῦ πεμφθέντων κεραμείων, αὐτῇ δωρηθὲν, ἐπὶ ταῖς τέσσαρσι πλευραῖς τοῦ ἐπὶ τοῦ πατρῴου αὐτοῦ θυρεοῦ ἀργυροῦ σταυροῦ ἔθηκεν. Λέγεται δὲ, κτλ. κτλ. κτλ. (Ἀρσενίου, ἀρχιεπισκόπου Μονεμβασίας, Γενεαλογικὰ στέμματα ἐνίων περιφανῶν Βυζαντινῶν Οἴκων, κτλ. κτλ. pp. 121-164. *Venetiis*, 1533, in-f°) (1).

historique, le début de D. Rhodocanakis; il offre tous les caractères de sa façon de procéder. Il est, d'ailleurs, de notoriété publique que feu le comte de Birague, éditeur de cette bizarre encyclopédie, n'insérait que des mémoires payés d'avance par les intéressés. L'article concernant la *Famille Rodocanachi* débute ainsi : « Cette famille, originaire de l'île de Scio (ou Chio), est fort ancienne et, s'il n'existe pas de noblesse en Grèce, nous devons rappeler qu'à Scio, lorsque le gouvernement était confié à quelques vieillards que l'on choisissait parmi les familles les plus influentes et qui exerçaient une dictature patriarcale, *la famille Rodocanachi fournissait toujours un membre à ce conseil.* » Cette dernière assertion est entièrement fausse.

(1) *Reply*, pp. 14-15. Tout ce passage a été également reproduit par Vincent Giustiniani, *Vie et ouvrages de D. Rhodocanakis*, p. 6.

3

Ὠδὴ εἰς τὴν γέννησιν τοῦ ἐκλαμπροτάτου καὶ γαληνοτάτου πρίγγιπος Φραγγίσκου τοῦ Ῥοδοκανάκιδος, ποιηθεῖσα παρὰ Ζαχαρίου ἱερέως Σκορδυλίου Κρητός, τοῦ παρεπίκλην Μαραφαρᾶ, καὶ ἐπιτρόπου τοῦ τῆς Κωνσταντινουπόλεως οἰκουμενικοῦ πατριάρχου κυρίου Ἰωάσαφ. ἐν Ἐνετίαις, αφξϛ΄.

In-4º de 28 pages.
Mentionné par Rh. dans *Reply*, p. 11; *Hellas*, p. 137; *Biographie de Constantin Rhodocanakis*, p. 32.

4

Histoire des anciens Ducs et autres souverains de l'Archipel, avec une description de l'Isle de Chio ou Scio. Par Monseigneur le Prince FRANÇOIS RHODOCANAKIS, fils du Seigneur Démétrius, l'un des seigneurs de ladite Isle, et d'Hélène Palæologue, descendante des Empereurs de Constantinople, etc. *A Paris*, 1600.

In-8º de 340 pages au moins.
Mentionné par Rh. dans *Reply*, p. 11; *Hellas*, p. 137; *Biographie de Constantin Rhodocanakis*, p. 32 et 36; *Généalogie*, table 3.

Le titre ci-dessus a indubitablement été fabriqué à l'aide des suivants qui appartiennent à deux ouvrages bien connus:

a) Histoire nouvelle des anciens ducs et autres souverains de l'Archipel : Avec la description des principales isles et des choses les plus remarquables qui s'y voyent encore aujourd'huy. A Paris, chez Étienne Michallet, premier imprimeur du Roy, ruë Saint Jacques, à l'Image Saint Paul. 1698. Avec privilege du Roy (L'auteur de ce livre est Robert Saulger).

b) La description et histoire de l'Isle de Scios ou Chios. Par Ierosme Iustinian, gentil'homme ordinaire de la Chambre du Roy tres-chrestien, Charles neufuiesme, fils du seigneur Vincent Iustinian, l'un des seigneurs de ladite isle, chevalier de l'ordre de sa ditte Majesté, conseiller en son conseil d'estat et privé, et ambassadeur extraordinaire du Roy, auprez de Sultan Selin, grand Seigneur de Constantinople. M. D. VI (Lire M. DC. VI.)

NOTICE BIOGRAPHIQUE IMAGINAIRE

« François Rhodocanakis, fils de Démétrius Rhodocanakis et d'Hélène Paléologue (fille unique de Prosper Paléologue et d'Anne Dalassène), naquit à Chio, « dans le château de ses aïeux », le 18 janvier 1560. Il étudia en France, en Angleterre et en Italie. Il épousa, le premier juin 1589, à Paris, la fille cadette du prince Jérôme Giustiniani, et fut assassiné, à Chio, par un inconnu, dans la nuit du 15 octobre 1640. Il laissait à ses fils le soin de réaliser le colossal projet qu'il avait conçu, avec le roi Louis XIII, à la Cour duquel il vécut plusieurs années, et qui consistait à chasser les Turcs et à rétablir l'empire byzantin (1). »

Dans sa *Généalogie* (2), Démétrius Rhodocanakis, renchérissant encore, affirme que le susdit François passa toute sa vie à la Cour des rois Charles IX, Henri III, Henri IV et Louis XIII.

5

Les Hommes Nobles et Illustres de l'Isle de Chio ; escrit par Son Altesse Monseigneur le Prince François D. Rhodocanakis, seigneur de ladite Isle, etc. et adressé à S. A. le très illustre Prince Gaston, Duc d'Anjou, etc. *A Paris*, 1620.

In-4° de 440 pages au moins.
Mentionné par Rh. dans *Reply*, p. 11 ; *Hellas*, p. 137 ; *Biographie de Constantin Rhodocanakis*, pp. 32 et 36 ; *Généalogie*, table 3.

---

(1) *Hellas*, p. 137 ; *Biographie de Const. Rhodocanakis*, p. 32.
(2) Dans la troisième table.

6

Memorie istoriche della città di Firenze, scritte da Georgio Coressi, di Scio. *In Venezia*, Appresso Antonio Pinelli. MDCXXI. Con licenzia de' Superiori.

In-4º de 561 pages.
Mentionné par Rh. dans la *Biographie de Coressius*, p. 14.

Le 21 mars 1892, Démétrius Rhodocanakis m'écrivait qu'il possédait l'unique (?) exemplaire de l'*Orazione* de Georges Coressius, que j'ai décrite dans ma *Bibliographie hellénique du dix-septième siècle* (tome I, p. 102, n° 83), d'après l'exemplaire de la bibliothèque Angélique, et il ajoutait : « Mais peut-être vous doutez aussi de l'existence de cet opuscule. Vous ferez bien d'insérer [des] fac-similés des frontispices de tous les ouvrages de Georges Coressius. Ils sont magnifiques, *je les ai tous.* » Puisque D. Rh. possède tous les ouvrages de Georges Coressius, voilà une excellente occasion d'exhiber les *Memorie istoriche* et le *De anima* (voir le n° 13), dont je nie l'existence.

7

L'instabilità della Fortuna, Oda del Monsignor Giovanni Matteo Caryofilo, archivescovo d'Iconio, dedicata all' Altezza Serenissima di Demetrio Rhodocanaki, Prencipe di Constantinopoli. *In Roma*, 1630.

In-8º de 43 pages.
Mentionné par Rh. dans *Reply*, p. 11 ; *Biographie de Coressius*, p. 8; *Hellas*, p. 138; *Biographie de Const. Rhodocanakis*, pp. 32 et 37; *Généalogie*, table 3.

Bien qu'il n'en dise rien, c'est évidemment d'après Rhodo

canakis que Andronic Démétracopoulos cite cet ouvrage dans ses Ἐπανορθώσεις σφαλμάτων παρατηρηθέντων ἐν τῇ νεοελληνικῇ Φιλολογίᾳ τοῦ K. Σάθα (Trieste, 1872, in-8º), p. 29.

Ce titre paraît avoir été inspiré à l'imposteur par celui d'une comédie de Vincent Comnène : *L'istabilità della Fortuna*. Voir Lorenzo Miniati, *Le glorie cadute dell' antichissima ed augustissima famiglia Comnena* (Venise, 1663, fº), p. 138.

8

DEMETRIUS CORESSIUS, Dux. Dissertatio de vita et scriptis Homeri. *Romæ*, 1634.

In-4º. Mentionné par Rhodocanakis dans *Hellas*, p. 112.

9

Ἱστορία συνοπτικὴ τοῦ τῶν Ῥοδοκανακιδῶν περικλεοῦς γένους, συλλεγεῖσα ἐκ διαφόρων χειρογράφων, ὑπὸ Γρηγορίου ἱερομονάχου καὶ πρωτοσυγκέλου τῆς μεγάλης ἐκκλησίας, τοῦ ἐκ τῆς ἁγίας Μονῆς τῆς Νέας, τῆς κειμένης ἐν τῇ νήσῳ Χίῳ. Ἐν Ἰασίῳ, αχλδʹ (1634).

In-folio de 484 pages.
Mentionné par Rh. dans *Reply*, p. 11 ; *Hellas*, p. 138; *Biographie de Constantin Rhodocanakis*, p. 33.

Rh. aurait dû s'inquiéter de savoir à quelle date l'imprimerie fut fondée à Jassi. Qu'il consulte donc le *Supplementum ad historica Russiæ monumenta ex archivis ac bibliothecis extraneis deprompta et a Collegio archæographico edita* (Petropoli, typis Eduardi Pratzi, 1848, fº), il y trouvera, à la p. 486, une lettre de Basile le Loup, écrite, le 12 janvier 1641, aux Frères de l'Association de Lemberg pour obtenir d'eux une fonte de caractères typographiques.

Antérieurement à cette date, on n'imprimait pas à Jassi (1). Le plus ancien spécimen d'impression connu qui soit sorti des presses de cette ville est le *Décret synodal* du patriarche Parthénius, placard in-folio décrit dans notre *Bibliographie hellénique du dix-septième siècle* (t. III, p. 89, n° 708) et qui porte la date du 20 décembre 1642.

10

Ἰωάννου Ἀνδρέα Σταυρινοῦ, τοῦ Χίου καὶ μεγάλου βιβλιοθηκαρίου τῆς μεγάλης ἐκκλησίας, Μονῳδία ἐπὶ τῷ θανάτῳ τοῦ ὑψηλοτάτου, θεοσεβεστάτου καὶ ἐνδοξοτάτου αὐθέντου καὶ ἡγεμόνος, κυρίου, κυρίου Φραγγίσκου Ῥοδοκανάκιδος τοῦ Χίου. Βενετία, 1640.

In-8° de 86 pages.

Mentionné par Rh. dans *Reply*, p. 11; *Hellas*, p. 138; *Biographie de Const. Rhodocanakis*, p. 33.

11

DEMETRII RHODOCANAKIDIS, Magni Ducis, Annales, cum versione latina et annotationibus STEPHANI RHODOCANAKIDIS, Principis. *Parisiis*, MDCXLVIII.

Grand in-folio de 340 pages.

Mentionné par Rh. dans *Reply*, p. 12; *Hellas*, pp. 132 et 138; *Biographie de Const. Rhodocanakis*, pp. 33 et 39; *Généalogie*, tables 2 et 3.

Si un ouvrage de proportions pareilles et imprimé à Paris, en 1648, existait, serait-il admissible qu'il eût alors échappé à Du Cange et aux byzantinistes ses contemporains ? Serait-il admissible que, depuis 1648 jusqu'en 1870, date à laquelle

---

(1) On trouve dans le *Catalogue* de Vrétos (première partie, p. 26 n° 76) la mention d'un ouvrage de Mélétius Syrigos qui aurait été imprimé à Jassi en 1639 ; mais le bibliographe grec a été trompé par quelque indication inexacte, car son honnêteté littéraire est au-dessus de tout soupçon.

Rh. l'a mentionné pour la première fois, il fût resté inconnu aux nombreux savants qui ont écrit sur l'histoire du Bas-Empire ? La chose paraîtrait à peine croyable pour une plaquette de 12 feuillets ; mais, pour un grand in-folio de 340 pages, elle dépasse les bornes de la crédibilité.

NOTICE BIOGRAPHIQUE IMAGINAIRE

« Démétrius Rhodocanakis eut pour père Michel Rhodocanakis. Ce Michel naquit en 1343. Il épousa, en 1361, Julie Synadinos (1) ; en 1367, Anne Restongi (2) ; en 1370, Anne Branas (3). En 1360, il fut créé césar, avec le privilège de porter des chaussures blanches et pourpres. Il mourut, en 1421, massacré par ses soldats albanais révoltés. Du mariage de ce Michel avec Julie Synadinos naquit Démétrius ; il vit le jour, à Chio, le 10 janvier 1365, « dans le château de Rhodocanakis ». Le 6 janvier 1398, il épousa à Constantinople, Esmeralda Notaras (4). Protospathaire en 1390, duc des *Scholæ*, duc de Constantinople et despote, il fut tué, lors de la prise de cette ville par les Turcs, le 29 mai 1453. Indépendamment des susdites *Annales*, qui comprennent l'histoire de la dynastie des Paléologues, Démétrius composa un grand nombre d'autres ouvrages, conservés à la bibliothèque Vaticane et (écrivait, en 1872, Démétrius junior) dont la publication est imminente (5). »

Nous craignons bien que cette publication ne soit ajournée aux calendes grecques. On l'attend depuis vingt-trois ans.

---

(1) Fille unique de Georges Synadinos (fils de Théodore Synadinos et d'Eudoxie Rhodocanakis) et d'Anne Acciaiuoli, elle naquit en 1345 et mourut en 1365 (*Généalogie*, table 2).

(2) Fille unique d'Antoine Restongi et d'Anastasie Adorno, elle naquit en 1345 et mourut en 1368 (*Généalogie*, table 2).

(3) Troisième fille de Démétrius Branas (gouverneur d'Andrinople en 1345) et de Henriette Albani, elle naquit en 1349 et mourut en 1429 (*Généalogie*, table 2).

(4) Fille unique du stratopédarque Constantin Notaras et d'Anne Massimo, elle naquit en 1370 et mourut en 1453. Elle était tante du grand duc Lucas Notaras (*Généalogie*, table 2).

(5) *Biographie de Const. Rhodocanakis*, p. 33 ; *Généalogie*, table 2.

12

Historia Genealogica dell' Antichissima e Augustissima Casa Duca-Angela-Comnena-Paleologa-Rhodocanaki, composta dal [Signor D. INIGO (1) VELEZ DI GUEUARA, e Tassis, Conte d'Ognate, e Villa Mediana, Signor della Casa di Gueuara, e d'Orbea, e delle Ville di Gueuara, Saliniglia, Celduendo, e di Valuerde ; Commendator d'Albaniglia, Corriero Maggiore di Sua Maestà, e suo Vicerè, e Capitan Generale nel Regno di Napoli]. *Napoli*, MDCL.

In-4º de 220 pages.
Mentionné par Rh. dans *Reply*, p. 11 ; *Hellas*, pp. 138-139 ; *Biographie de Const. Rhodocanakis*, p. 33.

Ce que nous avons placé entre crochets, dans le titre ci-dessus, a été textuellement emprunté, avec la même ponctuation, à l'*Oracolo overo Partenope felicitata* de Vincent Comnène. Voir Lorenzo Miniati, *Le glorie cadute dell' antichissima ed augustissima famiglia Comnena* (Venise, 1663, fº), huitième partie, page 1, en tête de l'épître dédicatoire à I. Velez di Guevara, laquelle est datée du 9 août 1650, et signée Vincent Comnène.

13

GEORGII CORESSII, Chiensis, Nobilis Byzantini, de anima libri IV. *Venetiis*, MDCLX. Typis Andreæ Iuliani. Superiorum permissu.

In-4º de 212 pages. Mentionné par Rhodocanakis dans la *Biographie de Georges Coressius*, page 16.

---

(1) Inigo dans *Hellas* (p. 138) et dans la *Biographie de Constantin Rhodocanakis* (p. 33) ; Indico dans *Reply* (p. 11).

NOTICE BIBLIOGRAPHIQUE IMAGINAIRE

« Cet ouvrage, écrit Démétrius Rhodocanakis (1), dédié à Louis XIV, est le dernier que Coressius fit imprimer de son vivant (*sic*). Le style en est très élégant et les idées élevées. Dans l'épître dédicatoire, comprenant vingt pages, l'auteur attaque violemment les missionnaires de la Compagnie de Jésus en Orient, qui s'efforcent *per fas et nefas* de convertir les hétérodoxes à la foi de l'église catholique. On ne saurait douter que cet audacieux langage adressé au roi de France et à toute l'Europe n'ait amené l'empoisonnement de Coressius, à Alexandrie, l'année suivante (1661). En regard du titre figure le portrait de Coressius gravé sur cuivre, en 1660, par Antoine Felini, d'après le tableau à l'huile peint, en 1600, par le célèbre Frédéric Barocci. »

C'est de ce prétendu portrait que Démétrius Rhodocanakis donne une reproduction lithographique en tête de sa *Biographie de Georges Coressius*.

14

Leonis Allatii, De Cryptographia Græcorum recentiorum, epistola secunda (2), ad Nobilissimum, Illustrissimum atque Sapientissimum Principem Demetrium Francisc. Rhodocanakidem, Chiensem. *Romæ*, MDCLXI.

In-8° de 280 pages.

Mentionné par Rh. dans *Reply*, p. 11; *Hellas*, pp. 48 et 142 ; *Biographie de Coressius*, p. 8 ; *Biographie de Constantin Rhodocanakis*, p. 37 ; *Généalogie*, table 3.

Démétrius Rhodocanakis affirmait, en 1872 (*Hellas*, p. 48), que, ayant trouvé un exemplaire de cet ouvrage chez un

---

(1) *Biographie de Georges Coressius*, p. 16.
(2) Léon Allatius, qui était bon latiniste, aurait très probablement écrit *altera*.

bouquiniste de Londres, il l'acheta et en fit don à la bibliothèque du Musée britannique. Naturellement, le Catalogue imprimé dudit Musée ne contient pas cet article. Interrogé par nous sur cette absence, Rhodocanakis eut l'aplomb de nous répondre ceci (Lettre du 18 mars 1892) : « Pour ce qui concerne l'exemplaire de [la] *Cryptographia Græcorum recentiorum* par Allatius, que j'ai présenté par l'entremise de mon cousin de Londres, MICHEL, au Musée britannique, je lui écris aujourd'hui [pour lui demander] s'il l'avait présenté, selon mes ordres ; et, s'il ne l'a pas présenté, comme il m'avait dit, de le présenter immédiatement ; autrement, s'il l'a présenté, de demander pourquoi il ne figure pas dans le catalogue publié. » Attendons avec résignation les explications du cousin Michel : elles ne sauraient manquer d'être divertissantes.

D'après D. Rhodocanakis, cet ouvrage imaginaire aurait obtenu une deuxième édition, à Rome, en 1666 (in-4° de 198 pages) et une troisième à Paris, en 1667 (in-8° de 305 pages). Voir *Reply*, page 11 ; *Hellas*, page 48 ; *Biographie de Constantin Rhodocanakis*, p. 37 ; *Généalogie*, table 3.

D. Rhodocanakis déclare (*Hellas*, page 48) que les trois éditions de cet ouvrage se trouvent à la Vaticane *et dans sa propre bibliothèque*. Pour la Vaticane, l'assertion de Rhodocanakis est mensongère ; mais, s'il tient à se justifier, il lui reste la ressource de produire les trois volumes qu'il affirme posséder.

15

LEONIS ALLATII, Palæologæ gentis vicissitudines ; ad Alexandrum VII, Pontif : Opt : Maximum. *Romæ*, MDCLXV.

In-4° de 236 pages.
Mentionné par Rh. dans *Reply*, p. 11 ; *Hellas*, p. 139 ; *Biographie de Constantin Rhodocanakis*, p. 31.

Démétrius Rhodocanakis a évidemment calqué ce titre sur celui d'un ouvrage projeté par Léon Allatius et ainsi indiqué par Pierre Benessa, dans une lettre adressée à Vincent Comnène, et datée de Rome, 27 août 1636 : *Flaviæ hoc est Comnenæ gentis vicissitudines* (1).

16

LEONIS ALLATII, Istoria Genealogica e Cronologica della Nobilissima Famiglia Rhodocanaki, di Scio. *Romæ*, MDCLXVI.

In-4º de 290 pages.

Mentionné par Rh. dans *Reply*, p. 12; *Hellas*, pp. 51 et 139; *Biographie de Constantin Rhodocanakis*, p. 33. Dans la reproduction falsifiée du portrait de Léon Allatius (2) que Rhodocanakis a mise en tête de son *Hellas*, il libelle ainsi ce titre (tout en capitales) : *Istoria geneal. e cronol. della nobilissima famiglia Rhodocanaki, di Scio, scritta da Leone Allacci.*

Rh. affirme (*Hellas*, page 51) posséder cet ouvrage imaginaire. Pourquoi, au lieu de dire (*Extrait du Messager d'Athènes du 18 février 1895*, p. 4) qu'il existe indubitablement à la Vaticane, n'a-t-il pas produit son exemplaire pour me confondre ? La chose eût été plus simple, mais certainement plus embarrassante. Rhodocanakis déclare (*Hellas*, p. 51) que Jean Romanos se proposait, en 1872, de publier cette *Histoire* avec une traduction grecque et des notes. Jean Romanos († 4 mars 1892) n'a probablement jamais su que Rh. lui avait prêté de semblables intentions.

---

(1) Lorenzo Miniati, *Le glorie cadute dell' antichissima ed augustissima famiglia Comnena* (Venise, 1663, fº), p. 146.

(2) Nous avons déjà signalé cette falsification dans notre *Bibliographie hellénique du dix-septième siècle*, t. III, pp. 459-460, et dans la *Revue critique* du 29 avril 1895, p. 334; nous y revenons encore ici même, dans le chapitre consacré à la *Bibliographie rhodocanakienne*.

17

The last of the Greek Emperors; or the Fall of Constantinople; written by KONSTANTINOS D. RHODOCANAKIS, Grecian of the Isle of Chios, etc., and dedicated to H. I. H. Prince PANTELEON D. RHODOCANAKIS (1), etc., etc. *London*, Printed by W. G. in the year 1670.

In-4º de 320 pages.
Mentionné par Rh. dans *Reply*, p. 13; *Hellas*, p. 140; *Biographie de Constantin Rhodocanakis*, p. 22.

Bien qu'il n'en dise rien, c'est évidemment d'après Rhodocanakis que Andronic Démétracopoulos cite cet ouvrage dans ses Ἐπανορθώσεις σφαλμάτων παρατηρηθέντων ἐν τῇ νεοελληνικῇ Φιλολογίᾳ τοῦ Κ. Σάθα (Trieste, 1872, in-8º), p. 35.

18

Constantine XIII, Palæologus; or, the Fall of Constantinople; written by H. I. H. Prince CONSTANTINE RHODOCANAKIS, Grecian of the Isle of Chios, etc., etc., and dedicated to His Imperial Highness Prince PANTELEON RHODOCANAKIS, Titular Sovereign of the Byzantine Empire, and Hereditary Grand Master of the Most Holy, Most Noble and Most Illustrious Orders of Saint George, and of Saint Michael. *London*. Printed by W. G. in the year 1672.

In-folio de 328 pages, non compris l'épître dédicatoire.
Mentionné par Rh. dans *Hellas*, pp. 134 et 140; *Biographie de Constantin Rhodocanakis*, pp. 22 et 36.

---

(1) Dans *Reply* (p. 13), il y a ici le mot *Duke*, qui ne reparaît pas dans les reproductions de ce titre données plus tard par Démétrius Rhodocanakis.

DESCRIPTION BIBLIOGRAPHIQUE IMAGINAIRE

« J'ignorais l'existence de cette seconde édition, aussi luxueuse que rare, écrit Démétrius Rhodocanakis, lorsque, il y a quelques mois (1), le comte de Lonsdale me la fit connaître et, peu de jours après, m'offrit son propre exemplaire (2). Les deux éditions sont dédiées par l'auteur à son frère Pantélis (*to my beloved brother Panteli*), qui l'avait engagé à publier cet ouvrage. Dans l'épître dédicatoire, Constantin raconte ce qui lui est arrivé durant son séjour en Angleterre; mais, dans l'épître de la seconde édition seulement, il déclare qu'il a inviolablement gardé la promesse faite à son frère, en quittant Chio, de ne pas porter son titre familial, s'il se décidait à étudier la médecine et à exercer cette profession. Il n'en a donc jamais fait usage, sinon à la Cour de Charles II et chez les grands seigneurs ses amis, où il se présentait non comme médecin ou chimiste, mais comme membre d'une Famille Impériale; il ne s'en est point paré non plus dans l'intitulé de ses livres publiés antérieurement à la seconde édition de cet ouvrage. Cette seconde édition est ornée de seize gravures sur cuivre dues à Robert Nanteuil, Antoine Masson, Étienne Picart, et exécutées d'après des tableaux à l'huile peints par Antoine van Dyck, Pierre Lely et Godefroid Kneller. Elles représentent : 1° Constantin Rhodocanakis; 2° Pantélis Rhodocanakis; 3° les insignes des ordres impériaux byzantins de saint Georges et de saint Michel; 4° Constantin Dragasès; 5° les armoiries nationales byzantines; 6° le despote Thomas Paléologue; 7° Jean Paléologue, fils aîné de Thomas; 8° Théodore III Paléologue; 9° Prosper Paléologue; 10° Camille Paléologue; 11° Théodore IV Paléologue; 12° Théodora II Paléologue; 13° les armes des Paléologues et des Rhodocanakis; 14° le château de Rhodocanakis à Chio; 15° la célèbre maison de campagne de l'auteur, dont

---

(1) Démétrius Rhodocanakis écrivait ceci en 1872.

(2) Nous espérons que Rhodocanakis ne fera aucune difficulté de laisser voir et examiner à loisir une curiosité si bien faite pour ragoûter les bibliophiles les plus blasés.

le roi Charles II lui avait fait cadeau et qui se trouvait à Londres, près de Southampton House. Cet ouvrage est une traduction libre en anglais des vingt-quatre premiers chapitres des Ἀπομνημονεύματα τῆς Βυζαντινῆς αὐλῆς (1) du même auteur (2). »

Notre ami Nicolas G. Politis, professeur à l'université d'Athènes, sera sans doute fort surpris d'apprendre qu'il s'était chargé, en 1872, de donner une nouvelle édition de ce livre, avec une reproduction des portraits qui devaient être exécutés par les plus célèbres graveurs de Londres (3).

19

Λόγιοι τῆς παρελθούσης ἑκατονταετηρίδος, ὑπὸ τοῦ Παναιδεσιμωτάτου Ἀλοϋσίου Γραδενίγου τοῦ Κρητικοῦ, ἀββᾶ καὶ βιβλιοφύλακος τοῦ ἁγίου Μάρκου. Ἐνετίῃσιν, ᾳχοέ (1675).

In-4º de 251 pages au moins.
Mentionné par Rh. dans *Reply*, p. 12; *Hellas*, p. 139; *Biographie de Constantin Rhodocanakis*, p. 31.

20

Ὠδὴ ἐπὶ ταῖς συμφοραῖς τῆς δυστυχοῦς Χίου, συντεθεῖσα μὲν ὑπὸ τοῦ ὑψηλοτάτου καὶ εὐγενεστάτου ἡγεμόνος Παντελέοντος Ῥοδοκανάκιδος, τυπωθεῖσα δὲ νῦν τὸ πρῶτον ὑπὸ τοῦ ταπεινοῦ αὐτοῦ θεράποντος, Ἐμμανουὴλ Σκυλιτσίου τοῦ Χιώτου. Ἐν Ῥώμῃ, ᾳχπά (1681).

In-4º de 69 pages.
Mentionné par Rh. dans *Reply*, p. 13; *Hellas*, pp. 147-148; *Biographie de Constantin Rhodocanakis*, p. 34.

Notons, en passant, que l'orthographe Σκυλιτσίου est impos-

---

(1) On prouvera plus loin (p. 42) que ces *Mémoires* n'existent pas.
(2) *Biographie de Constantin Rhodocanakis*, pp. 22-24.
(3) *Hellas*, p. 147.

sible au dix-septième siècle, Coraï ayant été l'introducteur du groupe τσ dans l'orthographe actuelle, où il a remplacé l'ancien groupe τζ, qui se prononçait d'ailleurs τσ, comme le fait observer Simon Portius dans sa *Grammatica linguæ græcæ vulgaris* (Paris, 1638, in-8°), p. 7. L'auteur n'aurait donc pu écrire, en 1681, que Σκυλιτζίου. A défaut d'autres arguments, cette particularité orthographique suffirait seule à prouver l'imposture.

21

Ἰγνατίου Μινδονίου τοῦ Χίου, μοναχοῦ τοῦ τάγματος τοῦ ἁγίου Βασιλείου, Βιογραφίαι τῶν κατὰ τὸν ιζ΄ καὶ ιή αἰῶνα ἐν τῇ ἑσπερίᾳ Εὐρώπῃ ἀκμασάντων λογίων εὐγενῶν Χίων. Parisiis, 1699.

In-4° de 198 pages au moins.
Mentionné par Rh. dans *Reply*, p. 12; *Hellas*, p. 139; *Biographie de Coressius*, p. 26; *Biographie de Constantin Rhodocanakis*, p. 32.

Ce titre, tel que nous le donnons ci-dessus, est emprunté à *Reply* (p. 12). C'était un premier jet qui avait besoin d'une légère retouche. Plus tard, en effet, Démétrius Rhodocanakis s'est aperçu de la compromettante bévue qu'il avait commise en écrivant κατὰ τὸν ιζ΄ καὶ τὸν ιή αἰῶνα. Il était impossible d'admettre qu'un ouvrage, paru en 1699, pût contenir des biographies de savants du dix-huitième siècle. Ce fâcheux lapsus du calame « impérial » a été soigneusement corrigé par la suite en κατὰ τὸν ις΄ καὶ τὸν ιζ΄ αἰῶνα.

Dans un exemplaire de la *Reply*, que nous avons acheté d'occasion, une main inconnue a tracé à la marge, en regard de ce titre, la note suivante, à laquelle nous souscrivons volontiers : « J'ai attentivement examiné la rédaction du titre de cet ouvrage d'Ignace Mindonios, et, s'il m'est permis de formuler mon opinion en cette matière, je crois qu'un religieux grec du dix-septième siècle aurait donné à cet intitulé une tout autre tournure. J'ai cherché ce livre dans toutes les bibliothèques publiques et dans plusieurs bibliothèques privées de Paris, sans réussir à le trouver. »

22

Histoire de la vie de Son Altesse Impériale Monseigneur le Prince François-Ducas-Ange-Comnène-Palæologue-Rhodocanakis, [neuvième empereur titulaire de Constantinople], écrite par son fils Manuel III. *A Paris*, 1757.

In-folio de 84 pages. Les mots placés ci-dessus entre crochets ne se trouvent que dans la reproduction de ce titre donnée par la *Généalogie* (table 3).

Mentionné par Rh. dans *Reply*, p. 13; *Hellas*, p. 148; *Biographie de Constantin Rhodocanakis*, p. 34; *Généalogie*, table 3.

NOTICE BIOGRAPHIQUE IMAGINAIRE

« François Rhodocanakis, premier du nom, neuvième empereur titulaire de Constantinople, naquit en 1665. Il épousa, en premières noces, sa cousine germaine, Julie Rhodocanakis (née en 1672, † en 1710), fille aînée de Constantin Rhodocanakis et de Henriette Coressius; en secondes noces, Hypatia Mélissène (née en 1696, † en 1756), fille de Nicéphore Mélissène et d'Argenta Coressius. Il passa sa vie à Rome et à Paris, et mourut en 1735 (1). »

AUTRE NOTICE BIOGRAPHIQUE IMAGINAIRE

« Manuel (*alias* Emmanuel) Rhodocanakis, troisième du nom, dixième empereur titulaire de Constantinople, fils de François Rhodocanakis et d'Hypatia Mélissène, naquit à Chio, le 15 janvier 1716 (*Hellas*, p. 148) ou 1718 (*Généalogie*, table 3). Il épousa, à Smyrne, le 12 juillet 1745, Argyri Syrgiannis (fille unique d'Andronic Syrgiannis et de Sophie Pétrocockinos), et mourut, à Chio, le 13 juin 1799. Ce monarque *in partibus* fonda, le 21 mai 1795, à Chio, en l'honneur de saint Cons-

---

(1) *Généalogie*, table 3.

tantin, un ordre de chevalerie exclusivement réservé aux membres de sa famille. Il se rendit plusieurs fois à la cour de Catherine II pour décider cette princesse à rétablir l'empire byzantin (1). »

Démétrius Rhodocanakis, qui a parfois des accès de candeur, se croit obligé d'ajouter que Manuel III échoua dans toutes ses tentatives auprès de la tsarine.

23

Précis historique de la Maison Royale des Rhodocanakis, etc., etc.; le tout démontré par des preuves juridiques, accompagné d'une traduction grecque et de plusieurs documents très authentiques, etc., etc., etc ; par S. A. I. le Prince DÉMÉTRIUS RHODOCANAKIS, de Chio. *Amsterdam*, 1805.

In-4º de 491 pages.

Mentionné par Rh. dans *Reply,* p. 13 ; *Hellas,* p. 148 ; *Biographie de Constantin Rhodocanakis*, p. 34 (où on lit *juriques* au lieu de *juridiques*); *Généalogie*, table 3.

Pour forger le titre ci-dessus, Démétrius Rhodocanakis junior avait sous les yeux le titre d'un ouvrage bien connu et ayant pour auteur Démétrius Comnène : *Précis historique de la maison impériale des Comnènes* (Amsterdam, 1784, in-8º).

24

THEODORI RHODOCANAKIDIS Principis Carmina nonnulla DEMETRIUS RHODOCANAKIS Princeps nunc primum e tenebris eruit et latine vertit. *Romæ*, MDCCCIX.

In-4º de VIII et 120 pages au moins.

Mentionné par Rh. dans *Reply*, p. 13 ; *Hellas*, pp. 148-149 ; *Biographie de Constantin Rhodocanakis*, p. 35 ; *Généalogie*, table 3.

---

(1) *Hellas*, p. 148; *Généalogie*, table 3.

Voici maintenant les réponses faites à notre circulaire par les dix-huit bibliothèques. Celles-ci sont rangées dans l'ordre même où les mentionne la note de Rhodocanakis reproduite précédemment (page 2).

1° *Bibliothèque du Musée Britannique.*

British Museum, London : W. C.
February 1, 1895.

I certify that none of the works described in a list of twenty-four books sent to me by M. Émile Legrand exist in the Library of the British Museum.

RICHARD GARNETT,
Keeper of Printed Books, British Museum.

Ce certificat officiel était accompagné de la lettre officieuse suivante, que Démétrius Rhodocanakis nous en voudrait de ne pas reproduire intégralement :

British Museum, London : W. C.
February 1, 1895.

Dear Sir, The principal Librarian has referred your letter to me as a matter concerning the Department of Printed Books, and I enclose the attestation you desire that none of the books upon the list you have forwarded are in the Library of the British Museum.

No doubt you are perfectly aware that they exist neither here, nor in any other library, BEING IMAGINARY BOOKS whose titles seem to be derived from the lists printed in appendixes B and C to *Reply to a criticism in the Saturday Review on the Imperial House of Rhodocanakis*, Westminster, 1870.

I remain, dear sir, very faithfully yours

R. GARNETT,
Keeper of Printed Books.

M. Émile Legrand.

2° *Bibliothèque royale de Bruxelles.*

Bruxelles, le 10 mars 1895.

Monsieur, En rentrant à la Bibliothèque royale, après une longue indisposition, j'apprends que mon collègue, M. Petit, à qui j'avais adressé la liste des ouvrages accompagnant votre lettre du 30 décembre, a fait les recherches que vous demandez afin de savoir si l'un de ces ouvrages existe dans notre dépôt. M. Petit me fait connaître qu'il n'est parvenu à en découvrir aucun. Ses recherches sont terminées depuis quelque temps déjà, et je regrette qu'un malentendu entre mon collègue et moi ne m'ait pas permis de vous informer plus tôt de ce résultat négatif.

Recevez, Monsieur, l'assurance de ma considération bien distinguée.

Ern. Gossart.
[Conservateur de la Biblioth. roy. de Bruxelles.]

3° *Bibliothèque royale de Dresde.*

Ew. Hochwohlgeboren bedauere ich mittheilen zu müssen, dass die hiesige Königl. öffentl. Bibliothek von den in Ihrer *Enquête bibliographique* gesuchten Schriften keine besitzt. Dresden, 25 Jan. 1895.

Ergebenst
Dr. Schnorr von Carolsfeld,
Oberbibliothekar.

4° *Bibliothèque royale de Copenhague.*

Copenhague, le 18 janvier 1895.

Monsieur le professeur É. Legrand, Je regrette beaucoup d'être obligé de vous communiquer que la Bibliothèque royale de Copenhague ne possède aucun des livres dont vous avez donné les titres dans votre *Enquête bibliographique* reçue aujourd'hui. Veuillez agréer, Monsieur le professeur, l'assurance de ma considération la plus distinguée.

C. W. Bruun.
[Bibliothécaire en chef de la Biblioth. roy. de Copenhague.]

5° *Bibliothèque royale de Berlin.*

Die 24 in der Liste vom 30 Decbr. 1894 aufgeführten Werke sind sämmtlich in der hiesigen Königlichen Bibliothek *nicht* vorhanden.

Ce certificat porte, en guise de signature, un cachet ovale à l'encre rouge avec, dans le pourtour : *Königl. Bibliothek. Berlin,* et au milieu : *21 Jan. 95.*

6° *Bibliothèque nationale de Madrid.*

El Ministro de Fomento.
 Particular.
M. Émile Legrand.

Muy Sr. mio y de mi consideración: En contestación á sa atenta carta, debo manifestarle que, segun me participa el Sr. Director de la Biblioteca Nacional, no existen en dicho establecimiento ninguna de las obras, cuyos titulos constan en la circular que V. se sirvió remitirme. Con esta ocasión se ofrece de V. af^{mo} S. S. q. b. s. m.

J. LOPEZ PUIGCERVER.

28 febrero 95.

7° *Bibliothèque universitaire de Göttingen.*

Göttingen, Kgl. Univ. Bibliothek,
18 Jan. 95.

Von den in dem übersandten Verzeichniss aufgeführten Werken befindet sich leider keines im Besitz der hiesigen Bibliothek.

i. A.
DR. ROQUETTE,
Bibliothekar.

8° *Bibliothèque royale de la Haye.*

Koninklijke Bibliotheek.   's Gravenhage, 8 février 1895.

Monsieur le Professeur, En réponse à votre lettre du 30 janvier, j'ai une triste nouvelle à vous apprendre. M. le

Dr. T. C. L. Wynmalen, à qui vous avez adressé votre honorée lettre était décédé, après une longue maladie, le 14 janvier dernier. Madame veuve W. a eu la bonté de me donner votre dernière lettre, et je m'empresse de constater, après des recherches minutieuses, que notre Bibliothèque (la Bibliothèque royale à la Haye) ne possède pas un des ouvrages que vous avez mentionnés dans votre *Enquête bibliographique*. Pour avoir la certitude que la Bibliothèque de l'Institut royal pour la philologie, la géographie et l'ethnographie des Indes Néerlandaises, dont M. Wynmalen était secrétaire et bibliothécaire, ne possède pas quelques-uns de vos *desiderata*, je vous prie de vous adresser directement au Secrétaire de l'Institut, Monsieur E. B. Kielstra, ancien député, à la Haye.

Agréez, Monsieur le Professeur, l'expression de ma haute considération.

G. J. Bekink,
Secrétaire de la Biblioth. royale, à a Haye.

9° *Bibliothèque royale publique de Stuttgart.*

Königliche
Oeffentliche Bibliothek   Stuttgart, den 31 Jan. 1895.
in Stuttgart.

Monsieur le Professeur, Je suis très fâché que vous avez attendu vainement ma réponse. Ma carte postale a été retournée par l'Office de poste à Paris, parce qu'elle était dépourvue d'indication de votre logis, dont me manquait l'information. Je faisais alors plusieurs efforts pour trouver dans cette ville un livre d'adresses de Paris, mais en vain. Enfin, je me résolus d'adresser une seconde carte à la librairie Maisonneuve, pensant que vous avez des relations avec elle. Je ne crois pas que ce dernier chemin, que je choisis, il y a deux jours, soit tout à fait sûr (1). Donc, ayant heureusement connaissance de votre logis par votre dernière lettre, je répète le

---

(1) Nous avons également reçu cette carte postale du très savant et très illustre auteur de l'*Histoire du Commerce du Levant au moyen âge*.

contenu de mes cartes, en vous communiquant que je n'ai pu trouver dans notre Bibliothèque aucun des livres que vous cherchez.

Votre très dévoué serviteur,
Guill. Heyd.

10° *Bibliothèque royale du Château de Windsor.*

Windsor Castle, 19 feb. 1895.

Sir, I am sorry to inform you that none of the books of which you forwarded to me the titles are in the Royal Library.

I am, Sir, faithfully yours
Richard R. Holmes.

11° *Bibliothèque nationale de Paris.*

Direction de la
Bibliothèque nationale.

Paris, le 28 janvier 1895.

M. le Professeur, Les recherches faites par mes collègues du Département des imprimés leur ont fait constater que sur nos catalogues il n'y a pas la moindre trace des vingt-quatre ouvrages indiqués dans la note que vous m'avez fait l'honneur de m'adresser le 23 de ce mois.

Veuillez agréer, je vous prie, M. le Professeur, l'assurance de ma haute considération et de mon entier dévouement.

L. Delisle.

Monsieur Émile Legrand.

12° *Bibliothèque impériale de Vienne.*

Direction der Kaiserl. und Königl. Hof-Bibliothek.
Z. 64.

Wien, le 24 janvier 1895.

Monsieur, Nos collections ne possèdent pas un des ouvrages, sans doute très rares, cités dans la liste de votre *Enquête bibliographique*. Bien fâché de ce résultat négatif et désagréable, je vous prie, Monsieur, d'agréer, avec mes meilleurs compliments, l'assurance de ma considération la plus distinguée.

Par commission du directeur I. et R. de la
Bibliothèque I. R.
Dr A. Göldlin de Tiefenau,
Custos de la Bibl. I. R.

A M. Émile Legrand, Professeur à l'École nationale des langues orientales, à Paris.

13° *Bibliothèque impériale de Saint-Pétersbourg.*

Bibliothèque
impériale publique.

Saint-Pétersbourg, le 19/31 janvier 1895.

Monsieur, La Bibliothèque impériale publique a l'honneur de vous informer qu'à son grand regret les ouvrages indiqués dans votre *Enquête bibliographique* ne se trouvent pas parmi les livres qu'elle possède.

Agréez, Monsieur, l'assurance de ma parfaite considération.

Le Directeur de la Bibliothèque,
A. Bytschkoff.

14° *Bibliothèque Vaticane.*

Rome, 25 mars 1895.

Monsieur, Je regrette infiniment le retard tout à fait extraordinaire avec lequel je viens à répondre aux deux questions que vous m'avez adressées. Mais l'administration provisoire de la Vaticane, avec laquelle je suis chargé depuis le 28 février, les démarches et les enquêtes pour la restitution des manuscrits volés et les feuilles et les miniatures coupées, m'ont occupé beaucoup.

Les réponses aux deux questions que vous m'avez posées n'étaient pas difficiles. Je n'ai pas trouvé un seul des 24 ouvrages, desquels vous m'avez envoyé la liste, dans nos catalogues. En outre, personne, pas même le plus ancien de nos employés, n'a jamais entendu parler d'une galerie spéciale consacrée aux ouvrages composés par des Grecs depuis la prise de Constantinople, existant dans la bibliothèque Vaticane.

En me mettant de nouveau à votre disposition et à celle de vos amis, je reste

Votre tout dévoué
F. Ehrle, S. J.

La Vaticane était pour Rhodocanakis un suprême refuge. Le voilà chassé de cet asile qu'il considérait comme inviolable. Dans son aveuglement, ce pauvre homme s'était imaginé que la célèbre bibliothèque ne possède pas de catalogues et que les recherches y sont impossibles. Les excellents amis que nous avons à la Vaticane n'apprendront pas sans étonnement que Rhodocanakis me les a dépeints comme des croquemitaines; ils ne liront pas sans une douce hilarité les lignes suivantes que ce personnage, affolé par la pensée que toutes ses impostures étaient démasquées, nous écrivait (à notre grand amusement), le 14 décembre 1894 : « Tâchez de gagner la confiance « des hauts officiers de la Bibliothèque du Vatican; visitez « personnellement les corridors où sont les innombrables « volumes de la philologie néo-hellénique et vous serez sur- « pris de la quantité de livres qui y existent. Au Vatican, il « est facile de recevoir immédiatement un manuscrit pour « l'étudier, mais bien difficile de voir un livre imprimé. Les « officiers sont enragés, quand vous [en] demandez un, non « seulement parce qu'ils ne savent où le trouver, mais parce « qu'ils pensent que vous pouvez le trouver plus facilement « à une autre bibliothèque. » Décidément, Rhodocanakis, on ne vous savait pas si folâtre. Avant de me donner ces conseils, vous auriez bien dû me demander si je n'avais pas moi-même travaillé à la Vaticane et si je n'y possédais pas quelques puissantes relations. Cela vous eût évité de prêter à rire à vos dépens. Il est vrai que, pour une fois de plus ou de moins que vous aurez été ridicule dans votre vie, cela ne tire guère à conséquence.

15° *Bibliothèque de Saint-Marc* (à Venise).

Venise, 2 février 1895.

Cher Monsieur, Par suite des plus soigneuses recherches dans nos divers catalogues, on a pu constater qu'aucune des œuvres citées dans votre *Enquête bibliographique* n'existe dans notre bibliothèque. Je suis fâché de ce résultat tout à fait négatif ; mais je souhaite de recevoir encore de vos commandes dans l'espoir d'avoir plus de chance. Veuillez agréer, cher Monsieur, l'assurance de mon dévouement sincère.

C. CASTELLANI.

Cachet de la
Bibliothèque de Saint-Marc
à l'encre violette.

16° *Bibliothèque Bodléienne* (Oxford).

Cachet de la
Bibliothèque Bodléienne
à l'encre noire.

Oxford, 21 jan. 1895.

Dear Sir, All the books mentioned in your *Enquête bibliographique... 1895* have been searched for in our catalogue by one of our oldest and most experienced assistants, and he is unable to find a single one of them.

Yours truly
E. W. B. NICHOLSON
Bodley's librarian.

Cachet de la
Bibliothèque Bodléienne
à l'encre noire.

M. le Professeur Émile Legrand.

17° *Bibliothèque des Avocats d'Édimbourg.*

Cette bibliothèque possède un splendide catalogue alphabétique achevé d'imprimer il y a quelques années : *Catalogue of the printed books in the Library of the Faculty of Advocates* (Edinburgh and London, William Blackwood and sons, 7 vol. in-4°, dont un de supplément) ; le conservateur ne pouvait que nous y renvoyer. Ce catalogue (dont notre Bibliothèque nationale possède un exemplaire, sous la cote : 4° Q 82) ne contient naturellement aucun des vingt-quatre ouvrages ci-dessus. Mais, pour plus de sécurité, nous avons prié M. Samuel Henry Butcher, professeur de langue grecque à l'université d'Édimbourg, de faire une enquête supplémentaire. Voici sa réponse :

27, Palmerston Place, Edinburgh.
Feb. 23, 1895.

Dear Sir, It has been a pleasure to me to be able to render you the very small service you desired, and my only regret is that the result of the enquiry is of so negative a kind. *None* of the books mentioned in your list (I regret to say) are in the Advocates' Library.

I am, dear Sir, yours very faithfully

S. H. BUTCHER.

18° *Biblioth. de la Société médic. et chirurgic.* (Londres).

Royal Medical and Chirurgical Society.
20, Hanover Square, W.

Dear Sir, I have carefully examined your *Enquête bibliographique* and regret to report we have no copies of the books on your list.

Yours truly
I. Y. W. MAC ALISTER.

Sans date, mais le timbre postal indique le 21 février 1895.

* * *

Malgré ces funérailles de première classe, Rhodocanakis ne voudra sûrement pas convenir qu'il est enterré. Il s'acharnera à prouver qu'il ne ressemble en rien au personnage que dépeint notre enquête. Dans une lettre publiée plus loin, il promet les fac-similés de titres d'ouvrages ayant pour auteurs des membres de sa famille.

Si Rhodocanakis donne une reproduction d'un des vingt-quatre titres ci-dessus, elle constituera un faux (1).

Tout titre où un Rhodocanakis sera qualifié de *prince* ou d'*empereur* sera certainement faux ou entaché de faux.

Tout ouvrage d'un de ses homonymes dont Rhodocanakis dira être le seul à posséder un exemplaire sera faux ou très suspect.

Enfin, pour mettre le lecteur en garde contre les fac-similés annoncés, nous le prévenons que, grâce aux nombreux procédés dont on dispose aujourd'hui (phototypie, héliotypie, photogravure, héliogravure, etc., etc.) il est facile de fabriquer un titre ayant toutes les apparences de l'authenticité. On forge non seulement des titres, mais encore des plaquettes et même des volumes considérables. C'est une industrie fort connue des épiciers enrichis, qui, comme D. Rhodocanakis, éprouvent un irrésistible besoin de se créer des aïeux. Très florissante en Allemagne et en Italie, elle a aussi ses officines à Paris et à Londres.

Nous donnons, à la fin de ce volume, pour l'édification du lecteur, la reproduction d'un titre fabriqué sur les bords de la Seine, d'après nos propres indications. Nous avons à dessein choisi un de ceux que l'on doit à la brillante imagination de Rhodocanakis (le n° 7 de la liste ci-dessus) et nous l'avons complété. On eût pu, afin de rendre l'illusion plus parfaite, le marquer du cachet de notre Bibliothèque nationale ou de toute autre bibliothèque.

Parmi les fac-similés que nous fait espérer Rhodocanakis, il y en aura certainement qui seront dus aux procédés que nous venons d'indiquer. Qu'on se tienne donc pour averti.

---

(1) L'exhibition pure et simple d'un volume portant un des 24 titres controuvés ne serait pas même suffisante ; il faudrait pouvoir examiner le volume à loisir. Il est facile, en effet, de faire fabriquer un titre avec un nom supposé et de le placer en tête de l'ouvrage d'un auteur traitant un sujet analogue. C'est une supercherie dont la possibilité ne sera contestée par aucun bibliographe sérieux.

Voici quelques explications sur la façon dont a été forgé le titre en question. La plupart des caractères qui le composent sont empruntés aux *Noctes Tusculanæ* de Jean-Matthieu Caryophyllis, imprimées à Rome, en 1621, chez l'héritier de Barthélemy Zannetti (Voir notre *Bibliographie hellénique du dix-septième siècle*, t. I, p. 152, n° 115). Ainsi les caractères de la première ligne sont ceux des titres courants ; ceux de la troisième, ou ligne principale, proviennent des intitulés qui désignent chacun des douze mois ; ceux des lignes 4, 7, 8 et 10 sont identiques aux intitulés de chaque pièce de vers ; le mot « Constantinopoli » est entièrement copié à la p. 335 ; pour le nom de l'auteur, on s'est servi des mêmes italiques que celles de la quatrième ligne, etc., etc. Le tout a été dessiné à la plume.

Si l'on se contente d'un fac-similé zincographique, le faux est beaucoup plus facile à commettre : on découpe des caractères dans un ouvrage quelconque, on les colle sur un carton réglé, on conserve la marque et tout le bas du titre et l'on obtient ainsi l'intitulé d'un livre imaginaire, que l'on donne comme imprimé chez le typographe des presses duquel est sorti le volume où l'on a fait les découpures. Pour fabriquer une plaquette, on procède de même, en découpant des mots entiers, avec lesquels on compose un texte préparé d'avance. On cliche (procédé Gillot) et l'on imprime ensuite sur papier ancien. Ces détails nous ont été complaisamment fournis par un maître plastographe de Paris.

CHAPITRE DEUXIEME

OUVRAGES ANONYMES FRAUDULEUSEMENT ATTRIBUÉS A DES RHODOCANAKIS IMAGINAIRES

Ici encore Démétrius Rhodocanakis a été victime d'une de ces étourderies fatales que les plus habiles imposteurs sont impuissants à éviter. En effet, au lieu de fabriquer de toutes pièces des intitulés quelconques, le faussaire a eu la fâcheuse idée d'aller en chercher trois dans l'Index des *Symmicta* de Léon Allatius, et, comme les trois ouvrages qu'ils désignent sont anonymes, l'emprunteur leur a libéralement octroyé le nom de trois Rhodocanakis imaginaires. Un tel acte de charité n'a, d'ailleurs, rien de contraire aux habitudes de ce parrain généreux, toujours prêt à donner aux déshérités de ce monde des preuves de son « impériale » sollicitude. Conquérant pacifique, il plante sur des terres innommées et sans maître l'étendard de Sa Maison (le *labarum*, si l'on préfère). Il faudrait être singulièrement grincheux pour voir dans cette solennelle prise de possession une façon malhonnête de s'approprier le bien d'autrui; c'est tout simplement infliger une leçon méritée aux gens qui ont la coupable incurie de ne pas estampiller leurs produits ! Ces produits, du reste, ne perdent pas à changer d'étiquette : fils naturels non reconnus par leur père, ils entrent dans la « vieille et auguste « famille des Rhodocanakis; « Démétrius II » les couvre de son manteau de pourpre et de ces enfants trouvés fait presque des porphyrogénètes ! Leur sort n'est-il pas digne d'envie et ne serait-ce pas commettre une injustice que de laisser dans l'ombre les touchantes actions d'un si grand « prince » ? Nous allons donc essayer de les narrer fidèlement, tout en souhaitant que les simples mortels qui aborderont la lecture de cet édifiant récit se contentent d'admirer des exemples venus de si haut, mais ne soient pas tentés de les imiter.

1

Anonymi Geographica hypotyposis. P. ἡ τῆς ὅλης γῆς περίμετρος σταδίων κέ μυριάδων καὶ β΄ παραδέδοται. Allatio interprete.

Ainsi mentionné dans l'Index des *Symmicta* de Léon Allatius (Rome, 1668, in-4°), livre III, p. 9; et dans Fabricius, *Bibliotheca græca*, tome XIV (Hambourg, 1728, in-4°), p. 4. Cf. notre *Bibliographie hellénique du dix-septième siècle*, tome II, p. 223.

Voici ce que cette simple indication est devenue en passant par les mains industrieuses de Démétrius Rhodocanakis :

Theodori principis Rhodocanakidis Geographica hypotyposis (ἑλλ. λατ.). Ἀρχ. « ἡ τῆς ὅλης γῆς περίμετρος σταδίων εἴκοσι πέντε μυριάδων καὶ δύο παραδέδοται (1). »

NOTICE BIO-BIBLIOGRAPHIQUE IMAGINAIRE

« Théodore Rhodocanakis, fils aîné de Thomas Rhodocanakis et de Julie Ghisi, né à Chio, le 12 décembre 1548, étudia à l'université de Paris. Il épousa, à Florence, le 6 juin 1581, la plus jeune fille de Laurent Corsini, nommée Esmeralda. Il mourut à Rome, le 1ᵉʳ décembre 1606, et fut inhumé dans l'église de Saint-Athanase.

« La *Geographica hypotyposis* de Théodore Rhodocanakis forme, avec la traduction latine par Léon Allatius, un volume in-folio de 310 pages, dont chacune se compose de 34 lignes, à l'exception de la première qui contient le titre et ne renferme que 26 lignes, et de la dernière qui ne compte que 15 lignes. Cet ouvrage, conservé à la bibliothèque Vallicellane, est écrit sur papier et recouvert d'une reliure en parchemin, sur

---

(1) *Hellas*, p. 59.

le plat de laquelle sont estampées en or les armes de Léon Allatius (1). »

Avouez, ô Démétrius Rhodocanakis, que vous avez commis une insigne balourdise en attribuant cet ouvrage à un géographe que vous faites mourir en 1606. Comment admettre, en effet, qu'un homme ayant, selon vous, étudié à Paris, un Χιώτης μὲ νοῦ écrivant plus d'un siècle après la découverte de l'Amérique ait pu assigner à la terre un pareil périmètre ?

Et, en outre, si vous aviez tant soit peu connu vos auteurs, vous auriez su que la *Geographica hypotyposis* était publiée depuis deux siècles, qu'elle avait eu plusieurs éditions et que, pendant longtemps, on l'a considérée à tort comme un second livre de l'ouvrage d'Agathemère sur le même sujet (2). Vous auriez pu y lire que le géographe anonyme ne connaissait que trois parties du monde et encore très imparfaitement ; et alors vous n'auriez pas cru que cet Abrégé était encore inédit et l'idée ne vous serait peut-être pas venue de l'attribuer à un Rhodocanakis moderne et imaginaire. Mais, si vous eussiez pris ces précautions élémentaires, vous ne me fourniriez pas aujourd'hui l'occasion de mettre à nu vos maladroites impostures, ce dont vous ne seriez certes pas marri ni moi non plus.

2

Anonymi Carmina nonnulla. P. Τοσοῦτος ὁ πλοῦς καὶ μάτην καὶ ποῦ πλέω.

Ainsi mentionné dans l'Index des *Symmicta* de Léon Allatius (Rome, 1668, in-4°), livre VII, p. 18 ; dans Fabricius, *Bibliotheca græca*, tome XIV (Hambourg, 1728, in-4°), p. 15.

---

(1) *Hellas*, p. 131 ; *Généalogie*, table 2.
(2) La première édition fut donnée par Samuel Tennulius (Amsterdam, 1671, in-8°), comme second livre d'Agathemère ; une des dernières est celle qui a été publiée par Charles Müller, dans la collection des *Geographi græci minores*, t. II (Paris, *Didot*, 1861, in-4°), pp. 494-509.

Cf. notre *Bibliographie hellénique du dix-septième siècle*, tome II, p. 231.

Chez Démétrius Rhodocanakis :

Stephani Rhodocanakidis principis Carmina nonnulla (ἑλλ. λατ.) Ἀρχ. « τοσοῦτος ὁ πλοῦς καὶ μάτην καὶ ποῦ πλέω (1). »

NOTICE BIO-BIBLIOGRAPHIQUE IMAGINAIRE

« Étienne Rhodocanakis, fils de François Rhodocanakis et de Dorothée Giustiniani (fille cadette de Jérôme Giustiniani), naquit à Paris, le 20 décembre 1590. Il fit ses études à l'université de cette ville, et écrivit divers ouvrages de littérature et d'histoire en grec, en latin et en français. Il publia les *Annales* de Démétrius Rhodocanakis (2) et les dédia à Anne d'Autriche. Étienne mourut célibataire, à Chio, le 3 janvier 1680. On a de lui un recueil de poésies grecques restées manuscrites ; c'est un grand in-8° de 230 pages, ayant un nombre de lignes variable, à cause des blancs provenant des intitulés de chacune des 84 pièces y contenues, et renfermé dans un étui de cuir rouge sans ornement d'or ni d'argent. Il se trouve à la bibliothèque Vallicellane avec d'autres ouvrages très importants du même Étienne Rhodocanakis (3) et également inédits (4). »

Notre faussaire ne s'est nullement douté que la pièce de vers qui commence par τοσοῦτος ὁ πλοῦς καὶ μάτην καὶ ποῦ πλέω était publiée depuis longtemps déjà. Elle l'a été par J.-A. Cramer, *Anecdota graeca e codd. mss. Bibliothecae regiae Parisiensis*, tome IV (Oxford, 1841, in-8°), p. 366 ; et par J.-F. Boissonade, *Anecdota nova* (Paris, 1844, in-8°), p. 403. Chez l'un comme chez l'autre elle est naturellement anonyme.

---

(1) *Hellas*, p. 60.
(2) Voir ci-dessus, p. 12.
(3) Cette biblioth. ne possède aucun ouvrage d'aucun Rhodocanakis.
(4) *Hellas*, pp. 131-132.

3

Anonymi ad Summum Pontificem Epistola de procuranda unione Græcorum. Gr. L. P. Μακαριώτατε πάτερ, τῶν πραγμάτων τὰ μὲν ἔργοις, τὰ δὲ λόγοις δείκνυται, τὰ δὲ ὑπ' ἀμφοτέρων. Allatio interp.

Ainsi mentionné dans l'Index des *Symmicta* de Léon Allatius (Rome, 1668, in-4°), livre VIII, p. 21; dans Fabricius, *Bibliotheca græca*, tome XIV (Hambourg, 1728, in-4°), p. 18. Cf. notre *Bibliographie hellénique du dix-septième siècle*, tome II, p. 233.

Chez Démétrius Rhodocanakis :

Illustrissimi Celsissimique Principis Joannis Rhodocanacidis Chiensis, Ad Summum Pontificem Paulum V (1) epistola de procuranda unione Græcorum (ἑλλ. λατ.) Ἀρχ. « Μακαριώτατε πάτερ, τῶν πραγμάτων τὰ μὲν ἔργοις, τὰ δὲ λόγοις δείκνυται, τὰ δὲ ὑπ' ἀμφοτέρων (2). »

NOTICE BIO-BIBLIOGRAPHIQUE IMAGINAIRE

« L'original autographe de cette lettre au pape Paul V est conservé à la bibliothèque Vaticane. Il est écrit sur parchemin et revêtu d'une reliure en étoffe verte, ayant au centre des ornements d'argent, avec les armoiries habituellement portées par les fils cadets de la première branche des Rhodocanakis. Ce volume est un grand in-4° de 45 pages de 20 lignes chacune, non compris la première page, qui, outre le titre

---

(1) Rhodocanakis a intercalé ici les mots *Paulum V* pour se donner le plaisir d'affirmer, dans sa description imaginaire, que le « blason de sa famille » s'étalait (incomparable repoussoir) à côté du blason des Borghèse.

(2) *Hellas*, p. 62.

tracé en lettres d'or, contient les armes des Borghèse, famille à laquelle appartenait Paul V, et les armes de l'auteur.

« Une copie du susdit manuscrit, due à Léon Allatius et renfermant la traduction latine exécutée par ce savant, est conservée à la bibliothèque Vallicellane. C'est un petit in-folio en papier comprenant 79 pages et dédié à l'auteur, Jean Rhodocanakis. *Nota bene.* Les pages de ce volume ont toutes un format identique, mais ne contiennent pas le même nombre de lignes, bien qu'il n'y ait qu'un seul titre, à la page qui suit le frontispice. La reliure de ce volume est en parchemin très ordinaire de couleur jaunâtre, formant portefeuille et fermant à l'aide d'un ruban également en parchemin. Au dos du volume, on lit ce titre en lettres noires : *Illustrissimi Celsissimique Principis Ioannis Rhodocanacidis, Chiensis, ad summum pontificem Paulum V Epistola, De procuranda unione Græcorum, cum versione latina et notis Leonis Allatii Chiensis* (1).

« Le texte grec et la traduction latine de cette Lettre furent publiés à Paris, en 1873, in-4°, par Théodore Rhodocanakis (2).

« Jean Rhodocanakis (3), fils de François Rhodocanakis et de Henriette Coressius, naquit à Rome, le 12 juin 1540, et y mourut le 13 juin 1631. Il fut enterré dans l'église de Saint-Athanase. Il avait fait ses études au Collège grec (4). »

Consulté relativement à l'existence, affirmée par le faussaire, de ces trois ouvrages à la Vallicellane, sous les noms et prénoms de Théodore Rhodocanakis, Étienne Rhodocanakis et Jean Rhodocanakis, Curzio Mazzi, alors régent de cette bibliothèque (aujourd'hui sous-bibliothécaire à la Laurentienne), nous répondit négativement dans une lettre du 15 juin 1892, que nous avons entre les mains.

---

(1) *Hellas*, pp. 132-134.
(2) *Généalogie*, table 3.
(3) *Hellas*, pp. 132-133.
(4) Encore une des bévues de l'imposteur. Le Collège grec de Rome commença à fonctionner le 5 novembre 1576 (Cf. le *Vaticanus latin 5527*, f. 35 r°). En supposant que ce Rhodocanakis imaginaire y eût été admis en cette année-là, il aurait eu trente-six ans.

CHAPITRE TROISIÈME

MANUSCRITS IMAGINAIRES

1

Ἀπομνημονεύματα τῆς Βυζαντινῆς αὐλῆς, ὑπὸ Κωνσταντίνου Ῥοδοκανάκιδος τοῦ Χίου, εὐγενοῦς Βυζαντίου, καὶ τοῦ Γαληνοτάτου ἄρχοντος Καρρόλου τοῦ Β ου καὶ Θεοφυλάκτου τῆς Μεγάλης Βρεττανίας, Γαλλίας, καὶ Ἰβερνίας βασιλέως, ἰατροῦ καὶ χυμικοῦ ἐπιτίμου. «Ἔγραφον ἐν Λονδίνῳ, τῷ χιλιοστῷ ἑξακοσιοστῷ ἑξηκοστῷ ὀγδόῳ, μετὰ Χριστόν, ἔτει.»

Mentionné par Rhodocanakis, dans *Reply*, pp. 3 et 13; *Hellas*, p. 139; *Biographie de Constantin Rhodocanakis*, pp. 12 et 21.

DESCRIPTION BIBLIOGRAPHIQUE IMAGINAIRE

« Cet ouvrage, affirme Démétrius Rhodocanakis (1), forme un volume manuscrit en papier, in-4°, de 1880 pages (dix-huit cent quatre-vingts pages). Chaque page contient 28 lignes, sauf la première qui n'en a que 12, y compris le titre en capitales, et la dernière qui n'en a que 24, sauf aussi celles où commencent et finissent les différents chapitres et dont le nombre de lignes varie proportionnellement à la place laissée en blanc. Ce manuscrit est revêtu d'une reliure en parchemin jaunâtre, munie de fermoirs en cuivre et portant deux titres, dont voici le plus détaillé : *Nobilissimi ac sapientissimi principis Constantini Rhodocanacidis Chiensis Memorabilia Byzantinæ Curiæ*. Constantin Rhodocanakis avait profité d'un voyage à Chio, en 1667, pour y compulser de précieux manuscrits relatifs à l'histoire de la nation grecque durant la période de son asservissement et aussi pour explorer

---

(1) *Biographie de Constantin Rhodocanakis*, pp. 21-22.

les archives des plus illustres familles réfugiées dans l'île. C'est à l'aide de ces documents qu'il rédigea le susdit ouvrage, dont une copie est conservée à la bibliothèque Vaticane, où la déposa, en 1690, Bourdaloue, le prédicateur bien connu (1). Les *Memorabilia* ne tarderont pas à paraître dans le *Corpus* de la Byzantine de Bonn. »

L'ouvrage dont on vient de lire le titre et la description ne sera jamais publié, pour une excellente raison, c'est qu'il n'existe ni à la Vaticane, ni ailleurs. En effet, ce prétendu manuscrit ne figure pas (et ne peut figurer) dans les catalogues des fonds Palatin, de la reine de Suède et de Pie II, déjà publiés. Pour les autres fonds de la Vaticane, dont les inventaires, quoique n'ayant pas vu le jour, sont depuis longtemps terminés, voici ce que nous écrivait, le 4 juin 1892, Henry Stevenson junior, le savant scriptor græcus de la Vaticane, dont personne, sauf Rhodocanakis, ne s'avisera de contester la compétence :

« Le manuscrit grec de Constantin Rhodocanakis (ou Rodocanakis) n'est nullement enregistré parmi les mss. grecs du fonds Vatican proprement dit, qui serait sa place naturelle. Le vieux catalogue a un index alphabétique, qui comprend les 1,500 premiers numéros. Rien dans cet index, ni à Constantin, ni à Rodocanakis (ou Rhodocanakis), ni à Byzance, etc. Il n'y a qu'un inventaire pour les autres manuscrits grecs, à partir du n° 1501. Je l'ai parcouru, numéro par numéro, jusqu'au bout, sans rien trouver. J'ai fouillé alors les autres fonds, quoique logiquement le manuscrit ne dût pas s'y trouver. Rien encore.

« Mêmes recherches pour le second manuscrit (grec ou latin) de Iacobus Palaeologus. J'ajoute que, pour ce dernier, j'ai consulté aussi tous les index latins des différents fonds de la Vaticane. »

---

(1) Rhodocanakis entasse sottises sur sottises. Il est établi que Bourdaloue n'a jamais mis les pieds à Rome. Cf. L. Lauras, *Bourdaloue, sa vie et ses œuvres* (Paris, *Palmé*, 1881, 2 vol. in-8°), ouvrage très détaillé, où l'on ne trouve aucune allusion à un voyage de Bourdaloue à Rome. Si le célèbre jésuite eût visité la ville éternelle, il en resterait assurément des traces dans sa correspondance.

Cette déclaration nous paraît assez catégorique pour se passer de commentaires. Qu'en pense « Démétrius II » ? Nous attendons sa réponse avec une certaine anxiété.

J'avais également consulté Henry Stevenson sur l'existence à la Vaticane d'une prétendue *Chios illustrata*, attribuée par Rhodocanakis à Jacques Paléologue. On vient de lire sa réponse. Nous allons, dans le paragraphe suivant, la corroborer par un argument que le faussaire n'avait sûrement pas prévu.

2

IACOBI PALAEOLOGI, Principis Byzantini, Chios illustrata.

Mentionné par Rh. dans *Reply*, p. 3 ; *Hellas,* p. 137 ; *Biographie de Constantin Rhodocanakis*, p. 32.

DESCRIPTION BIBLIOGRAPHIQUE IMAGINAIRE

« Manuscrit autographe, in-4°, écrit sur parchemin, en l'année mil cinq cent quatre-vingt-quinze (1595) par le prince Jacques Paléologue, le disciple bien connu de Fauste Socin. Il comprend 584 pages de 30 lignes chacune, sauf celles qui contiennent le commencement et la fin des chapitres, où le nombre de lignes varie. Cet ouvrage est conservé à la bibliothèque Vaticane et il traite de la famille Rhodocanakis, principalement aux pages 40-64, 183-212, 284-285, 311-318, et 411-416 (1). »

Dans sa *Reply* (page 3), Rhodocanakis ne rougit pas de donner les détails suivants, que nous recommandons tout spécialement à l'attention du lecteur :

« ... Prince Constantine Rhodocanakis and Prince Jacobus Palaeologus, in their unpublished mss. entitled Ἀπομνημονεύματα τῆς Βυζαντινῆς αὐλῆς and *Chios illustrata*, relate the full particulars of the revolt of Constantine Ducas, his death

---

(1) *Biographie de Constantin Rhodocanakis*, p. 32.

and the acquisition by his brother Nicephorus of the title of king of the island of Rhodes. The writers, almost the contemporaries of Theodore Palæologus, the last *legitimate male* heir of his House, who died in England in 1636, had probably opportunities of making such a compilation as the above from sources which may be among the hidden ms. treasures of Rome or Paris : but which, under any circumstances, can scarcely be assumed to have been fictitious. A careful consideration of the whole tenor of these mss. which I entend shortly to edit, and from which to make mere extracts would be an invidious task, together with the passages extracted and now appended, confirm this belief; and establish the origine of the name RHODOCANAKIS as coeval with that of the kingdom of Rhodes, or, as it would now be styled, the principality. »

On a lu plus haut la déclaration de Henry Stevenson qui atteste que, contrairement à l'assertion de Rhodocanakis, la Vaticane ne possède pas ce manuscrit de Jacques Paléologue. Dans cette invention frauduleuse, Rhodocanakis a de nouveau été d'une maladresse insigne. Il ne connaît pas un traître mot de l'histoire de Jacques Paléologue (1), sans quoi il n'eût jamais eu l'idée de lui attribuer un tel ouvrage; il ne sait rien non plus de sa fin tragique, car il n'aurait pas fait écrire, en 1595, une *Chios illustrata* à un homme mort, dix ans auparavant, sous la hache du bourreau, comme en fait foi le procès-verbal de son exécution, dont voici le texte :

« † 1585.
« Venerdi adi 22 detto (marzo),

« La sera seguente a due hore di notte fu fatto intendere alla nostra Compagnia che dovessi andare alle Carcere del santo Offitio del Inquisitione subbito.

---

(1) Vincent Giustiniani affirme pourtant (*Vie et ouvr. de D. Rhodocanakis*, p. 79) que Rh. a composé une vie de Jacques Paléologue encore inédite et comprenant 240 feuillets in-8°. Il ajoute que Jacques Paléologue mourut à Chio; ce qui prouve que, sous le rapport de l'imagination, le prince italien et le « prince » anglo-grec peuvent marcher de pair.

« Pero fatti con prestezza ragunare in Sant' Orsola li nostri capellani et confortatori, de li si andò alle sopradette Carcere, dove ci fu fatto intendere che si andassi alle Carcere di Torre de Nona, atteso che doveva esser trasportato in Torre de Nona, sendo in quel luogo nella nostra capella fu condotto l'infrascritto condennato a morte per via de giustitia cioe :

« *Jacomo del quondam Theodoro Paleologo, gia frate di santo Domenico,*

« Il quale contrito et confessato de soi pechati ne domando perdono a Dio, volendo morire da vero christiano nella fede santa cattolica, domandando perdono et perdonando a quelli che havessi offesi ò da chi fussi stato offeso. Non volse far scrivere cosa alcuna; ma, a hore 9 di notte in circa, havendo sentito il santo sacrificio della messa, prima che ricevessi il santissimo sacramento, fece proffessione della fede santa cattolica quasi in queste parole : « Io credo tutto quello che crede la santa Madre Chiesa Catholica Apostolica Romana, per capo della quale riconosco il sommo Pontefice Romano vicario de Christo in terra et guidato dallo Spirito santo. » Dipoi, dicendo tre volte *Yesus*, ricevette il santissimo sacramento, et indi a poco condotto nel cortile delle Carcere di Torre de Nona, dicendo ad alta voce il *Miserere mei Deus* et altri salmi, doppo inmediate d'haver detto il verso del salmo *Ne derelinquas me, Domine Deus meus, ne discesseris a me*, li fu tagliato il capo. Iddio l'habbia receuto in luogo di salvatione.

« Furno presenti M. Ulisse de Massariis de Tagliacozzo nostro cappellano, M. Ceseri Baronio (1) da Sora, M. Gianfrancesco Bordini Romano, preti della Vallicella, chiamati per consolatione d'esso Jacomo; M. Vincenzo Conciolini, M. Camillo Moretti, M. Anbrogio Bonazini, M. Antonio Coppola, M. Flaminio Sellori confortatori; Gio. Andreini et Jacomo Tinolfi, sagrestani; Piero nostro fattore et io Camillo Giugni, proveditore, che scrissi. Dipoi ritornati nella nostra cappella et spogliati se ne rimandorno li nostri fratelli a casa, non sendo ancora giorno.

---

(1) César Baronius, le célèbre auteur des *Annales ecclésiastiques*, et plus tard cardinal.

« La mattina, il corpo del sopradetto Jacomo con molte sue scritture furno portati dalli ministri de la giustitia sula Piazza di Campo di Fiore et ivi abruciate (1). »

Vous voilà donc encore pris la main dans le sac, ô mon « empereur » ? Décidément, « Sire », la guigne vous poursuit, et cette nouvelle constatation d'imposture ne me paraît pas faite pour relever le prestige du blason de « Votre Majesté ». Puisse au moins cette cruelle épreuve vous être profitable ! Imitez votre infortuné compatriote Jacques Paléologue, humiliez-vous et demandez pardon à Celui qui est la Vérité d'avoir tant sacrifié au Père du mensonge !

---

(1) R. Archivio di Stato (à Rome) : Fondo della Venerabile Archiconfraternità di S. Giovanni decollato, *Giornale del Provveditore*, t. XIII, f. 185 v° à 186 r°.

CHAPITRE QUATRIÈME

ÉPITAPHES IMAGINAIRES

I. Épitaphe de Georges Coressius

L'épitaphe de Georges Coressius (1) existe encore aujourd'hui dans l'église de Saint-Sabbas, à Alexandrie, écrivait en 1872 Démétrius Rhodocanakis (2), et elle est ainsi conçue :

$$\text{A.} \quad \frac{\text{IC.} \mid \text{XC.}}{\text{NI} \mid \text{KA.}} \quad \Omega.$$

† Κορέσσιον, ἱερὸν τῆς ἐκκλησίας στόμα,
μέλας (3) καλύπτει λίθος καὶ σαρκοβόρον χῶμα·
ἐν Χίῳ ἐγεννήθη, Ὁμήρου τὴν πατρίδα,
ἀλλὰ τοῦ Ἀλεξάνδρου τὸν ἔφθασεν ἡ μοῖρα·
διὰ κωνείου κεῖνος κατέστρεψε τὸν βίον,
διὰ φαρμάκου οὗτος ἀπῆλθε καὶ ἁγίων
χορὸν καὶ μαρτύρων Χριστοῦ θεοῦ σωτῆρος·
Γεωργίου Κορεσσίου ἐπλήρωσεν ὁ κλῆρος·
ἐγεννήθη τῷ αφξγ΄ τῇ ιγ΄ τοῦ μηνὸς δεκεμβρίου,
καὶ ἐτελεύτησε τῷ αχξα΄ τῇ κ΄ αὐγούστου.

Au-dessous de cette épitaphe, continue Rhodocanakis, et sur la même plaque de marbre blanc où elle est gravée, se

---

(1) Voir la notice que nous lui avons consacrée dans notre *Bibliographie hellénique du dix-septième siècle*, t. III, pp. 255-272.
(2) *Biographie de Georges Coressius*, pp. 2-3.
(3) Singulière épithète pour une dalle en marbre blanc; mais Rhodocanakis ne manquera pas de dire que cet adjectif est pris au figuré.

trouvent un bas-relief et les armoiries des Coressius de Chio : *De sable à l'aigle d'or bicéphale, éployée, diadémée impérialement et tenant dans ses serres des épées d'argent.* L'écu est timbré d'une couronne ducale. Tenants : deux anges debout et vêtus de blanc. Devise : τὰν ἢ ἐπὶ τάν (1).

Pour ceux de nos lecteurs qui ne possèdent pas notre *Bibliographie hellénique du dix-septième siècle*, nous allons reproduire ici l'opinion que nous y avons exprimée (t. III, pp. 261-262) concernant l'épitaphe qu'on vient de lire : « Son Altesse Impériale le Prince » Démétrius Rhodocanakis a publié (2) une prétendue épitaphe qui aurait existé, dans l'église Saint-Sabbas d'Alexandrie, sur un prétendu tombeau de Coressius, mais ce document est l'œuvre d'un faussaire. Ayant conçu des doutes sur l'authenticité de cette inscription funéraire, j'en fis part à Nicolas G. Politis (3), qui voulut bien prendre, à mon intention, des informations auprès d'une personne compétente habitant Alexandrie. Voici ce qu'il nous écrivait à la date du 28 mars 1886 :

Ὁ κ. Δ. Βενετοκλῆς, παρ' οὗ ἐζήτησα πληροφορίας περὶ τοῦ ἐπιτυμβίου τοῦ Κορεσσίου, γράφει τὰ ἑπόμενα, ἐπικυροῦντα τὴν γνώμην σας : « ἐν τῷ ναῷ τοῦ Ἁγίου Σάββα δὲν εὑρέθη πλὰξ ἔχουσα τὸ ἐπιτύμβιον ὅπερ ἐδημοσιεύθη παρὰ Ῥοδοκανάκη. Ὁ νῦν πατριάρχης, ὅστις πατριαρχεύει ἀπὸ τοῦ 1870, δὲν εὗρε τοιαύτην πλάκα, εἰ καὶ ἐξ ὁλοκλήρου σχεδὸν ἀνεκαίνισε τὸν ναὸν ἐκεῖνον. Καὶ ἐγώ, εὑρισκόμενος ἐν Ἀλεξανδρείᾳ ἀπὸ τοῦ 1870, οὐδέποτε εἶδον τοιαύτην ἐπιγραφήν, ἐν ᾧ πλείστας ἄλλας ἀνέγνων. Θὰ κάμω καὶ ἄλλας ἐρεύνας καὶ, ἂν ἀνακαλύψω τι, θὰ σπεύσω νὰ σᾶς ἀναγγείλω.»

(*Traduction*.) M. D. Vénétoclis, à qui j'ai demandé des

---

(1) J. B. Rietstap (*Armorial général*, seconde édition, Gouda, 1884-1887, t. I, p. 1122) donne ainsi les armes des Coressius (Korossios) : « De sable à l'aigle éployée d'or, languée de gueules, surmontée de la couronne impériale byzantine et tenant de chaque serre une épée d'argent. L'écu surmonté d'une couronne à cinq fleurons et tenu par deux anges Devise. : τὰν ἢ ἐπὶ τᾶς.»

(2) *Biographie de Georges Coressius*, pp. 2-3.

(3) Actuellement professeur à l'Université d'Athènes.

informations concernant l'épitaphe de Coressius, m'écrit les lignes suivantes, qui confirment votre opinion : « On n'a pas trouvé dans l'église Saint-Sabbas de dalle portant l'épitaphe publiée par Rhodocanakis. Le patriarche actuel, qui est en fonctions depuis 1870, n'a pas trouvé une telle dalle, quoiqu'il ait presque entièrement remis à neuf cette église. Moi-même, qui habite Alexandrie depuis 1870, je n'ai jamais vu cette inscription, tandis que j'en ai lu beaucoup d'autres. Je ferai d'autres recherches et, si je découvre quelque chose, je m'empresserai de vous en faire part. »

Il va sans dire que les recherches ultérieures de D. Vénétoclis ne pouvaient que corroborer notre première conviction. Voulant, en outre, contrôler une affirmation d'après laquelle la susdite épitaphe aurait été empruntée au journal grec Ὁ ἄγγελος τῶν βυζαντινῶν λαῶν, dont quinze numéros parurent à Londres en 1862; mais n'ayant pu trouver à Paris la collection de cette feuille, sachant d'ailleurs qu'elle existait dans la bibliothèque de feu André Z. Mamoucas, dont le catalogue a été publié (1), j'écrivis à son gendre Georges N. Chatzidakis, professeur à l'université d'Athènes, pour le prier de faire la vérification. Voici ce qu'il eut l'obligeance de me répondre, le 9 juin 1892 :

Ἀπαντῶν εἰς τὴν ἀπὸ 25 π. μ. προσφιλῆ μοι ἐπιστολὴν ὑμῶν, δηλῶ διὰ τῆς παρούσης μου ὅτι ἐν τοῖς πεντεκαίδεκα ἀριθμοῖς τοῦ Ἀγγέλου τῶν βυζαντινῶν λαῶν οὐδεμία γίνεται μνεία τοῦ Γεωργίου Κορεσσίου, οὐδ' ἐπιτάφιος αὐτοῦ εὑρίσκεται ἐν αὐτοῖς. Τὰ φύλλα διῆλθον ἐπιμελῶς, καὶ δύνασθε νὰ ἦσθε βεβαιότατος.

(*Traduction.*) « Répondant à votre chère lettre du 25 du mois passé, je vous fais savoir par la présente que, dans les quinze numéros du *Messager des peuples byzantins*, il n'est fait aucune mention de Georges Coressius et que son épitaphe n'y figure pas. J'ai parcouru les feuilles avec soin; vous

---

(1) Ἡ βιβλιοθήκη Ἀνδρέου Ζ. Μάμουκα, γενικοῦ γραμματέως ἐν τῷ ὑπουργείῳ τῶν ἐκκλησιαστικῶν (Athènes, 1886, in-8° de 164 pages. La couverture imprimée sert de titre). Le journal en question est indiqué à la page 163, n° 710.

pouvez donc considérer mon information comme absolument certaine. »

Si une dalle funéraire en marbre blanc avec l'épitaphe et l'écusson d'un homme aussi considérable, aussi universellement connu que Georges Coressius, qui fut un des flambeaux de l'orthodoxie, avait existé dans l'église Saint-Sabbas, elle n'aurait certainement point passé inaperçue, et l'on ne peut douter un instant que l'autorité ecclésiastique en eût assuré la conservation avec le plus grand soin.

Puisque nous parlons de Georges Coressius, profitons de l'occasion pour déclarer que la Biographie de ce savant par D. Rhodocanakis fourmille de détails controuvés. Quand l'auteur affirme que Georges était le second fils du duc Nicolas Coressius et de la comtesse Isabelle Scaramancas ; qu'il naquit dans le château Coressien encore existant ; qu'il se rendit à Venise, en 1580, auprès de Michel son frère aîné ; qu'en 1592, il visita Londres, Paris, Vienne, Wittemberg, Rome et Venise ; que, en 1615, il fit connaissance, à Constantinople, avec Gabriel Sévère, métropolitain de Philadelphie ; que, le 12 mai 1640, il écrivit à Galilée une lettre où il déclarait accepter toutes les théories du célèbre mathématicien ; qu'à la lecture de cette lettre Galilée s'écria, en versant des larmes : *Meglio tardi che mai;* que, sentant sa fin approcher, Coressius désira mourir là où le Sauveur avait rendu l'esprit ; qu'il quitta Chio, en mai 1661, et enfin que, arrivé à Alexandrie, après une pénible traversée, il y fut empoisonné par un jésuite nommé Aloysius Malatesta ; quand Rhodocanakis atteste toutes ces choses (1), on a le droit de lui en demander les preuves, et l'on est surpris de n'en pas voir l'ombre. Mais que le lecteur ne prenne pas la peine de chercher. Elles se trouvent toutes dans les archives d'un des nombreux châteaux en Espagne que possède Rhodocanakis.

---

(1) *Biographie de Georges Coressius*, pp. 2 à 7.

II. — Épitaphe de Constantin Rhodocanakis

Démétrius Rhodocanakis fait le récit imaginaire suivant (1) :
« Constantin Rhodocanakis mourut d'une fièvre typhoïde, le 13 août 1689, à Amsterdam, et fut inhumé dans l'Église Neuve (*Nieuwe Kerk*) de cette ville. Sur son tombeau, on plaça une plaque de marbre portant, dans sa partie supérieure, un médaillon représentant le défunt avec, au dessous, ses armoiries (nous en épargnons la description fantaisiste au lecteur) et l'on y grava cette épitaphe :

« D. O. M. Hic quiescit nobilissimus ac sapientissimus princeps Constantinus Rhodocanakis illustrissimi celsissimique principis Demetrii Francisci Rhodocanakidis de stirpe imperatorum Constantinopolitanorum et serenissimæ atque piissimæ dominæ Theodoræ Paleologo, filiæ unigenitæ, hæredis ac successoris augustissimi et sacratissimi principis Theodori IV Palæologi, S. Byzantini Imperii Imperatoris hæreditarii, minor filius. Ætatis suæ LIV anno obiit, die XIII augusti anno salutis MDCLXXXIX. Hoc marmor in testimonium sui amoris afflicta conjux poni jussit. R. I. P. (2). »

Démétrius Rhodocanakis affirmant avoir puisé les matériaux de sa Biographie de Constantin Rhodocanakis dans les ouvrages imaginaires d'Alvise Gradenigo et d'Ignace Mindonios (nos 19 et 21 de la liste reproduite précédemment), nous aurions pu nous dispenser d'invoquer d'autres argu-

---

(1) *Biographie de Constantin Rhodocanakis*, pp. 13-14.
(2) On pourrait formuler ainsi une règle sans exceptions : « Est faux tout document (soit manuscrit, soit imprimé, soit gravé) antérieur à Démétrius Rhodocanakis, où un personnage de ce nom est qualifié de prince, d'altesse impériale, etc. »

ments pour établir la non-authenticité de cette inscription tumulaire. Cependant nous avons prié un helléniste d'Amsterdam de vouloir bien d'abord s'assurer si la prétendue épitaphe se trouvait à l'Église Neuve ; ensuite compulser les registres des inhumations faites dans cette église (lesquels existent aux archives de la paroisse et sont très complets pour la période qui nous occupe), afin de constater si le nom de Constantin Rhodocanakis y figurait. Voici sa réponse :

« Amsterdam, 15 mars 1895.

« Monsieur,

« J'ai l'honneur de vous informer que, conformément à la prière que vous en avez exprimée à M. le Dr H. C. Müller, et en l'absence de celui-ci, j'ai exécuté à la Nieuwe Kerk des recherches scrupuleuses en vue d'y découvrir le tombeau et l'épitaphe de Constantin Rhodocanakis, qui serait décédé à Amsterdam, le 13 août 1689, et aurait reçu la sépulture dans la susdite église. J'ai également compulsé les Registres de la Nieuwe Kerk, afin d'y chercher le nom de ce personnage. J'ai le regret de vous informer qu'il n'existe aucun tombeau de Constantin Rhodocanakis dans la Nieuwe Kerk, ni conséquemment aucune épitaphe de ce Grec ; enfin, que son nom ne se rencontre pas dans les Registres de ladite église. J'ajoute que le pasteur de la Nieuwe Kerk, M. le Dr G. J. Vos Az, m'a assisté dans mes investigations.

« Agréez, Monsieur, l'assurance de ma considération distinguée.

« Y. H. ROGGE. »

M. le Dr Y. H. Rogge est actuellement professeur au Gymnase d'Amsterdam et membre de la Société philhellénique de cette ville.

CHAPITRE CINQUIÈME

LA GÉNÉALOGIE DES RHODOCANAKIS DE CHIO

Cette généalogie se compose de quatre tables, dont chacune porte, dans le coin supérieur gauche, l'intitulé suivant, ainsi disposé sur trois lignes :

**Genealogia
della Casa Imperiale
dei Rhodocanakis di Scio.**

La première de ces tables mesure 62 centimètres sur 83 ; la seconde (qui comprend deux feuilles), 90 sur 96 ; la troisième, 66 sur 90 ; la quatrième, 34 sur 89.

Rédigées en italien, comme leur titre l'indique, ces tables sont anonymes et ne portent aucune mention de lieu, ni de date ; mais nous avons entre les mains la preuve péremptoire qu'elles ont pour auteur Démétrius Rhodocanakis et furent imprimées à ses frais, dans la petite ville de Rocca San Casciano, par le typographe Licinio Cappelli, qui livra les exemplaires au moins de juin 1884. Un obligeant intermédiaire, feu J.-B. de Crollalanza, surveilla l'impression de cette Généalogie, laquelle n'était pas destinée au commerce. L'exemplaire que nous possédons est collé sur une fine toile blanche fort solide et renfermé dans un étui.

Ces quatre tables répètent et, le plus souvent, amplifient dans des proportions considérables les détails imaginaires déjà donnés ailleurs par Rhodocanakis sur ses prétendus aïeux. Ce ne sont plus pourtant les ébouriffantes turlutaines de la Biographie, où l'arbre généalogique de la famille sort de la cuisse même de Jupiter et se dresse sur l'Olympe. Cette fois, travaillant en vue de convaincre des gens sérieux, l'auteur a dû forcément rabattre de ses prétentions ; il a laissé de côté dieux, demi-dieux et héros, sans renoncer pourtant aux personnages fabuleux.

Dans la Généalogie italienne, il se contente de remonter jusqu'à Andronic Ducas, le célèbre général byzantin, mais il n'oublie pas de dire que celui-ci descend en ligne directe de Flavius Julius Claudianus Constantinus. Quand on a tant soit peu étudié l'histoire byzantine du dixième siècle, on se demande par quel ingénieux procédé Rhodocanakis arrive à se rattacher aux Ducas (1). Rien de plus simple. Andronic Ducas avait un fils nommé Constantin, dont on connaît la fin tragique ; mais, avant les incroyables découvertes de Rhodocanakis, on ignorait qu'Andronic avait un second fils nommé Nicéphore. Aucun historien ne le mentionne, et pourtant, si l'on en croit son inventeur, il aurait joué un rôle important dans l'histoire. C'est dans des ouvrages que Rhodocanakis seul connaît, possède seul, qu'il promet toujours de communiquer, mais ne communique jamais, c'est dans ces ouvrages qu'il puise les abracadabrantes billevesées qui feront passer son nom à la postérité la plus reculée entre ceux de Constantin Simonidès et de Vrain-Lucas. Oyez plutôt cette étonnante histoire (je prie le lecteur de croire que je n'invente rien ; je me borne au rôle de traducteur) :

« Nicéphore Ducas, écrit l'imposteur, naquit en 869. Il épousa, en 890, Sophie Phocas, fille unique du patrice Nicéphore Phocas et d'Anne Dalassène. Il était duc de Rhodes, lorsqu'il apprit le massacre de Constantin, son frère aîné, de son propre fils Michel et d'un grand nombre de ses parents ; informé, en outre, que les biens qu'il possédait à Constantinople avaient été confisqués par les tuteurs de Constantin Porphyrogénète et que, par leurs calomnies, il avait été dépouillé du titre de magistre, Nicéphore se proclame lui-

---

(1) Sa façon de procéder consiste, presque invariablement, à inventer des alliances de Rhodocanakis imaginaires avec des personnages historiques ou avec des personnages apocryphes qu'il introduit dans des amilles connues.

même autocrator, revêt la pourpre, chausse les bottes rouges, constitue une Cour, crée des despotes, des sébastocrators, des grands domestiques, des protovestiaires et des chevaliers. Ensuite il s'embarque avec ses troupes sur les vaisseaux de l'empereur, qui se trouvaient alors par hasard dans le port de Rhodes, fait voile pour la Bulgarie vers son parent le tsar Siméon, et marche avec ce prince contre Constantinople qu'il bloque étroitement. Désespérant toutefois soit de prendre cette ville de vive force, soit de la réduire par la famine, Nicéphore accepte les propositions d'arrangement que lui font les tuteurs de Constantin Porphyrogénète. Il reçoit le haut et enviable titre de *basileus* ou roi de Rhodes, pour lui-même et ses descendants, avec l'autorisation de battre monnaie à son effigie. Quelques jours après, Siméon reprend le chemin de la Bulgarie et Nicéphore, comblé de présents et d'honneurs, part pour son nouveau royaume.

« A son arrivée à Rhodes, voulant se distinguer des autres branches de la famille Ducas, Nicéphore adopta le surnom de Rhodocanakis, qui est, d'après les anciens historiens byzantins, un composé des mots Ῥόδος et ἄναxς (*sic*) ou ἄναxις (Ῥόδου-ἄναxς, Ῥοδοx-ἄναxς et enfin Ῥοδοxάναxις) (1).

[On avait cru, jusqu'à ce jour, que Ῥόδος et ἄναξ ne pouvaient donner que le composé Ῥοδάναξ. Mais Rhodocanakis junior (qui a dans les veines du sang de Pic de la Mirandole (2) et qui, grâce à ce précieux mélange, connaît tout et même quelque chose de plus) en a décidé autrement. La belle étymologie proposée par lui laisse le choix entre deux miracles : l'existence d'un nom commun xάναξ pour ἄναξ ou, à son défaut, d'un nom propre Ῥόδοx. Car, il n'y a plus à hésiter, il faut, de toute nécessité, admettre l'un ou l'autre dans le calembourg ci-dessus. Est-il besoin d'ajouter qu'aucun

---

(1) *Généalogie*, table 1 ; *The imperial Constantinian order of St. George*, p. 27 ; Vincent Giustiniani, *Vie et ouvrages de Démétrius Rhodocanakis*, p. 3-4.

(2) Nous ne plaisantons nullement. Voir *The imperial Constantinian order of St. George*, p. 28 ; et Vincent Giustiniani, *Vie et ouvrages de Démétrius Rhodocanakis*, p. 23.

linguiste au monde n'arrivera jamais à expliquer comment ἄναξ, ἄνακτος, a pu se transformer en ἄνακις?]

Nicéphore Ducas Rhodocanakis se garda bien de mourir (en 929) sans laisser de postérité, cela n'eût pas fait l'affaire de notre héros. De son union avec Sophie Phocas naquirent cinq fils et une fille, dont Rhodocanakis nous révèle les noms, avec les dates de naissance, de mariage et de décès. Ce luxe de détails ne peut manquer de satisfaire les plus exigents. Nicéphore Ducas Rhodocanakis, premier roi de Rhodes, eut donc pour enfants :

« 1° Michel, né en 892, mort en 913. Ce pauvre garçon fut tué par ordre des tuteurs de Constantin Porphyrogénète.

« 2° Jean, deuxième roi de Rhodes, né en 893, épouse en 920 Marie (née en 905, † en 935), fille du patrice Nicétas Scléros et d'Anne Rhangabé. Nommé patrice le 19 avril 925. Relégué dans un monastère pour avoir essayé de détrôner Romain premier, il fut aveuglé et mis à mort en 943.

« 3° Constantin, né en 895, épouse, en 925, Anne (née en 909, † en 960), fille aînée d'Andronic Ducas, protovestiaire, et d'Hélène Martinacès. Il fut le premier écuyer de Constantin Porphyrogénète ; préfet de Constantinople en 945 ; grand chambellan en 946, date de sa mort.

« 4° Andronic, né en 909, épouse, en 934 Hélène (née en 915, † en 962), fille d'Étienne Lécapène et d'Hélène Caranténos. Andronic fut grand patrice. Envoyé en qualité d'ambassadeur auprès d'Othon premier, empereur d'Allemagne, en 945 et en 949. Il découvrit une conspiration ourdie par Basile Pétinos, le 13 mars 961, contre Romain II. Nommé grand duc, il fit construire à Chio un magnifique château (c'est le fameux château où, depuis neuf siècles, presque toutes les Rhodocanakænæ se sont fait un devoir d'accoucher) et il s'y retira, en 962, à cause de ses blessures.

« 5° Un autre Constantin, né en 897 et mort en 973. Protospathaire, le 27 janvier 945, il fut chargé par Constantin Porphyrogénète de la direction des études de philosophie, lorsque ce monarque fonda à Constantinople les cours publics d'arithmétique, de musique, d'astronomie, de géométrie et de philosophie. Il fut, avec ses collègues et ses élèves, le compagnon de l'empereur.

« 6° Hélène, née en 899, épouse, en 925, le fameux droungaire Jean Courcouas et meurt en 955.

« Du mariage de Jean Ducas-Rhodocanakis (voir le n° 2) avec Marie Scléros naquit, en 930, Nicéphore II Ducas-Rhodocanakis, troisième roi de Rhodes, qui fut tué en 1001 par ses sujets. Après quoi, toute la famille, expulsée de Rhodes, alla s'établir à Constantinople (1). » Cela continue ainsi sur plusieurs mètres carrés. La cervelle de Rhodocanakis ressemble à la fiole de Robert Houdin, elle est inépuisable.

Si l'on passe au quinzième siècle, on y voit racontée l'histoire d'un fils imaginaire de Thomas Paléologue, nommé Jean, absolument inconnu de ses contemporains. Il n'apparaît (on ne saurait dire dans l'histoire) que deux siècles environ après l'époque où l'on veut qu'il ait existé (2), et là où il apparaît il est simplement nommé (3). Mais Rhodocanakis n'éprouve pas le moindre embarras pour lui fabriquer une notice biographique.

« Jean Paléologue, écrit le faussaire, fils de Thomas Paléologue et de Catherine Centurione, naquit le 5 janvier 1441. Il accompagna son père dans l'exil. Ils quittèrent ensemble Cor-

---

(1) *Généalogie*, table 1. — Rh. se flatte (du moins on me l'a affirmé) que, dans une seconde édition de son *Empire grec au dixième siècle*, Alfred Rambaud prendra en considération toutes ces chimères d'halluciné. Si, ce dont je doute, Rambaud leur accorde une minute d'attention, ce sera certainement pour stigmatiser le triste individu qui en est l'auteur.

(2) Rh. a prévu cette objection et il y a répondu d'avance (*Hellas*, pp. 142-144). « Jean, dit-il, étant un irréconciliable ennemi de la Cour romaine, celle-ci, avec l'aide du cardinal Bessarion, s'efforça d'effacer de l'histoire le nom de Jean, pour favoriser André et Manuel, ses jeunes frères, qui avaient embrassé le catholicisme. » C'est apparemment grâce à quelque orviétan de sa composition que Rh. a été assez heureux pour rappeler à la vie ce Jean depuis si longtemps supprimé par la malignité des hommes. Cf. aussi *Hellas* (p. 50), où Rhodocanakis répète la même chose, en s'appuyant sur un ouvrage imaginaire de Léon Allatius.

(3) Voir ci-après, pp. 70-72.

fou, le 16 novembre 1460, et firent voile pour Ancône, d'où ils se rendirent à Rome. Thomas et Jean furent, dans le principe, très satisfaits de la façon dont ils étaient traités, mais bientôt l'affliction envahit leurs âmes, et Jean, ne pouvant souffrir les humiliations que leur imposaient le pape et les cardinaux, ni s'habituer aux cérémonies de l'église latine, s'enfuit de Rome, le 6 février 1462, se rendit à Corfou près de sa mère et y resta jusqu'à la mort de celle-ci, survenue le 6 août de la même année. De Corfou, il se rendit à Chio, d'où il revint à Rome, le 5 avril 1465, pour supplier son père de renoncer à la misérable pension de 3,600 ducats que lui servait annuellement le souverain pontife, et de se rendre à Chio avec ses enfants. La mort de Thomas, arrivée le 12 mai 1465, mit un terme aux prières de Jean, qui, après de nombreux dangers, retourna, le 5 avril 1466, à Chio, où il épousa, l'année suivante, sa cousine Zoé Rhodocanakis. Il y mourut, le 10 décembre 1498, laissant deux filles et trois fils : Anne, Catherine, Thomas, Démétrius et Théodore (1). »

Cette Zoé Rhodocanakis imaginaire était fille d'un Démétrius Rhodocanakis imaginaire et d'une Hélène Gattilusio également imaginaire (née en 1430, † en 1490), que Rhodocanakis donne comme la troisième fille de Dorino Gattilusio, seigneur de Lesbos (de 1427 à 1449) et de Orietta Doria (2). Il va sans dire que cette Hélène ne figure pas et ne peut figurer dans l'arbre généalogique des Gattilusio dressé par Charles Hopf (*Chroniques gréco-romanes*, p. 502).

---

(1) *Hellas*. pp. 142-144 ; *Généalogie*, table 2.

(2) Comme compensation, sans doute, le faussaire introduit (*Généalogie*, table 2) une Rhodocanakis imaginaire dans cette famille. Si l'on consulte Charles Hopf (*Chroniques gréco-romanes*, p. 502), on y voit que Palamède Gattilusio épousa une nommée Valentine, dont le patronymique est inconnu ; on ignore également la date de la naissance de cette dame, ainsi que celles de ses deux mariages (elle épousa en secondes noces, le marquis Giorgio del Caretto) et de son décès. Hopf affirme seulement qu'elle fit son testament le 20 juillet 1458. Rhodocanakis comble toutes ses lacunes ; il nous apprend que l'épouse de Palamède Gattilusio était *Valentine Rhodocanakis, née en 1419, mariée en 1436 et 1455, morte en 1458*, tous détails dont il est incapable de fournir la preuve. Cet homme a reculé les bornes de l'impudence.

Désire-t-on quelques détails sur les empereurs contemporains de Constantinople ? Voici François II Rhodocanakis.

« Il était fils de Démétrius I et de Cornélie Dalassène; il naquit en 1774. En vertu d'un acte daté de Rome, le 12 avril 1804, et signé par tous les membres de la dynastie rhodocanakienne, il nomma son frère Thomas chef de Sa Maison et l'institua héritier de ses titres et distinctions. Ce François II (qui était un monsieur fort dégoûté) refusa le trône de Grèce en 1831. Il avait épousé, en 1805, Battou Pétrocockinos (née en 1783, † en 1839), troisième fille de Nicolas Pétrocockinos et de Catherine Négrépontis. Il mourut en 1854 (1). »

« Thomas II, treizième empereur de Constantinople, fut reconnu pour tel par tous les Rhodocanakis, le 12 décembre 1854, après la mort de son frère François II. Il était né en 1793. Peu de jours avant de mourir, par un acte passé à Athènes, le 10 février 1863, il avait institué son frère Jean son légataire universel. Le 27 du même mois, ce dernier fut proclamé chef de la Maison Rhodocanakis et quatorzième empereur titulaire de Constantinople, sous le nom de Jean X (2). »

Jean, né en 1812, épousa, en 1840, Henriette Coressius (3), née en 1819, morte en 1882. De ce mariage naquit « Démétrius II », le héros de ce livre. On pense bien que l'homme probe et sensé, ci-dessus dénommé Jean X, quatorzième empereur de Constantinople, n'a jamais pris ce titre dérisoire, dont son fils aîné avait eu la sottise de l'affubler. Pendant de longues années, Jean Rhodocanakis fit le commerce et la banque à Syra, où il est mort, en février 1895, entouré du respect et de l'estime de ses concitoyens (4).

Aujourd'hui « Démétrius II » est quinzième empereur de Constantinople. Nous ignorons en quels termes le *Moniteur*

---

(1) *Généalogie*, table 3.
(2) *Généalogie*, table 3.
(3) Fille unique du « duc » Théodore Coressius et de la « princesse » Esmeralda Massimo, troisième fille de Pierre Massimo et de Despina Rhodocanakis (*Généalogie*, table 3).
(4) Voir ci-après les pièces justificatives (Lettre E).

officiel de l'Empire byzantin a annoncé aux populations cet heureux avènement.

Le lecteur ne sera peut-être pas fâché de savoir quelles sont les armes que s'est forgées le chef de la « dynastie rhodocanakienne ». En voici la description :

« *Armes de l'empire byzantin portées par le chef de la famille* : De gueules à l'aigle éployée d'or, chaque tête sommée de la couronne impériale byzantine. Sur le tout, les armes de *Rhodocanakis*, qui sont d'azur à la croix d'argent, cantonnée de quatre diadèmes impériaux renversés au naturel, remplis de roses d'argent et surmontés chacun de six étoiles d'or, rangées en ovale couché. Le grand écu timbré de la couronne des empereurs byzantins. Supports : Deux aigles au naturel, sommées chacune de la couronne desdits empereurs. Devise : Βασιλεὺς Βασιλέων Βασιλεύων Βασιλευόντων (*Roi des Rois Régnant sur des Rois*). Manteau de pourpre semé d'aigles éployées d'or, doublé d'hermine, bordé et houppé d'or, sommé de la couronne des empereurs byzantins.

« *Armes portées par le fils aîné de la première branche de la famille de Rhodocanakis* : Les armes susdites de *Rhodocanakis*, et sur le tout, dans un écusson ovale, les armes de l'empire byzantin, savoir : de gueules à l'aigle éployée d'or, chaque tête sommée de la couronne des empereurs byzantins ; ledit écusson ovale timbré de la couronne desdits empereurs ; le grand écu timbré de la couronne des princes byzantins. Supports : un Pégase et un Sphinx ailé, tous deux rampants. Devise : ΕΝ ΡΟΔΩ ΑΝΘΩ. Manteau de pourpre semé d'aigles éployées d'or, doublé d'hermine, bordé et houppé d'or, sommé de la couronne des princes byzantins (1). »

Si l'on en croit Démétrius Rhodocanakis, la famille dont il est le chef représente non seulement douze familles impériales

---

(1) Nous empruntons cette double description à J.-B. Rietstap, *Armorial général*, deuxième édition (Gouda, 1884-1887, in-8°), t. II, p. 562. Ces armoiries et plusieurs autres encore que J.-B. Rietstap a décrites dans son ouvrage sont des inventions de Rhodocanakis. Aux dupes de ce faussaire, il convient donc d'associer l'honnête et consciencieux savant hollandais.

byzantines aujourd'hui éteintes : Ducas, Phocas, Lécapène, Comnène, Botaniate, Argyros, Ange, Bryenne, Paléologue, Vatace, Lascaris, Cantacuzène, mais un grand nombre d'autres ayant régné en Arménie, Bulgarie, Géorgie, Albanie et Hongrie.

On n'apprend pas sans quelque étonnement que, dans les veines de Rhodocanakis, circule le sang des rois de France, des empereurs de Russie, des rois d'Italie, des empereurs d'Autriche, des ducs de Brunswick, des marquis de Montferrat, des rois normands des Deux-Siciles, des comtes de Sultzbach et de 131 (cent trente et une) autres familles princières et ducales (1), dont on offre au lecteur la pompeuse énumération (2), suivie d'un *etc.* gros de promesses. Dans un avenir prochain, ce « prince » du sang mêlé ne peut manquer de nous apprendre que, s'étant découvert des liens de parenté avec Tamerlan, Montézuma, Soulouque et Béhanzin, il détient le record du mâtinage. Ainsi perfectionné, Rhodocanakis constituera un phénomène qui s'exhiberait avec succès à la Foire aux jambons, à côté de l'Homme-poisson, de la belle Fatma et du Veau à deux têtes.

On verra, dans le Chapitre suivant, quel était le but immédiat que se proposait Rhodocanakis en faisant imprimer ces rêveries biscornues d'un cerveau prétentieux et vide.

---

(1) Tous ces sangs réunis forment assurément une mixture peu commune. Mais on ne peut s'empêcher de regretter que les divins ancêtres de « Démétrius II » aient adultéré, par d'indignes croisements, la sève qui leur tenait lieu de sang et qu'Homère nomme ἰχώρ. Que de mésalliances dans une famille qui commence à Jupiter pour aboutir à Rhodocanakis ! Le panthéon hellénique ne se relèvera jamais d'une pareille dégringolade.

(2) La liste dressée en 1870 (*The imperial Constantinian order of Saint-George*, p. 28) est beaucoup moins considérable que celle de 1876 (Vincent Giustiniani, *Vie et ouvrages de Démétrius Rhodocanakis*, pp. 23-24). Il est vrai que, entre la première et la seconde, il y a un intervalle de six années, et, comme Rhodocanakis est atteint d'un crescendo chronique, ses prétentions ne pouvaient que suivre une marche ascendante.

CHAPITRE SIXIÈME

DÉMÉTRIUS RHODOCANAKIS
ET L'*Almanach de Gotha*.

Dans la deuxième partie B de l'*Almanach de Gotha* pour l'année 1885, sous la rubrique « Généalogie des autres Maisons princières d'Allemagne et d'Autriche-Hongrie; des Maisons ducales de Grande-Bretagne et Irlande; de la plupart des Maisons ducales et princières de France et d'Italie, ainsi que d'autres Maisons appartenant à la plus haute aristocratie de l'Europe », p. 331, nous lûmes, avec une profonde stupéfaction, l'article suivant :

RHODOCANAKIS
[ORTHODOXE-GREC. — ATHÈNES]

Pr. Jean Rhodocanakis, né à Chios, le 11/23 mai 1812, fils du prince Démétrius (né en 1747, mort en 1814) et de la comtesse Marietta, née de Maillyà (née en 1778, morte en 1822); marié en 1840 à sa cousine Henriette, fille du duc Théodore Coressio et de la princesse Esmeralda Massimo; veuf en 1881.
Fils : 1. Pr. Démétrius, né le 3/15 décembre 1840; marié le 12/24 décembre 1881, à
Despina Canaris, née le 28 novembre (11 décembre) 1863, fille de Trasibolo Canaris, capitaine de vaisseau, membre du Parlement hellénique.
2. Pr. Théodore, né le 19/31 mai 1842.

L'*Almanach de Gotha* reproduisit cet article à peu près dans les mêmes termes en 1886, 1887, 1888 et 1889; mais il le supprima en 1890. Ayant eu la curiosité de savoir pourquoi cette radiation avait eu lieu, nous en demandâmes la raison à la Rédaction même de l'Almanach, par une lettre en date du 4 juin 1892. Voici la réponse qui nous fut faite :

« RÉDACTION DE L'ALMANACH DE GOTHA

« N° 1483. Gotha, le 14 juin 1892.

« Monsieur Émile Legrand,

« La Rédaction actuelle n'a pas encore eu l'occasion d'examiner à fond la filiation de Démétrius Rhodocanakis, laquelle, du reste, paraît avoir suffi à la Rédaction de 1885. L'article Rhodocanakis a été supprimé en 1890, parce que, dès cette époque, l'Almanach, dans sa troisième partie généalogique, ne contient que de telles familles ducales ou princières qui ont reçu d'un souverain européen des reconnaissances formelles que ces titres sont héréditaires, RECONNAISSANCES QUE M. RHODOCANAKIS N'ÉTAIT PAS A MÊME DE PRÉSENTER.

« Veuillez agréer, Monsieur, l'assurance de notre considération la plus distinguée.

« LA RÉDACTION. »

Les mots imprimés ci-dessus en petites capitales sont une preuve de plus que la principauté de Rhodocanakis est limitrophe du grand-duché de Gerolstein. Cette exclusion dut être un cruel camouflet pour la vanité de « Démétrius II ».

Son intrusion dans le célèbre annuaire généalogique avait surpris, son élimination fit rire. Un Grec fort versé dans notre langue rima même, à cette occasion, une complainte comique intitulée *Comment on le dégota*, et qui débute ainsi :

> Qu'as-tu donc fait, Rhodocanake,
> Pour que l'*Almanach de Gotha*
> Te traite en roitelet canaque
> Et devienne ton Golgotha?

Imprimée en 1890, sans indication de lieu, cette complainte forme quatre pages in-8°. Elle a été tirée à cinquante exemplaires non mis dans le commerce. La première page est occupée par un dessin fort bien exécuté, dont voici la description : Dans le fond, en perspective, une maison de const·iction massive, au-dessus de la porte principale de laquelle on lit : ALMANACH DE GOTHA. Démétrius Rhodocanakis en sort, chassé par deux laquais, l'un armé d'un plumeau et l'autre d'un balai. L'expulsé est chaussé de souliers à la poulaine, porte un pantalon trop court et un frac trop long. Il a, au milieu du dos, un écriteau avec sa devise ainsi modifiée : ἐν Ῥόδῳ ἀπανθῶ (au lieu de ἀνθῶ). Le pseudo-prince décampe à toutes jambes, tenant de la main droite une couronne impériale et de la gauche une marotte. Sur son passage, des volailles de toute espèce, oies, poules, dindes, etc., s'enfuient épouvantées. Quelques roquets, le poil hérissé, jappent à ses trousses.

CHAPITRE SEPTIÈME

FAUSSE MONNAIE

Nous avons déjà montré Démétrius Rhodocanakis attestant l'existence d'imprimés et de manuscrits imaginaires, attribuant des ouvrages anonymes à des auteurs de fantaisie, falsifiant ou inventant des portraits, fabriquant des tombeaux et forgeant des épitaphes ; à ces honnêtes métiers il convient d'ajouter encore le truquage des monnaies.

Après avoir créé et mis au monde un empire de Rhodes avec un empereur qui se serait appelé Nicéphore Ducas Rhodocanakis (1), le faussaire ne pouvait se dispenser de couronner son œuvre en nous offrant un échantillon d'une médaille de cet ultra-fantaisiste monarque. Oh ! elles ne sont pas communes les monnaies du prétendu fondateur de la dynastie rhodienne et rhodocanakienne ! Malgré le flair tout particulier qu'il possède, « Démétrius II » n'a pu, jusqu'à ce jour, en déterrer qu'une seule : celle dont nous plaçons ci-contre le fac-similé (2). Au dessous de cette reproduction, Rhodocanakis a fait graver la légende suivante, laquelle (est-il besoin de le dire ?) ne contient pas un seul mot de vérité :

Copper coin struck during the reign (A.D. 914-929) of Nicephorus Ducas Rhodocanakis, first king of the island of Rhodes and founder of the Royal and Imperial House of Rhodocanakis, in the possession of His Holiness Pope Pius IX.

Au cours d'une audience qu'il obtint de Pie IX (3), le 21 sep-

---

(1) Voir ci-dessus, pp. 54 et suivantes.

(2) Il est la reproduction du prétendu fac-similé inséré par Rhodocanakis entre les pages 26 et 27 de sa brochure intitulée *The imperial Constantinian Order of St. George* (Londres, 1870, gr. in-4º).

(3) La relation de cette audience se trouve ci-après aux pièces justificatives (Lettre D).

tembre 1871, et à laquelle l'accompagnait M. Magnus Lagerberg, chambellan de S. M. le roi de Suède et de Norvège, Rhodocanakis, sachant que le pape possédait une collection d'anciennes monnaies, amena fort adroitement la conversation sur ce sujet, et, d'après le témoignage du savant scandinave, le souverain pontife aurait tenu ce langage :

« Je puis vous raconter que j'ai dans ma collection une
« monnaie rarissime que le prince Rhodocanakis voudrait
« bien posséder ; mais, comme l'exemplaire est unique, je ne
« puis le donner. C'est une monnaie en cuivre de Nicéphore
« Rhodocanakis, roi de Rhodes au commencement du dixième
« siècle, n'est-ce pas, mon prince ? (1). »

L'affirmation pure et simple de Démétrius Rhodocanakis, c'était rien multiplié par zéro ; corroborée par celle de M. Magnus Lagerberg, dont nous n'avons aucune raison de suspecter la sincérité, elle méritait de fixer notre attention ; mais Pie IX en personne déclarant posséder une monnaie d'un empereur imaginaire et sachant même l'époque exacte à laquelle aurait régné ce souverain, cela ne laissait pas que de me rendre perplexe. Quel parti prendre ? Je ne pouvais faire au vénérable pontife l'injure de penser, ne fût-ce qu'un instant, qu'il avait trempé dans les impostures de Rhodocanakis. Je me rappelais que, en 1879, on avait vendu une multitude d'objets ayant appartenu à Pie IX et que j'avais moi-même visité les salles du Vatican, où ils étaient exposés. Je craignais que la collection numismatique formée par Sa Sainteté n'eût été dispersée et que, par conséquent, il me fût, sinon impossible, du moins fort difficile de retrouver les traces de la monnaie de Nicéphore Ducas-Rhodocanakis.

Je fis part de mes appréhensions au R. P. François Ehrle, administrateur de la Vaticane, et lui envoyai en même temps la photographie du fac-similé donné par Démétrius Rhodocanakis. Voici ce que le R. P. Ehrle me répondit, à la date du 24 mai 1895 :

« Pie IX a eu une collection de monnaies privée, distincte

---

(1) Magnus Lagerberg, *Bref fran söderns Länder* (Gothembourg, 1872, in-8°), p. 33.

« du Medagliere établi depuis le dernier siècle à la Vaticane.
« Avant sa mort, déjà au mois d'octobre 1870, comme m'a
« assuré M. Henry Stevenson, prefetto del Medagliere, Pie IX
« a fait donation de sa collection au Medagliere. Maintenant,
« la monnaie dont vous m'avez envoyé la photographie NE SE
« TROUVE PAS AU MEDAGLIERE. »

Voilà qui est catégorique. Je ne puis que répéter ce que j'ai déjà dit ailleurs : une implacable malechance poursuit Démétrius Rhodocanakis ; on ne rencontre jamais les choses là où il jure ses grands dieux qu'elles se trouvent. Cette monnaie a évidemment subi le même sort que l'épitaphe de Georges Coressius (1) ; elle a dû être dérobée par le mystérieux cambrioleur qui s'acharne à faire disparaître toutes les preuves sur lesquelles Rhodocanakis établit l'existence de ses « aïeux ». Imprimés, manuscrits, tombeaux, épitaphes, vieilles monnaies, tout devient la proie de ce malfaiteur inconnu, qui vole pour le satanique plaisir de laisser croire que Rhodocanakis est un faussaire.

Mais revenons à la monnaie de Nicéphore Rhodocanakis. Si cette monnaie se fût réellement trouvée dans le médaillier de Pie IX, les prétentions généalogiques du commerçant de Syra n'en seraient pas, pour cela, plus fondées. En effet, nous avons communiqué le fac-similé publié par Rhodocanakis à M. Gustave Schlumberger, membre de l'Académie des Inscriptions, et voici la déclaration que le savant numismate a eu l'extrême obligeance de nous remettre :

« La monnaie attribuée par erreur à Nicéphore Ducas
« Rhodocanakis est un simple bronze du basileus Nicéphore
« Phocas. Les légendes véritables sont au droit : NICHFOR.
« BASILEVS ROMAIΩN, au revers : ✠ NICHFOR. EN ΘEΩ BASILEVS
« ROMAIΩN. Le dessin du buste impérial a été extraordinaire-
« ment enjolivé et altéré. *Si cette pièce existe, elle est fausse*,
« une simple falsification ou invention moderne. L'éditeur a
« été indignement trompé.
          « GUSTAVE SCHLUMBERGER. »

---

(1) Voir ci-dessus, p. 47.

Une conclusion s'impose. Puisque, contrairement à l'assertion de Rhodocanakis, contrairement même à l'affirmation attribuée à Pie IX, cette monnaie n'existe pas dans le médaillier jadis possédé par le pontife romain, il s'ensuit que Rhodocanakis en est l'inventeur : ce dont ne s'étonnera aucun de ceux qui auront lu les chapitres précédents.

CHAPITRE HUITIEME

LES PALÉOLOGUES ANGLAIS

Le vaste système d'impostures organisé par Démétrius Rhodocanakis ayant pour base partielle l'existence parfaitement avérée d'une famille Paléologue, établie en Angleterre à une date qu'aucun document ne permet de préciser, nous croyons devoir exposer ce que l'on en sait et dire de quelle façon le faussaire l'a accaparée, afin de pouvoir greffer sur cette souche une branche de Rhodocanakis imaginaires.

Le 12 janvier 1815, le révérend Fr. Vyvyan Jago, recteur de l'église paroissiale de Landulph (Cornwall), donna lecture à la Société des Antiquaires de Londres d'une dissertation consacrée à une plaque en bronze conservée dans cette église (1) et sur laquelle est gravée une épitaphe ainsi conçue (2) :

---

(1) Cette dissertation se trouve dans *Archæologia or miscellaneous tracts relating to Antiquity published by the Society of Antiquaries of London*, tome XVIII (Londres, 1817, in-4º), pp. 83-104 ; elle est intitulée : *Some observations on a monumental inscription in the Parish Church of Landulph, Cornwall. By the Rev. Fr. Vyvyan Jago, F. S. A. Rector of Landulph. Read january 12th 1815*. C'est à ce consciencieux travail que nous empruntons les détails pour lesquels nous ne donnons pas d'autre référence.

(2) Nous donnons le texte de cette épitaphe d'après une copie publiée par Ed. St. Jackson dans *Notes and Queries* (tome VIII, p. 408) et accompagnée de cette remarque : « I have never seen the monumental inscription of Theodore Palæologus accurately copied in any book. When in Cornwall lately, I took the trouble to copy it, and as some of your readers may like to see the thing as it is, I send it line for line, word for word and letter for letter. It is found, as is well known, in the little out-of-the-way church of Saint-Landulph, near Saltash. » Un fac-similé de cette épitaphe a été publié dans les *Transactions of the historic Society of Lancashire and Cheshire*, où se trouve un article la concernant (tome IX, pp. 213-222).

Here lyeth the body of Theodoro Paleologus of Pesaro in Italye, descended from the imperyail lyne of the last christian emperors of Greece, being the sonne of Camilio, the sonne of Prosper, the sonne of Theodoro, the sonne of Iohn, the sonne of Thomas, second brother to Constantine Paleologus, the 8th of that name and last of that lyne that raygned in Constantinople, until subdewed by the Turkes, who married with Mary (1), the daughter of William Balls of Hadlye in Souffolke, Gent. and had issue 5 children, Theodoro, Iohn, Ferdinando, Maria and Dorothy, and departed this life at Clyfton, the 21th of january 1636.

Au dessus de cette inscription figurent les armes des Paléologues : aigle bicéphale éployée, etc.

Fr. Vyvyan Jago examina les duplicata des registres paroissiaux déposés dans la chambre des archives à la cathédrale d'Exeter. Après de laborieuses recherches parmi les registres de deux siècles entassés pêle-mêle, sans classement par paroisses et sans ordre chronologique, la plupart fort endommagés par l'humidité, il eut la bonne fortune de mettre la main sur le registre de Landulph pour l'année 1636 et il trouva l'entrée suivante : *Theodore Palleologus was buryed the 20th daye of october*.

D'après son épitaphe, Théodore Paléologue serait décédé le 21 janvier 1636, et, d'après le registre, il aurait été inhumé le 20 octobre 1636. On peut à peine supposer que le corps fut gardé depuis le mois de janvier jusqu'au mois d'octobre ; et le calendrier en usage à cette époque vient encore compliquer la difficulté ; car, l'année commençant alors le 25 mars, il s'ensuit que, si Théodore Paléologue mourut le 21 janvier 1636, le 20 octobre suivant appartenait à 1637 (2).

---

(1) Théodore Paléologue était veuf quand il épousa Marie Balls. Ce mariage eut lieu en 1615 (*Archæologia*, etc., p. 88).

(2) Démétrius Rhodocanakis ne se donne pas tant de peine pour

En admettant l'hypothèse que le corps serait demeuré un temps considérable sans sépulture, il aurait dû être renfermé dans un cercueil de plomb ; mais il n'en fut rien, car, vers 1795 (1), le caveau ayant été accidentellement ouvert, on constata que le cercueil était en chêne ; on en souleva le couvercle par curiosité et l'on trouva le corps dans un si parfait état de conservation que l'on put se convaincre que Théodore Paléologue était un homme d'une taille beaucoup au dessus de la moyenne, ayant le visage ovale, fortement accentué par un nez aquilin, et orné d'une barbe très blanche qui descendait jusque sur la poitrine.

Selon les données de l'épitaphe reproduite ci-dessus, la généalogie de Théodore Paléologue (2) doit s'établir comme. il suit :

Thomas Paléologue, père de
Jean Paléologue, père de
Théodore Paléologue, père de
Prosper Paléologue, père de
Camille Paléologue, père de

Théodore Paléologue. Celui-ci épouse Marie Balls, dont il a trois fils et deux filles : Théodore, Jean, Ferdinand, Marie et Dorothée. Il meurt en 1636 ou 1637. Nous reviendrons plus tard sur ces cinq enfants.

Il nous faut d'abord dire quelques mots de la généalogie qui nous est fournie par l'épitaphe. Le père, l'aïeul et le

---

concilier les dates. Il écrit sans sourciller (*Biographie de Constantin Rhodocanakis*, p. 8), d'après des documents imaginaires, que Théodore Paléologue mourut le 18 octobre 1636 et fut enterré le surlendemain.

(1) Le révérend Fr. Vyvyan Jago (*Op. laud.*) disait, en 1815 : « About twenty years ago. »

(2) Un Théodore Paléologue écrivait de Plymouth, le 19 mars 1628, au duc de Buckingham, une lettre en français (publiée dans la *Biographie de Constantin Rhodocanakis*, p. 38), où il disait avoir embrassé la carrière militaire dès sa jeunesse. Il demandait à entrer au service du roi d'Angleterre et sollicitait un secours qui l'aidât à vivre le reste de ses jours. Ce personnage doit-il être identifié avec le Théodore Paléologue enterré à Landulph quelques années plus tard ?

bisaïeul du Théodore décédé en Angleterre sont parfaitement inconnus (1). Quant à son trisaïeul, Jean Paléologue, que l'épitaphe donne comme fils de Thomas Paléologue, l'histoire ne le mentionne pas davantage (2). Thomas Paléologue n'avait que deux fils (3) :

André, né le 17 janvier 1453 (4), fut élevé à Rome et y vécut, pensionné par le pape. Il y mourut en 1502. Il avait épousé une femme de basse condition, nommée Catherine (5), dont il eut au moins un fils, appelé Constantin. Voici deux documents peu connus, où il est question de lui :

« Ha fatto etiam (Alexandre VI) scrivere fin 200 cavalli ligieri, alli quali pero non ha dato denari : li fa star cosi per averli, bisognandoli : alli quali vol dar per capo il fiol del

---

(1) Cela n'empêche aucunement Rhodocanakis d'assigner une date précise à leur décès (*The imperial order of St. George*, p. 30).

(2) Léon Allatius (*De Ecclesiæ occidentalis atque orient. perpetua consensione*, col. 956) mentionne trois fils de Thomas Paléologue : André, Manuel et *Jean*. Mais il ne faut voir là qu'une erreur échappée à la plume d'Allatius, dans un ouvrage où cette question n'est pas traitée *ex professo*. Cette erreur s'explique d'autant plus facilement qu'un petit-fils de Thomas Paléologue portait le prénom de *Jean*. Ayant demandé au professeur Louis Pastor s'il n'avait pas trouvé trace, dans ses recherches, d'un Jean Paléologue, fils de Thomas, le savant auteur de l'*Histoire des Papes* me répondit (8 juin 1892) : « Je n'ai rencontré nulle part le nom de Jean Paléologue, quoique j'aie consulté les archives de presque toutes les villes d'Italie ainsi que la littérature imprimée sur les Paléologues. Je partage votre opinion que ce Jean n'a jamais existé. »

(3) Ὁ οὖν προρρηθεὶς δεσπότης Θωμᾶς εἶχεν υἱοὺς δύο (*Historia politica*, dans la *Turcogræcia* de Crusius, pp. 18-19). Τοῦ γὰρ δεσπότου κῦρ Θωμᾶ, ὡς προέφημεν, ὑπῆρχον δύο υἱοί ("Εκθεσις χρονική, apud C. Sathas, *Bibliotheca græca medii ævi*, t. VII, p. 576). Condusse seco ditto Thoma dui figlioli mascoli, cioè il despoto Andrea et il despoto Emanuel et una figliola (Théodore Spandugnino, *De la origine deli imperatori ottomani*, apud C. Sathas, *Doc. inéd. relatifs à l'histoire de la Grèce au moyen âge* t. IX, p. 157).

(4) Phrantzès, *Chronique*, éd. de Bonn, p. 236.

(5) Sur André Paléologue, on consultera avec fruit l'ouvrage du R. P. Pierling, S. J., *La Russie et l'Orient, Mariage d'un Tsar au Vatican, Ivan III et Sophie Paléologue* (Paris, 1891, in-18), pp. 149-153 et pp. 207-209.

despoto della Morea, che è persona de poco valor, per fama pubblica per tutta Roma, benchè l'aspetto suo demostri altramente (1). »

(Le marquis de Mantoue au podestà d'Ostiglia) « *Domino potestati Ostiliæ Franzino*. L'è per capitar di ritorno di Alemagna il signor Costantino, Despotto di la Morea, capitano di la guarda del Papa, nostro charissimo amico. Vollemo che sotto l'alligate credentiale lo visitati in nome nostro cum quelli più onorevoli termini che saperete, raccogliendolo e facendolo provedere di allogiamento e spese, li ad Hostiglia o a Revere, come a lui verrà più comodo, et il tutto a nostro costo, avisandoci poi di la cosa come la sarà passata. Mantuæ, XVII octobris MDVIII. PTOLOMEUS (2). »

Manuel Paléologue, né le 2 janvier 1455 (3), fut élevé à Rome avec son frère et y vécut quelques années. Cédant aux conseils de ses familiers, il se rendit à Constantinople auprès de Mahomet II. Celui-ci le combla de prévenances, lui assigna une pension et le laissa librement pratiquer sa religion, dans laquelle il mourut (4). De deux esclaves, dont le sultan lui avait fait cadeau, Manuel eut deux fils : Jean, l'aîné, mourut d'une maladie incurable et fut enterré à la Pammacaristos ; André, le cadet, embrassa l'islamisme, et, sous le nom de

---

(1) *Antonio Giustinian, ambasciator Veneto in Roma dal 1502 al 1505*, éd. Pasquale Villari (Florence, 1876, 3 vol. in-8°), t. I, p. 164. Le passage ci-dessus est daté de Rome, 21 octobre 1502. A cette date, André Paléologue était mort depuis plusieurs mois (voir Pierling, *Op. cit.*, p. 209).
(2) Publié dans le *Giornale araldico* de Pise, août 1888, p. 47.
(3) Phrantzès, *Chronique*, éd. de Bonn, p. 385.
(4) *Historia politica* (dans la *Turcogræcia* de Crusius), p. 19 ; Ἔκθεσις χρονική (apud C. Sathas, *Bibliotheca græca medii ævi*, t. VII), p. 576 ; Théodore Spandugnino, *De la origine deli imperatori ottomani* (apud C. Sathas, *Doc. inéd. relatifs à l'histoire de la Grèce au moyen âge*, tome IX), p. 157. Faisons observer que, contrairement à ce que certains historiens modernes ont affirmé, Manuel Paléologue mourut chrétien. Cette particularité est formellement attestée par Théodore Spandugnino (*loc. cit.*).

Méhémet, prit place parmi les pages du sérail (1). L'histoire est muette sur leur postérité (2).

En se maintenant dans l'hypothèse de l'épitaphe, on pourrait considérer Jean, fils de Manuel et petit-fils de Thomas, comme le trisaïeul du Théodore Paléologue enterré à Landulph. Mais ce n'est là qu'une conjecture en l'air. D'ailleurs, lors même que l'on établirait d'une façon péremptoire que l'épitaphe dit vrai, en d'autres termes que les Paléologues anglais descendaient de Thomas Paléologue, cela ne modifierait absolument en rien la question qui nous occupe.

Revenons aux enfants de Théodore Paléologue et de Marie Balls. On possède des détails sur quatre d'entre eux : Théodore, Ferdinand, Marie et Dorothée.

1° Théodore était matelot et servait à bord du *Charles II*, sous le commandement du capitaine Gibson. Il mourut à la mer, en 1693, ainsi qu'il résulte d'un testament communiqué à Vyvyan Jago par François Townsend, Windsor herald. Ce document, daté du premier août 1693, est exclusivement en faveur de Marthe, épouse du testateur. Il n'y est fait mention d'aucun enfant. La signature est *Theodore Paleologey*. Bien qu'il ne soit qualifié que de marin, Théodore devait posséder quelques biens-fonds, car il y a quatre témoins : Charles Gibson, commandant ; J. Wright, John Corneth et Richard Roberts (3).

2° Marie Paléologue mourut célibataire à Landulph, en 1674.

3° Dorothée Paléologue, épousa, en 1656, William Arundel, probablement petit-fils d'Alexandre Arundel de Clifton. Ce mariage est enregistré à Landulph et à Saint-Mellion, comme célébré dans ces deux paroisses. La mariée y est ainsi désignée : *Dorothea Paleologus de stirpe imperatorum*. Peu de temps après leur union, les deux époux s'établirent à

---

(1) *Historia politica* (dans la *Turcogræcia* de Crusius), p. 19 ; Ἔκθεσις χρονικὴ (apud C. Sathas, *Biblioth. gr. medii ævi*, t. VII), p. 576 ; Théodore Spandugnino (*ut supra*), p. 175.

(2) Cf. Charles Hopf, *Chroniques gréco-romanes*, p. 536.

(3) Rappelons que les détails pour lesquels il n'est pas indiqué de référence spéciale sont empruntés à la Dissertation de Vyvyan Jago, publiée dans l'*Archæologia*, t. XVIII, pp. 83-104.

Saint-Dominick, paroisse voisine, dont les registres ayant été accidentellement détruits, il est impossible de déterminer si les conjoints eurent des enfants, quoique la chose soit très probable. Ils furent l'un et l'autre enterrés à Landulph, Dorothée en 1681 et son mari en 1684. Quelques années plus tard, une Marie Arundel, peut-être leur fille, épousa François Lee.

4° Ferdinand Paléologue (1) alla chercher fortune à la Barbade. Découverte en 1605, cette île reçut ses premiers colons en 1624. Le 5 juillet 1628, un certain Charles Woolferstone y arrivait avec soixante-quatre personnes influentes, dont chacune fut autorisée à prendre cent acres de terre. On suppose que Ferdinand Paléologue était du nombre de ces émigrants.

La bibliothèque et les manuscrits (2) de Saint-Jean de la Barbade périrent presque complètement dans le terrible cyclone du 13 octobre 1819. Mais Henry J. Bradfield ayant demandé, en 1841, au recteur de la susdite paroisse la permission de faire des recherches dans les débris des archives, il fut assez heureux pour y découvrir un vieux registre où il trouva les mentions suivantes :

1649. William Ferdinando Paleologus, vestryman of the parish of Saint John.

Feb. 25th 1655. Lieut. Ferd. Paleologus, elected church warden to the above parish.

Do. March 2nd 1656. Elected trustee as freeholder of the above parish. March 25th 1660, as also surveyor of highways.

Jan. 10th 1669. Ferdinando Paleologus reported absent at a meeting of the vestry.

Il n'est plus question de lui jusqu'en 1678, date à laquelle

---

(1) La plupart des détails que nous donnons ici sont puisés dans un excellent article de Henry J. Bradfield, intitulé *The last of the Greeks or Ferdinando Paleologus* et publié dans le *Gentleman's Magazine* de janvier 1843, pp. 17-21.

(2) L'auteur anglais veut sans doute dire : les imprimés et les manuscrits ou peut-être les archives.

le registre des inhumations de la paroisse Saint-Jean contient cette entrée :

Burials, anno 1678, oct. 3. Lieutenant Ferdinand Paleologus.

Voici le testament de Ferdinand Paléologue :

Entered 20th march 1678.

In the name of God, amen. I Ferdinand Paleologus, of the parish of Saint John's, being sicke in body, but in perfect memorie, comitte my soule into the hands of almighty God, my most merciful creator, and my body to be interred in a christian buriall, there to attend the joyfull resurrection of the just to eternall life, by Jesus-Christ, my most blessed saviour and redeemer.

Imp. I give and bequeath unto my loveing wife Rebecka Paleologus the one halfe of my plantation, with all the profitt thereof arising dureing the terme and time of her natural life.

Item. I give and bequeath unto my sonn Theodorious Paleologus the other moietie of my plantation, with all profitt, stocke and goods thereunto belonging, which moietie is to be imployed for his maintenance and education, together with the increase of his estate, until he attains the age of fourteen yeares, the other moietie given as aforesaid. After the death of my wife Rebecka Paleologus, my will is that her said moietie return with all the profitt unto my sonn Theodorious Paleologus.

Item. I give and bequeath unto my sister Mary Paleologus twenty shill. sterling.

Item. I give and bequeath unto my sister Dorothy Arondoll twenty shils. sterling.

Item. I give and bequeath unto Ralph Hassell, my God sonn, sonn of Ralph Hassell, my black stone colt.

Item. I give and bequeath to Edward Walrond, sonn of Henry Walrond, junior, one gray mare colt.

And for executor of this my last will and testament, I doe constitute and appoint my loveing wife Rebecka Paleologus. In witness whereof I have hereunto sett my hand and seale this 26th of september in the yeare of our Lord God one thousand six hundred and seaventy.

 Fardinand Paleologus.
         Locus † sigilli.

Signed, sealed and delivered in the presence of us
 Tobias Bridge,
 Geo. Hanmer,
 Thomas Kendall.

And upon forther consideration it is my will and testament, that in case should happen my sonn Theodorious Paleologus should dye before my wife without issue lawfully begotten by him, that then my said wife shall have the whole estate, equally divided as before mentioned, to her, her heirs and assigns for ever. As witness my hand and seale, this 2 day of october 1670, a.

 Fardinand Paleologus.
         Locus † sigilli.
 (F. P.)

Signed, sealed and delivered in the presence of us
 Tobias Bridge,
 Geo. Hanmer,
 Thomas Kendall,
 Abraham Pomfrett.

 Barbados. *By the Dept. Governor.*
This day personally appeared before me, captain Thomas Kendall and made oath upon the holy evangelists that he saw the within named Fardinand Paleologus, ded signe, seale and publish the within written will as his last will and testament, and that he was then in perfect sense and memory to the best of the said deponent knowledge, likewise the said Thomas Kendall and Mr. Abraham Pomfrett appeared before me and made oath that they saw the said testator Paleologus signe, seale and deliver the codicill written under the said will as his act and deed; and the said Pomfrett further depo-

seth that he heard the said Paleologus own the within written, and further these deponents say not. Given under my hand, this 4th day of january 1680.

CHR. CODRINGTON.

Chose curieuse, Ferdinand Paléologue devait, après sa mort, subir le même sort que son père. Le cyclone de 1831 ayant détruit l'église paroissiale de Saint-Jean de la Barbade, lorsqu'on en déblaya les ruines, on découvrit, sous l'emplacement de l'orgue, dans le caveau de Peter Colleton, le cercueil en plomb de Ferdinand Paléologue (1); comme la tête était tournée vers l'ouest, suivant la coutume grecque, c'est-à-dire dans une direction opposée à celle des autres, cette circonstance attira l'attention et mit en éveil la curiosité du recteur de la paroisse. Celui-ci, voulant constater ce qu'il y avait de vrai dans la tradition, résolut d'examiner le cercueil de Ferdinand Paléologue. En conséquence, ce cercueil fut ouvert, le 3 mai 1844 (2), en présence de R. Reece junior, J. G. Young et J. Hinckson. On y trouva un squelette d'une taille extraordinaire, dans une couche de chaux vive, ce qui est une autre preuve de l'origine de Ferdinand Paléologue, la coutume de l'église grecque étant d'entourer ainsi les cadavres. Bien qu'il eût occupé le poste de marguillier d'une communauté protestante, poursuit Schomburgk,

---

(1) Les détails concernant l'exhumation de Ferdinand Paléologue sont empruntés à Robert H. Schomburgk, *The history of Barbados* (Londres, 1848, in 8º), pp. 230-231. Les pages que Schomburgk consacre à Ferdinand Paléologue sont puisées dans la dissertation de Vyvyan Jago et dans l'article de Henry J. Bradfield. Mentionnons encore, pour mémoire, deux articles de seconde main : l'un dans le *Chambers' Edinburgh Journal*, t. XVII (Édimbourg, 1852, in-8º), pp. 24-27 ; l'autre dans l'Ἐθνικὸν ἡμερολόγιον de Marinos P. Vrétos pour l'année 1869 (Leipzig et Paris, in-8º), pp. 494-496. Marinos Vrétos fait judicieusement observer que, entre le Jean Paléologue de l'épitaphe de Landulph et Thomas Paléologue, il manque au moins une génération.

(2) La date 1844 est certainement erronée. Il faut sans doute lire 1834. Car, dans son article du *Gentleman's Magazine* de janvier 1843, Henry J. Bradfield narre le même fait (p. 17) et affirme qu'il lui fut raconté à la Barbade, en 1841, par le docteur Strachan.

à qui nous empruntons ces détails, les ordres qu'il avait donnés concernant son inhumation prouvent que Ferdinand Paléologue mourut dans la foi de sa propre église (1). Le cercueil fut soigneusement déposé dans le caveau qui appartenait (en 1848) à Josiah Heath. Un vieillard octogénaire fit observer que ce Paléologue était traditionnellement connu pour *le prince grec de Cornwall* (2).

*
* *

Comme nous l'avons vu précédemment, de l'union de Théodore Paléologue avec Marie Balls étaient issus cinq enfants : Théodore, Jean, Ferdinand, Marie et Dorothée. Examinons maintenant comment le faussaire a réussi à faire descendre de Théodore Paléologue toute une ribambelle de Rhodocanakis imaginaires. Ne pouvant nier le mariage de Théodore avec Marie Balls, Démétrius Rhodocanakis le déclare illégitime (3), et il suppose que ce même Théodore aurait antérieurement contracté un mariage légitime avec une Eudoxie Comnène qui n'a jamais existé.

Suivant le roman rhodocanakien, cette Eudoxie imaginaire aurait été fille d'Alexis Comnène et d'Hélène Cantacuzène (4),

---

(1) C'est peut-être aller un peu loin. Dans le mode de sépulture, le rituel seul est en jeu et non le dogme.

(2) Cette dernière particularité est empruntée à l'article de Henry J. Bradfield (*Gentleman's Magazine* de janvier 1843, p. 17).

(3) Il en donne une raison aussi amusante qu'imprévue : « The law of the Byzantine Empire required equal alliances in the princely houses, just as the Royal Marriage Act of England renders illegal the marriage of a prince of the blood royal with a subject (*The imperial order of St. George*, p. 26, note 2). » Ce pauvre Rhodocanakis est pétri d'inconséquences. Il n'a pas songé que, en se faisant naturaliser *sujet britannique*, il se mettait dans l'impossibilité absolue de devenir le gendre de la reine Victoria.

(4) Rh. déclare éteintes les familles Comnène et Cantacuzène (*The imperial order of St. George*, p. 28, note). Or pour que, selon lui, le mariage de Théodore Paléologue avec Eudoxie fût légitime, il fallait que les père et mère de ladite Eudoxie appartinssent eux-mêmes à une souche impériale. On ignorait, avant Démétrius Rhodocanakis, que ces deux illustres familles se fussent perpétuées jusqu'à la fin du seizième siècle.

personnages imaginaires. Née à Constantinople, le 12 août 1575, elle aurait épousé Théodore Paléologue, à Chio, le 6 juillet 1593, et y serait morte un an plus tard, jour pour jour (1), en mettant au monde une fille, nommée Théodora, future, unique et légitime héritière de l'empire d'Orient. Cette Théodora imaginaire, née le 6 juillet 1594, aurait épousé un Démétrius Rhodocanakis imaginaire, le 10 octobre 1613, à Naples, dans l'église des saints apôtres Pierre et Paul, et aurait, par cette union, transmis à son mari ses droits au trône de Byzance (2). C'est ainsi que l'héritage des Paléologues serait passé dans la « dynastie rhodocanakienne » et que notre faussaire serait fondé, à cette heure, à s'intituler « quinzième empereur de Constantinople ».

Il faut avouer que ces faits s'enchaînent admirablement. Par malheur, l'histoire, quoique assaisonnée avec toutes les herbes de la Saint-Jean, ne renferme pas un traître mot de vérité. Nous défions Démétrius Rhodocanakis, commerçant à Syra, d'apporter l'ombre d'un document à l'appui du mariage, mensongèrement attesté par lui, de Théodore Paléologue avec une Eudoxie Comnène.

Rhodocanakis les a sans doute retrouvées, après coup et comme par miracle, dans quelque château pareil à celui de la Belle au bois dormant, où elles sommeillaient tranquillement, en attendant l'arrivée du prince charmant.

(1) Le lecteur a déjà dû remarquer combien Rhodocanakis est ferré sur les dates de naissance, mariage et décès de ses personnages. Il ne s'est pas douté un seul instant que ce luxe d'exactitude était justement fait pour éveiller les soupçons.

(2) *Hellas*, pp. 135-137 ; *Biographie de Constantin Rhodocanakis*, p. 36 ; *Généalogie*, table 3.

CHAPITRE NEUVIÈME

UNE DUPE ANGLAISE DE D. RHODOCANAKIS

En 1871, parut à Londres un volume ainsi intitulé : *The orders of chivalry by J. H. Lawrence-Archer, captain H. M's service. London, Bernard Quaritch, 15, Piccadilly. MDCCCLXXI.* In-4°. Tirage à 107 exemplaires.

Ayant remarqué que D. Rhodocanakis citait à plusieurs reprises (1) cet ouvrage pour corroborer ses assertions et sachant d'autre part que le capitaine (2) Lawrence-Archer était un érudit consciencieux, j'éprouvai le désir de consulter son livre. Je ne pus le trouver à Paris et ce fut heureux, comme on va le voir. Je m'adressai à M. Richard Garnett, conservateur des imprimés au Musée britannique, pour obtenir les renseignements dont j'avais besoin. Avec son obligeance habituelle, M. R. Garnett me répondit que ma demande l'avait conduit à de remarquables découvertes. En effet, l'exemplaire du Musée britannique, acheté à Lawrence-Archer lui-même, en avril 1878, est enrichi de copieuses notes manuscrites de sa main. Parmi ces notes, il en est deux qui concernent Démétrius Rhodocanakis. Celui-ci ne sera certainement pas flatté d'apprendre ce que pensait de lui un de ses compatriotes d'adoption, qui l'a connu et pratiqué; mais ces deux notes ont une trop grande importance au point de vue de l'histoire littéraire pour que nous négligions de les reproduire. Elles prouveront, en outre, à Rh. que je ne suis pas le seul à avoir changé d'opinion sur son compte. Il ressentira certainement le besoin de salir la mémoire du capitaine Lawrence-Archer; mais nous lui conseillons de mesurer ses expressions,

---

(1) Voir *Hellas*, p. 149; et *Biographie de Constantin Rhodocanakis* p. 51. Cf. Vincent Giustiniani, *Vie et ouvrages de Démétrius Rhodocanakis*, p. 9.

(2) Plus tard *major*.

car le brave Anglais a laissé de solides héritiers qui se payeraient volontiers le luxe d'un voyage à Syra pour le plaisir d'allonger les oreilles de l'insulteur.

Voici l'extrait du livre de Lawrence-Archer (p.16) et les notes afférentes :

As regards honorary designations of rank, about the twelfth century many kings of Europe were styled simply « Excellency ». The Venetians used to consider « Serenity » superior to « Highness ». The former of these originated, at a later period, among the Italian and German princes. The first who assumed the title of « Royal Highness » was the younger brother of Louis XIII, Gaston, duc d'Orléans, in the year 1631. Prior to that date, he was simply addressed as his Highness, as we find in a work dedicated to him in 1620 by Prince Francis Rhodocanakis*, and entitled « Les hommes nobles et illustres de l'Isle de Chio ; escrit par Son Altesse Monseigneur le Prince François D. Rhodocanakis, Seigneur de ladite Isle, &c., et adressé a S. A. le très illustre Prince Gaston, duc d'Anjou, &c. »

The great Condé styled himself Altesse Sérénissime. Then the Duke of Savoy took the title of Royal Highness. The above mentioned Prince Francis Rhodocanakis first assumed het title of Royal Highness in the year 1638.

* *(Note imprimée.)* His son Demetrius married in 1614 the *only daughter and heiress* of Theodore IV Palaeologus, hereditary emperor of the Byzantine empire, named Theodora, whose son Panteleon became at her death in 1665 the *(hereditary)* grandmaster of the Constantinian Order of St. George. Vide note p. 35, &c.

(Note manuscrite.) N. B. This an error communicated by M. Demetrius Rhodocanachi, *alias* H. I. H. The Prince Rhodocanakis. I have since ascertained that the latter, son of M. Johannes Rhodocanachi, and partner in the House of Rhodocanachi Brothers, Ethelburga House, London (1875), returned to his native country as Demetrius Rhodocanachi, returned again to England and had himself (proprio motu) naturalized as « Prince Rhodocanakis ». But he has been unable to produce any vouchers for the assump-

tion, or even for his assumed pedigree (which was rejected by Sir Bernard Burke (1) and other official heralds). The fact is that, before he came to England, this gentleman was not aware that Theodore Palaeologus died in Cornwall, a fact at which he was so much surprised that at first he *disputed* it ; but, finding it well established, he adopted it, denying however that Theodore had any more than a *mistress* (2) in England. But this suspicion has been refuted by the discovery of Theodore's marriage register in Yorkshire by the Rev. W. Norcliffe. It is even questionable whether there ever was such a Prince as the one mentioned as living in 1620 (3). Such obscure works are sometimes rinted as modern antiques on the Continent for such purposes, just as the lithographic portrait of Doctor Rhodocanachi, in his « Life » written by his imputed descendant (collateral) and purporting to be after « Lely », was simply a photograph by the author of himself, slightly altered (4).

(Page 35. *Note imprimée.*) The imperial Constantinian Order of St. George. By H. I. H. the Prince Rhodocanakis. London, 1870, in-4° (5).

---

(1) Une lettre de M. Henry Farnham-Burke, fils aîné de feu Bernard Burke et, comme son père, membre du Collège Héraldique, confirme pleinement la vérité de cette assertion. Cette lettre est reproduite dans le chapitre suivant.

(2) Les aïeux de Rh. se sont certainement alliés aux Harpyes, et ce doit être par atavisme que leur descendant ne peut rien toucher sans le souiller.

(3) Il est hors de doute que jamais un tel prince n'a existé.

(4) Rien de plus exact. Nous avions nous-même constaté cette drôlatique supercherie. Elle saute aux yeux de quiconque compare ce portrait soit avec une affreuse lithographie en noir de Démétrius Rhodocanakis, sous laquelle on lit *H. I. H. the prince Rhodocanakis*, etc. (dont nous avons jadis trouvé, chez un marchand d'estampes du quai Voltaire, à Paris, tout un stock échoué là on ne sait comment et se détaillant à dix centimes pièce), soit avec le chromo criard, qui s'étale sur le titre d'une mélodie intitulée *So mote it be*, laquelle a pour auteur Hirtram Lesne et est dédiée à notre ci-devant Grec. Dans les trois portraits, l'éclairage est pareil et la position du corps géométriquement identique. Constantin Rhodocanakis n'est autre que Démétrius Rhodocanakis sans moustache et sans mouche, coiffé d'une perruque Louis XIV et légèrement grimé, en d'autres termes falsifié par lui-même. Rh. retoucheur de photographies ! Cet homme cumule tous les talents.

(5) Dans une seconde édition de son ouvrage (Londres, W. H. Allen

(*Note manuscrite concernant l'ouvrage indiqué dans la note imprimée.*) This work is a pure fabrication, as the author knows, from having had the arrangement of the Ms. (1) Prince Rhodocanakis (?) drew his materials chiefly from Du Cange, even to the design of his own Imperial Crown (!), which with the *family* Arms were *designed* by H. I. H., none of his family ever having borne any, and their pedigree being purely conjectural, his grandfather being the earliest member of it from whom he can trace.

I much regret having been imposed on, but the deception was so ingenious and elaborate, that, until the proofs were discovered not to be forth coming, it might have deceived an abler genealogist. The imposture seemed inconceivable in its audacity until tested, especially as all the *vouchers* had been promised. But they have never been produced, nor can they be. The Press was largely mad an unconscious dupe in the matter, excepting the principal London and Edinburgh papers.

ATTESTATION DÉLIVRÉE PAR M. RICHARD GARNETT

The above are verbatim copies of passages in major Lawrence-Archer's *Orders of Chivalry* as published in 1871, and of his own Ms. notes in his own copy of the book, which was purchased by the British Museum in april 1878 (2).

R. GARNETT,
Keeper of Printed Books.

March 26, 1895.

---

and Co. 13, Waterloo Place, 1887), Lawrence-Archer a supprimé les passages auxquels se réfèrent les deux notes ci-dessus. Voici en quels termes M. R. Garnett nous a transmis cette information : « The two passages upon which major Archer has annotated are omitted from his second edition, as is also the reference to M. Rhodocanakis's book ni the list of authorities, though two apocryphal books attributed to members of M. Rhodocanakis's family are still there (Lettre du 26 mars 1895). »

(1) Nous appelons toute l'attention du lecteur sur la déposition accablante de ce témoin dupé par Rhodocanakis.

(2) Ayant pris la liberté de dire à M. Richard Garnett que, pour mettre ce précieux exemplaire à l'abri des mutilations possibles, il ferait sagement de le placer à la Réserve, il me répondit : « I have to acknowledge with pleasure the receipt of your letter, and to inform you that the same idea had occurred to me as to yourself, and that I have placed the volume under lock and key (Lettre du 29 mars 1895). » Nous possédons, d'ailleurs, une excellente photographie des deux notes de Lawrence-Archer.

CHAPITRE DIXIÈME

NATURALISATION DE DÉMÉTRIUS RHODOCANAKIS
SON PASSEPORT ANGLAIS
SES ACTES DE NAISSANCE ET DE BAPTÊME
SON TITRE PRINCIER

Que nul des prétendus aïeux de Rhodocanakis n'ait porté le titre de *prince* ; que, conséquemment, « Démétrius II » ne puisse revendiquer un tel titre par droit d'héritage, mais ne soit qu'un faussaire en proie à la mégalomanie, c'est ce que je crois avoir suffisamment démontré dans les chapitres précédents. Celui-ci pourrait donc être supprimé sans inconvénient, mais j'y donne un certain nombre d'informations que le lecteur ne jugera peut-être pas tout à fait superflues. Et puis, j'ai voulu, pour employer une expression de Rhodocanakis lui-même (1), entasser un Pélion de preuves sur un Ossa d'arguments, afin de voir si, aplati sous le poids de ces deux montagnes, l'imposteur aura l'audace de singer Encelade enseveli sous l'Etna.

*
* *

Un citoyen se procure d'ordinaire un passeport, lorsqu'il a l'intention d'entreprendre un voyage dans des pays où il peut se trouver obligé de produire une pièce de cette nature. De retour chez lui, il place son passeport au fond d'un tiroir et ne s'en occupe plus.

Rhodocanakis n'entend pas les choses d'une si vulgaire façon. Il a obtenu, le 23 mai 1870, un passeport anglais (2), où

---

(1) *Reply to a criticism in the Saturday Review*, p. 13.
(2) Il porte le numéro 8815.

il est dénommé *H. 1. H. the Prince Démétrius Rhodocanakis.* Il a, comme c'est l'usage, apposé sa signature à l'endroit indiqué et, contrairement à l'usage, l'a flanquée de son portrait (1), avec l'intention bien évidente de transformer ce passeport en une sorte de *carte d'identité*. Il s'est imaginé que, mise au bas de cette feuille de papier, la signature *Clarendon* équivalait à une reconnaissance officielle et formelle du titre qu'il usurpe, et que le gouvernement britannique garantissait ainsi la légitimité des revendications de son sujet. Pauvre homme !

Imbu de cette conviction erronée et placé dans l'impossibilité de publier le moindre document, établi en dehors de son intervention, où il soit qualifié de *prince*, Rhodocanakis a fait reproduire son passeport par la photographie et par l'héliogravure, et il en a répandu à profusion des exemplaires en maints pays ; il l'expédie franco à domicile à quiconque n'en fait pas la demande ; il en bombarde ses fournisseurs, afin que ceux-ci n'ignorent pas qu'ils ont l'insigne honneur d'exécuter les commandes d'un « prince ». Nous pourrions citer le nom d'un industriel parisien qui a longtemps exposé dans sa vitrine, au milieu de bibelots hétéroclites, un passeport rhodocanakien. J'en possède, à moi seul, quatre exemplaires, dont deux photographiés et deux héliogravés ; un de ces derniers est même à l'état d'épreuve.

Pour le commun des martyrs, un passeport est une pièce essentiellement personnelle, presque intime ; pour Rhodocanakis, c'est un engin de réclame, un prospectus analogue à ceux que certains commerçants font distribuer au coin des rues ou placarder dans les colonnes vespasiennes. Sous le rapport du puffisme, « Démétrius II » dame le pion à Paulus

---

(1). Il ne doit plus répondre au signalement du porteur, à moins que l'on ne suppose Rhodocanakis doué d'une éternelle jeunesse. Mais si, comme c'est plus probable, les années ont raviné sa face et blanchi son sinciput, il ferait sagement de substituer un nouveau portrait à l'ancien ; car, au cas où, dans un voyage, la gendarmerie l'inviterait à exhiber ses papiers, il courrait risque d'être coffré comme un simple mortel. Et, coucher au violon, cela manque de charme, surtout pour un « empereur titulaire de Constantinople ».

NATURALISATION, PASSEPORT, ETC.

et enfonce la Loïe Fuller. Pourquoi ce prince postiche ne fait-il pas véhiculer ces lettres de noblesse d'un nouveau genre par des hommes-sandwichs ? Pourquoi ne lance-t-il pas des ballons pourvus d'un distributeur automatique qui éparpille aux quatre vents du ciel des millions d'exemplaires de cette mirifique paperasse ? Ces inventions déjà vieillottes seraient-elles encore inconnues à Syra ?

Répétons-le : la qualification d'*Altesse impériale* et de *Prince* sur ce passeport n'implique en aucune façon que le Foreign Office ait garanti à Démétrius Rhodocanakis la légitime possession de ces titres.

Avant d'aller plus loin, nous croyons devoir reproduire les Instructions de l'Agence Cook, où sont indiquées, avec toute la précision désirable, les formalités nécessaires pour l'obtention d'un passeport en Angleterre. Nous tirerons ensuite nos conclusions.

PASSPORT AGENCY, LUDGATE CIRCUS, LONDON

Messrs. Thomas Cook and Son respectfully intimate to Ladies and Gentlemen requiring Foreign Office Passports, that they have made arrangements in connection with their Tourist Offices, at the above address, for procuring the same, with the necessary visas of Foreign Ambassadors or Consuls in London, for travelling in the Continent.

The Regulations of the Foreign Office are as follows :

British subjects who are actually in the United Kingdom can be supplied with Passports, on application to the Secretary of State for Foreign Affairs. Only one passport is required for all the members of a family or party travelling together. British subjects who are already abroad cannot be supplied with passports in London, but must apply to the British Minister or Consul in the country in which they reside or are travelling. Passports issued by the Foreign Office to Thomas Cook and Son may not be forwarded to any address out of the United Kingdom.

RECOMMENDATION ON BEHALF OF APPLICANTS

British subjects may obtain a Recommendation signed by any Mayor, Provost, or other Chief Magistrate in the Corporate Towns of the United Kingdom, or by any Magistrate or Justice of the Peace, or by any Minister of Religion of whatever denomination, Physician, Surgeon, Solicitor, or Notary, resident in the United Kingdom, in the following form :

(*Place and Date.*)

The undersigned...... (*Mayor of*)............ [*Magistrate, Justice of the Peace, Physician, Minister, Solicitor, Banker, etc., as the case may be*] *residing at*........... hereby certifies that [*Christian and Surname to be written at lenght*], whose signature is written in at foot, is a British Subject, and requires a Passport to enable him to travel on the Continent accompanied [*as the case may be*] by his Wife and Children, with their Tutor, named [*Christian and Surname to be written at lenght*], a British Subject, and Governess and Maid-Servant [*or Servants*], and a Man-Servant [*or Servants*], named......, a British Subject [*or Subjects*], and a Courier named....... a naturalized British Subject.

Signature of the Drawer of the Recommendation. } ....

Signature of the Person requiring Passport. } ....

To Her Majesty's Secretary of State
for Foreign Affairs.

SPECIMEN LETTER OF RECOMMENDATION

March 1st, 1889.

The undersigned, *John Jones*, Clergyman of the Church of England, residing at 8, York Terrace, Carlisle, in the county of Cumberland, hereby certifies that *William Brown*, whose signature is written at foot, is a British Born Subject, and requires a Passport to enable him to travel on the Continent, accompanied by his Wife.

JOHN JONES, M. A., Vicar of St. Bede's.
WILLIAM BROWN, 44, Castle Ross, Carlisle.

To H. M. Secretary of State for Foreign Affairs.

N. B. In writing the Forms, all Christian and Surnames must be written in full. The address of the Bearer of the Passport must be stated, and he and every other Gentleman (*if several be included in one Passport*), and every Man-Servant must be described as « British Subjects », their names being given in full. Female Servants, English or Foreign, need not be named, but must be classed as Women-Servants. In certain cases, the Secretary of State may require further proof of the nationality of the applicant. Should the name be a foreign one, the applicant is recommended to forward a certificate of birth as well as the recommendation as per above form.

A naturalized British Subject, whether Gentleman or Servant, will require a separate Passport under special Regulations. His Certificate of Naturalization must be sent with the Application, and personal attendance at the Foreign Office will be necessary; unless the Application be made through « Recommendation » of a County Magistrate or Justice of the Peace, etc., in which case the Certificate will be sent back with the Passport to the Magistrate, who will require personal application for them.

A Foreigner, whether Gentleman or Servant, must be provided with a Passport from his own Government or Consul.

The Letter of Application or Recommendation should be directed as under :

PASSPORT.   O.H.M.S.
To Her Majesty's Secretary of State for Foreign Affairs,
Passport Office,
Downing Street,
Whitehall.

The Application may be enclosed to Thomas Cook and Son, Ludgate Circus, London, E. C.; or it may be sent direct to the Foreign Office, and a note sent to Messrs. Cook, authorizing them to receive the Passport on behalf of the Applicant. Application should be made at least two clear days before the Passport is required. The Visas to be obtained must also be named in the letter sent to Messrs. Cook and Son.

A Foreign Office Passport stands for the life of the holder, but should be visé for those Foreign States where visas are ordinarily required.

Charges : Foreign Office Passport and fee for procuring same: 3 sh. 6 d.

Ainsi donc, indépendamment des formalités que l'obtention d'un passeport impose au sujet britannique, le sujet naturalisé est astreint à en remplir une autre : joindre à sa requête ses lettres de naturalisation. Rhodocanakis ayant dû nécessairement se conformer à cette prescription, j'en ai conclu que son passeport avait été dressé d'après ses lettres de naturalisation, et que, qualifié de *prince* dans le passeport, il devait également être ainsi qualifié dans les lettres de naturalisation. Désirant toutefois appuyer mon raisonnement sur une base solide et indiscutable, j'ai demandé copie desdites lettres (1) au Public Record Office et ai constaté *de visu* que Rhodocanakis y porte bien le titre de *prince*. Voilà deux faits dûment établis. Quelle conclusion faut-il en tirer ? QUE LES LETTRES DE NATURALISATION ET LE PASSEPORT SONT ENTACHÉS DE FAUX. Il est extrêmement facile de démontrer l'exactitude de cette proposition. Éliminons tout d'abord le passeport, document secondaire, et occupons-nous des lettres de naturalisation. Il suffira de prouver que celles-ci sont entachées de faux, pour que, du même coup, la preuve soit faite à l'égard du passeport, dont elles sont la source.

○
○ ○

L'étranger qui sollicite, en Angleterre, des lettres de naturalisation n'est généralement astreint à fournir aucune pièce établissant son identité, telle que acte de naissance ou certificat de baptême. La loi laissant au Secrétaire d'État toute latitude à cet égard, il se contente d'ordinaire de la déclaration pure et simple de l'intéressé.

Si, toutefois, le Secrétaire d'État a des raisons spéciales pour demander la production de l'un ou l'autre de ces documents et que l'étranger déclare ne pouvoir s'en procurer aucun, le Secrétaire d'État est en droit d'exiger de lui un *affidavit* (2)

---

(1) On en trouvera la reproduction intégrale aux pièces justificatives, sous la lettre A.

(2) Déposition faite sous serment en présence d'un « Commissioner for taking oaths ». En Angleterre tout solicitor est apte à recevoir une telle déposition.

ou une *déclaration statutaire* (1), c'est-à-dire de l'obliger à attester, sous la foi du serment, que l'identité dont il se réclame est bien la sienne.

Si le Secrétaire d'État le juge à propos, il peut encore inviter l'étranger à fournir soit l'*affidavit*, soit la *déclaration statutaire* d'amis ou de connaissances attestant qu'ils ont toujours connu ledit étranger comme étant un tel, portant tel titre, exerçant telle profession, etc., etc.

On conviendra que, pour un gaillard de la trempe de Démétrius Rhodocanakis, se mettre en règle avec des prescriptions aussi faciles à remplir, c'eût été, dans l'hypothèse où on les lui aurait imposées, l'enfance de l'art. Aucune des attestations fournies par Rhodocanakis dans de semblables conditions ne mériterait donc d'être prise en considération. Elle le mériterait d'autant moins que, comme on va le voir, Rhodocanakis était en mesure de produire soit une pièce de l'état civil, soit une pièce émanant de l'autorité ecclésiastique ; pièces que, d'ailleurs, il n'a pas fournies, car, autrement, il ne serait pas qualifié de *prince* dans ses lettres de naturalisation, ni déclaré *né à Chio*.

Dans le Mémorial adressé par lui au Home Office en vue d'obtenir sa naturalisation, Rhodocanakis a donc commis les deux faux suivants : 1° Il y a usurpé le titre de *prince*, titre que ne lui attribue aucun document créé en dehors de sa participation personnelle ; 2° il s'y est donné comme *né à Chio*, tandis qu'il a vu le jour à Syra.

C'est donc sur ce Mémorial, rédigé par Rhodocanakis lui-même et manifestement entaché de faux, que le Home Office a établi les lettres de naturalisation qui se trouvent, elles aussi, nécessairement entachées de faux, comme l'est à son tour, le passeport qui en dérive. Nous défions Rhodocanakis de détruire cette argumentation. C'est donc, en réalité, Rhodocanakis lui-même qui s'est créé *prince*, par un faux en écriture publique ; et le Home Office, trompé par les déclarations mensongères du *de cujus*, a inconsciemment ratifié ce faux à deux reprises

---

(1) Déposition analogue à l'*affidavit*, avec la différence que le serment est reçu par un juge de paix.

différentes, sans, pour cela, se porter garant de la légitimité du susdit titre. Le Home Office a simplement accordé des lettres de naturalisation à un individu qui a dit s'appeler *le prince Démétrius Rhodocanakis*. Là se bornait son rôle.

Voici les actes de naissance et de baptême de Démétrius Rhodocanakis:

58. 19. Τὴν 19 φεβρουαρίου 1841, παρουσιασθεὶς ὁ κύρ. Ἰωάννης Ῥοδοκανάκης τὴν πατρίδα Χῖος, τὸ ἐπάγγελμα ἔμπορος, παρουσιασθεὶς, λέγω, ἀνήγγειλε ὅτι ἡ σύζυγός του Ἀριέτα Κορέσση Χία ἐτῶν 21 ἐγέννησε παιδίον ἄρρεν τὴν 13 δεκεμβρίου 1840 ἡμέραν, ὥραν 10 π. μ. Μαῖα ὑπῆρξε Λοῦλα Διατζίντενα, καὶ ἀνάδοχος Στέφανος Κανέλος· ὠνομάσθη τὸ παιδίον Δημήτριος.

(Extrait du registre des naissances d'Hermoupolis de Syra commençant en 1838 et finissant en 1841.)

(*Traduction*) N° 58. Le 19 février 1841, s'est présenté M. Jean Rhodocanakis de Chio, exerçant la profession de commerçant; s'étant présenté, dis-je, il a déclaré que son épouse Henriette Coressius de Chio, âgée de 21 ans, a mis au monde un enfant du sexe masculin, le treizième jour de décembre (1) 1840, à dix heures du matin. Loula Diatzindéna a rempli l'office de sage-femme. Étienne Canélos, parrain, a donné à l'enfant le nom de Démétrius.

57. 1841. Ἐβαπτίσθη ὁ υἱὸς τοῦ Ἰωάννου Ῥοδοκανάκη καὶ τῆς Ἀργεντοῦς Κορέσενας, νομίμου συζύγου αὐτοῦ, ἐν τῇ οἰκίᾳ τοῦ ἰδίου, γεννηθεὶς τῇ αῃ δεκεμβρίου καὶ ὠνομάσθη Δημήτριος. Ἀνεδέξατο δὲ αὐτὸν ἀπὸ τῆς κολυμβήθρας ὁ Ζωρζῆς Κανέλος.

---

(1) Le 13 décembre (ou *le premier décembre*, vieux style, employé dans le certificat de baptême). Dans sa superstitieuse horreur pour le nombre *treize* (voir ci-dessus, p. 2), Rhodocanakis se déclare (*The imperial order of Saint-George*, p. 22 ; *Généalogie*, table 3, et ailleurs encore) né le *trois décembre* (ou *quinze*, nouveau style), contrairement aux deux actes officiels ici reproduits.

Εἰς τὴν γέννησιν τοῦ παιδίου παρευρέθη ἡ μαῖα Λοῦλα Διατζίνδενα.

Ὁ ἐφημέριος Παρθένιος Κυδωνάκης. τῇ 19 φεβρουαρίου.

(Extrait du registre des baptêmes de l'église de la Transfiguration de Syra pour les années 1837-1845, p. 177.)

(*Traduction*) N° 57. 1841. Le fils de Jean Rhodocanakis et d'Argentou (1) Coressius, sa légitime épouse, né le premier décembre, a été baptisé, dans sa propre maison, et nommé Démétrius. Il a été tenu sur les fonts baptismaux par Georges (2) Canélos. Loula Diatzindéna, sage-femme, assistait à la naissance de l'enfant.

PARTHÉNIOS KYDONAKIS, curé.   19 février.

o
o o

Il nous reste à ajouter que la seule institution compétente, en Angleterre, pour décider si tel ou tel individu a ou n'a pas le droit de porter un titre nobiliaire est le Collège Héraldique. Or *le Collège Héraldique n'a jamais reconnu à Démétrius Rhodocanakis le titre de* PRINCE. Consulté par nous à ce sujet, un de ses membres eut l'extrême obligeance de nous écrire la lettre suivante :

Heralds College, London. E. C.
22 april 1895.

Sir,

I beg to acknowledge the receipt of your letter of the 20th inst. The Heralds College has never acknowledged the right of the person you mention to the title of Prince; and, as far I know, my father the late Sir Bernard Burke, in his individual capacity, never did so.

Formerly the Home and Foreign Offices took but little trouble to satisfy themselves as to the correctness of the description of persons applying for letters of naturalization or

---

(1) Le prénom de la mère est celui que donne l'acte de naissance.
(2) Nous ignorons quel est le véritable prénom du parrain (Étienne ou Georges); mais c'est une question de médiocre importance.

passports. I am glad to say that more attention is devoted to this matter now a days (1).

Yours very truly,
H. F<small>ARNHAM</small>-B<small>URKE</small>,
Somerset Herald.

M. Émile Legrand, rue Humboldt, n° 1, Paris (2).

Enfin, dans son procès avec la municipalité d'Hermoupolis de Syra (3), Rhodocanakis a produit ses lettres de naturalisation et son passeport, qui ne prouvent rien. S'il eût été *reconnu prince* par le gouvernement britannique, il lui aurait suffi d'exhiber l'autorisation royale (*royal license*) de porter ce titre. Mais nous le defions de produire un tel document.

De tout ce qui précède, il résulte que Démétrius Rhodocanakis *n'est pas prince*, et n'a jamais été reconnu comme tel, en Angleterre, par l'autorité compétente.

C. Q. F. D.

---

(1) Cet alinéa répond à un passage de ma lettre où je manifestais mon étonnement de ce que, dans des documents officiels, le Home Office et le Foreign Office eussent attribué à Démétrius Rhodocanakis un titre auquel il n'a aucun droit.

(2) Je tiens à la disposition de « Démétrius II » une excellente photographie de cette lettre, qu'il pourra faire encadrer pour servir de pendant à son passeport.

(3) Voir les détails aux pièces justificatives (Lettre H).

CHAPITRE ONZIÈME

BIBLIOGRAPHIE RHODOCANAKIENNE

1

The Imperial Constantinian Order of St. George. A review of modern impostures and a sketch of its true history. By His Imperial Highness the Prince Rhodocanakis. In two parts. London : Longmans, Green, and Co. MDCCCLXX.

Au verso du faux-titre : *London : printed by Spottiswoode and Co. New-Street Square and Parliament Street.*

Dans la marge inférieure de la première page de la couverture, en dehors de l'encadrement : *Price Half-a-Guinea.*

A la quatrième page de la couverture : *Published in aid of the national Society for aid to the sick and wounded in war.*

Grand in-4° de 4 feuillets, 32 pages et 2 planches gravées en taille douce, dont la première représente les insignes de l'ordre impérial Constantinien de saint Georges, et la seconde, une monnaie de cuivre dont nous donnons la reproduction ci-dessus, en regard de la p. 65. Il y a, paraît-il (1), des exemplaires qui sont ornés d'une photographie de l'auteur portant l'étoile et le grand cordon de l'ordre Constantinien de saint Georges. Sur le titre, figure le chiffre de l'auteur surmonté d'une couronne impériale.

Ce n'est pas dans cette brochure que Rhodocanakis a, pour la première fois, ouvertement affiché la prétention d'être de souche impériale (2), mais on y trouve en germe les innombrables impostures dont cet homme s'est rendu cou-

---

(1) Vincent Giustiniani, *Vie et ouvr. de D. Rhodocanakis*, p. 33.
(2) Voir les pièces justificatives (Lettre F).

pable par la suite, et ses publications ultérieures n'en sont que le développement logique et régulier.

Lorsque parut cette élucubration malsaine, la presse sérieuse d'Outre-Manche l'accueillit avec tout le manque d'égards qu'elle méritait. La *Saturday Review* lui consacra un article sarcastique et méprisant (1), auquel Rhodocanakis s'imagina répondre par la brochure décrite sous le numéro suivant : « Vincent Giustiniani des princes Giustiniani » raconte, avec une gravité risible, que l'auteur de cet article irrespectueux pour la Majesté Impériale fut exclu du nombre des rédacteurs de la *Saturday Review*, à cause de son ignorance. Quand on songe que cet audacieux folliculaire n'avait jamais ouï parler ni de Nicéphore Ducas-Rhodocanakis, ni de l'empire de Rhodes, ni d'autres calembredaines tout aussi véridiques, peut-on ne pas applaudir au châtiment qui lui fut infligé ? L'historiographe ajoute crânement que, lorsque Rhodocanakis publia sa victorieuse réplique, on éprouva, en Angleterre, une vive satisfaction de la défaite essuyée par la *Saturday Review*, périodique tout-puissant, mais détesté. Quel dommage que ces monumentales âneries soient écrites en grec !

L'article que l'*Athenæum* consacre à la brochurette de Rhodocanakis est beaucoup plus incisif encore que celui de la *Saturday Review*. « Démétrius II », assure son historiographe, dédaigna de riposter. « Voilà une assertion qui doit être exacte, m'étais-je dit tout d'abord, après avoir savouré l'article en question ; car, lorsqu'un individu a reçu une si mémorable volée de bois vert, il n'a qu'une chose à faire : filer prestement sans demander son reste. » Eh bien, j'étais dans l'erreur. Rhodocanakis ayant riposté, on lui avait donné son reste et même on lui avait fait bonne mesure. Le lecteur pourra s'en convaincre par la suite (2).

Comme son héros, l'historiographe a horreur de la vérité quand elle est toute nue, aussi l'affuble-t-il de la livrée rhodocanakienne. Pardonnons-lui pour cette fois. Ce prince de

---

(1) Nous reproduisons cet article aux pièces justificatives (Lettre C).
(2) L'article de l'*Athenæum* est reproduit (texte et traduction) aux pièces justificatives (Lettre B).

l'État de Gênes devait se trouver dans le plus affreux dénûment, quand il se mit à noircir du papier à la solde de Rhodocanakis ; autrement, eût-il été assez ennemi de lui-même pour célébrer, à tant la ligne, les prouesses d'un brave à trois poils qui empoche, sans mot dire, des soufflets à assommer un bœuf ?

Ledit historiographe attribue à Sir Charles Dilke l'article anonyme de l'*Athenæum*. Nous ne garantissons pas cette attribution : c'est peut-être quelque bourde inventée par Rhodocanakis pour se rehausser dans sa propre estime et laisser croire qu'il n'a pas été exécuté par un sous-ordre. Être roué de coups par un grand seigneur constitue, paraît-il, aux yeux de certaines gens, une humiliation moindre que celle d'être rossé par un laquais. Laissons donc à « Démétrius II » cette maigre consolation. Admettons que Sir Charles Dilke écrivit le susdit article et constatons, en même temps, que les impostures rhodocanakiennes furent, grâce à la critique anglaise, livrées au mépris de l'Europe savante aussitôt leur mise en circulation.

Toutefois, si Rhodocanakis avait gardé le silence après sa lettre du premier novembre 1870, il avait aussi gardé un cuisant souvenir du formidable éreintement dont l'avait régalé l'*Athenæum*. Aussi suggéra-t-il, en 1876, à son historiographe l'idée de tirer vengeance de ce sanglant affront. Mais, redoutant d'être houspillé lui-même, « Vincent Giustiniani des princes Giustiniani » agit avec une prudence serpentine. Va-t-il faire justice des brocards de l'Anglais en exhumant de poudreux parchemins enfouis depuis des siècles dans des archives oubliées ? Pas le moins du monde. Vincent Giustiniani sait trop ce qu'une pareille exhumation présente d'impossibilités. En revanche, il a étudié, à la haute école de son « prince », l'art de répondre aux questions qu'on ne lui pose pas. Pour clore le bec à Sir Charles Dilke, il aurait suffi de lui dire : « Vous niez les droits de Démétrius Rhodocanakis à l'empire de Byzance, vous avez tort ; voici des titres authentiques qui établissent la vérité de ce que vous révoquez en doute. Veuillez en prendre connaissance. » Au lieu de procéder ainsi, sait-on à quel misérable subterfuge a

7

recours l'historiographe aux abois ? Il ramasse des lambeaux de discours prononcés, l'un dans une tournée électorale, l'autre dans un banquet, par des adversaires politiques de Sir Charles Dilke et il les lui jette à la tête. Ah ! monsieur Dilke, vous traitez Rhodocanakis de fumiste, eh bien ! la preuve qu'il est un prince de bon aloi, c'est que vous professez des opinions démocratiques et avez l'aristocratie en horreur ; la preuve que Rhodocanakis descend en droite ligne des Comnènes et des Paléologues, c'est que, à Sheffield, John Arthur Roebuck vous a traité d'agitateur et que, à Ramsgate, e major Pemberton vous a qualifié de républicain ; la preuve que Rhodocanakis n'est pas un charlatan, c'est que vous avez attaqué en plein Parlement la reine Victoria elle-même (1). Tels sont les arguments aussi baroques qu'inatendus dont « Vincent Giustiniani des princes Giustiniani » a farci son plaidoyer en faveur de Démétrius Rhodocanakis « du château de Rhodocanakis ».

Faisons observer, pour finir, que « Démétrius II » ayant adressé à l'*Athenæum* un compte-rendu de sa brochure rédigé par lui-même avec prière de l'insérer, il est vraisemblable que d'autres périodiques moins scrupuleux s'empressèrent d'accueillir la prose rhodocanakienne. Un prolixe et filandreux article reproduit par l'historiographe a été certainement écrit ou inspiré par Rhodocanakis. La phrase suivante, que nous y lisons, en est une preuve irréfragable : « His Imperial Highness'father was one of the duly acknowledged competitors for the throne of Greece, when that prize was carried of by the alien Otho (2). » Nul autre que « Démétrius II » n'a pu accoucher d'une blague aussi colossalement bête. J'en prends à témoin la Grèce tout entière !

---

(1) Vincent Giustiniani, *Vie et ouvr. de D. Rhodocanakis*, pp. 39-41.
(2) Vincent Giustiniani, *Op. cit.*, p. 36.

2

Reply to a criticism in The Saturday Review on the Imperial House of Rhodocanakis. Westminster : Nichols and sons, 25, Parliament Street. MDCCCLXX.

In-4° de 2 feuillets et 21 pages. Sur le titre, le chiffre de l'auteur surmonté d'une couronne impériale et cette épigraphe, empruntée à Shakespeare : « You praise yourself By laying defects of judgment to me. »

La Réplique proprement dite (1) est ainsi signée et datée (page 8): RHODOCANAKIS. *The Clarendon Hotel, New Bond Street, 22 december 1870.*

D'après Vincent Giustiniani (2), cette brochure, où Rhodocanakis s'accentue comme faussaire, serait ornée d'une photographie de l'auteur travesti en chevalier grand-croix de l'ordre de saint Georges, et de gravures sur cuivre, à savoir : 1° les insignes de l'ordre de saint Georges ; 2° les armoiries du père de l'auteur, qui sont les armoiries nationales de Byzance ; 3° les armoiries d'Henriette Coressius, mère de l'auteur, qui sont celles de la maison ducale (?) des Coressius ; 4° les armoiries de l'auteur, qui sont celles des Rhodocanakis. Des cinq exemplaires que j'ai eus sous les yeux, aucun ne contient ces divers enrichissements.

3

Essay on the life and writings of Georgius Coressius by H. I. H. the prince RHODOCANAKIS. Athens. Lazarus D. Villaras. MDCCCLXXII.

Δοκίμιον περὶ τοῦ βίου καὶ τῶν συγγραμμάτων Γεωργίου Κορεσσίου τοῦ Χίου, ὑπὸ τῆς α. α. ὑ. τοῦ πρίγγιπος Ῥοδοκανάκιδος. Ἀθῆναι, τύποις Λαζ. Δ. Βιλλαρᾶ. αωοβ΄.

---

(1) Nous reproduisons ci-après, aux pièces justificatives (Lettre C), l'article de la *Saturday Review* que cette Réplique est censée réfuter.
(2) *Vie et ouvrages de D. Rhodocanakis*, p. 42.

In-4° de trois feuillets non chiffrés et 28 pages, plus une soi-disant lithographie de Georges Coressius. D'après Vincent Giustiniani (1), il y aurait des exemplaires contenant le portrait de la mère de l'auteur, Henriette Coressius, à laquelle est dédié cet opuscule. Les titres anglais et grec (2) sont ornés l'un et l'autre du chiffre de « Démétrius II » surmonté d'une couronne impériale. A. Papadopoulos-Kérameus dit (3) de cet Essai qu'il a besoin de nettoyage (δεῖται ἀνακαθάρσεως). Voir ce que nous en disons nous-même, p. 50.

4

Λέοντος τοῦ Ἀλλατίου Ἑλλὰς μετὰ λατινικῆς μεταφράσεως Γύδωνος τοῦ ἐκ Σουξινίων ἐκδίδοται ὑπὸ τῆς α. α. ὑ. τοῦ πρίγγιπος Δημητρίου Ῥοδοκανάκιδος. Ἐν Ἀθήναις, ἐκ τοῦ τυπογραφείου Παρθενῶνος. αωοβ'.

Leonis Allatii *Helias* cum versione latina a Guidone de Souvigny edidit Demetrius Rhodocanakis princeps. Athenis, typis Parthenonis. MDCCCLXXII.

In-4° de ιβ' (12), 158 pages et 1 feuillet non chiffré. On doit, en outre, trouver dans le volume : 1° un portrait lithographié de Léon Allatius ; 2° ses armoiries ; 3° le fac-similé d'une de ses lettres. Si l'on en croit Vincent Giustiniani (4), certains exemplaires de ce livre contiendraient un portrait de Démétrius Rhodocanakis en uniforme de capitaine honoraire de la garde nationale hellénique. A la p. 5 liminaire, figurent les armoiries du frère de l'éditeur, Théodore Rhodocanakis, auquel est dédié l'ouvrage. Il est évident que ces armoiries ont été forgées par Démétrius Rhodocanakis.

La bibliographie allatienne qui se trouve dans ce volume et

---

(1) *Vie et ouvrages de D. Rhodocanakis*, p. 50.
(2) L'opuscule est rédigé en grec seulement.
(3) Ἱεροσολυμιτικὴ βιβλιοθήκη, t. I (Pétersbourg, 1891, in-8°), p. 176.
(4) *Vie et ouvrages de D. Rhodocanakis*, p. 51.

les notes qui le terminent sont, comme tous les écrits de Rhodocanakis, un salmigondis de détails apocryphes et ne méritent aucune créance. Nous avons déjà signalé (*Bibliographie hell. du dix-septième siècle*, t. III, pp. 459-460) la lithographie d'Allatius placée en tête de l'*Hellas* par Rhodocanakis comme étant une reproduction altérée du tableau à l'huile conservé à la bibliothèque Vaticane. « Voici, y disons-nous, en quoi consiste cette falsification : Dans l'original, un guéridon placé devant le personnage est recouvert d'un tapis sur lequel sont posés trois volumes des œuvres d'Allatius. Le volume de dessous porte le titre DE PSELLIS ; le deuxième, dont on n'aperçoit que la tranche, ne porte pas de titre ; sur le dos du troisième, on lit DE ÆTA (c'est l'ouvrage *De ætate et interstitiis*, etc., etc., décrit dans notre *Bibliographie hell. du dix-septième siècle*, t. I, p. 396, n° 276). Or, dans sa soi-disant reproduction, « Son Altesse » [Rhodocanakis n'était alors qu'héritier présomptif de l'empire Byzantin] a réduit à deux les volumes placés sur le guéridon ; à celui de dessous on a conservé son titre DE PSELLIS, tandis que, sur le plat de celui de dessus, on lit en capitales : *Istoria geneal. e cronol. della nobilissima famiglia Rhodocanaki di Scio scritta da Leone Allacci*. Non seulement ce titre n'existe aucunement dans le tableau, mais l'ouvrage lui-même attribué ici à Léon Allatius est imaginaire. Cette malheureuse manie de falsifier ou d'inventer des documents dont est hantée la cervelle de « Son Altesse » constitue un véritable cas pathologique. »

Rhodocanakis reconnaît cette falsification, mais il la trouve parfaitement licite. La façon dont il se justifie donne une singulière idée de son état d'âme. Nous lui laissons la parole. « Dans la reproduction lithographique, dit-il, d'un portrait d'Allatius exposé aux yeux de tout visiteur de la salle de lecture de la bibliothèque du Vatican, avec laquelle j'ai orné mon livre sur cet homme admirable de Chio, écrit il y a vingt-trois ans, j'ai inscrit, fort dans la certitude que cette action était irréprochable, sur la couverture blanche d'un livre représenté négligemment par le peintre, sur la table, près du portrait d'Allatius, le titre d'un ouvrage écrit par

Allatius lui-même et existant indubitablement dans la bibliothèque du Vatican (1). »

Rhodocanakis serait-il un inconscient ? Sa risible apologie ne fait, en somme, que confirmer ce que nous avons dit. Nous avons prouvé (dans le chapitre premier du présent ouvrage) que le livre attribué ci-dessus à Léon Allatius n'a jamais existé ni à la Vaticane, ni ailleurs.

5

Life and writings of Constantine Rhodocanakis, a prince of the imperial houses of Doucas, Angelus, Comnenus, Palaeologus, and honorary physician to Charles II, king of England, France and Ireland. *Athens,* at the printing House of the *Journal of Debates,* 10, Parliament street. MDCCCLXXII.

Βίος καὶ συγγράμματα τοῦ πρίγγιπος Κωνσταντίνου Ῥοδοκανάκιδος, ἀπογόνου τῶν αὐτοκρατορικῶν οἴκων Δούκα, Ἀγγέλου, Κομνηνοῦ, Παλαιολόγου, ἐπιτίμου δ'ἰατροῦ Καρόλου τοῦ ϛ', ἄνακτος τῆς μεγάλης Βρεττανίας, Γαλλίας καὶ Ἰβερνίας. Ἐν Ἀθήναις, ἐκ τοῦ τυπογραφείου τῆς Ἐφημερίδος τῶν Συζητήσεων, ἐπὶ τῶν ὁδῶν Βουλῆς καὶ Μουσῶν. αωοβ'.

Grand in-4° de 57 pages, 1 page contenant des armoiries, 1 feuillet pour l'errata, une soi-disant lithographie de Constantin Rhodocanakis (Voir ce qui a été dit de ce portrait dans le chapitre IX, page 83). Sur les titres, le chiffre de l'auteur surmonté d'une couronne impériale

Si l'on en croit Vincent Giustiniani (2), certains exemplaires contiendraient : 1° une xylographie des armoiries Byzantines ; 2° une lithographie de Démétrius Rhodocanakis auteur de la bro-

---

(1) *Extrait du Messager d'Athènes du 18 février 1895,* p. 4.
(2) *Vie et ouvrages de D. Rhodocanakis,* p. 58.

chure; 3° une lithographie de son père, Jean Rhodocanakis. Des nombreux exemplaires de cet opuscule que nous avons eus sous les yeux, aucun ne contient ces trois dernières gravures.

Démétrius Rhodocanakis déclare qu'il a puisé les principaux éléments de cette brochure dans les Λόγοι τῆς παρελθούσης ἑκατονταετηρίδος d'Alvise Gradenigo et dans les Βιογραφίαι d'Ignace Mindonios (1); or, ces deux ouvrages étant imaginaires, comme nous l'avons prouvé précédemment (2), il n'y a donc pas lieu de soumettre cette élucubration à un examen critique. On ne recherche pas quelle dose d'authenticité renferme un roman; on se borne à le lire, s'il présente quelque intérêt. Nous avons lu celui-ci sans plaisir, mais nous en avons retenu certaines affirmations, sur lesquelles, étant donné leur caractère spécieux, nous nous arrêterons un instant.

Il y est dit (page 9) que Constantin Rhodocanakis étudia trois ans la médecine à Cambridge (1656-1659); que, après la mort de son fils, Constantius, né de ses relations avec une jeune fille noble, nommée Élisabeth Montgomery, il quitta Cambridge, en août 1659, pour se rendre à Oxford. On y lit enfin (p. 41) que le susdit Constantius fut enterré, le 8 août 1659, à Cambridge, dans l'église de la Grande-Sainte-Marie.

Voulant contrôler ces diverses assertions, je me suis adressé à M. P. Giles, professeur à l'université de Cambridge, lequel s'est mis à ma disposition avec la plus parfaite obligeance. Des recherches auxquelles il a bien voulu se livrer, résulte ce qui suit :

Constantin Rhodocanakis n'a jamais étudié quoique ce soit à Cambridge (3), pas même l'art de séduire les demoiselles, car rien ne prouve qu'un bâtard quelconque soit né des œuvres de ce carabin. On trouve, en effet, dans les Registres mortuaires de la Grande-Sainte-Marie de Cambridge

---

(1) *Biographie de Constantin Rhodocanakis*, p. 8.
(2) Voir ci-dessus, pp. 20 et suiv.
(3) Déclaration faite à M. P. Giles par M. J. W. Clark, secrétaire de l'université de Cambridge : « Mr. Clark tells me he has satisfied himself that no such person was a member of the university in or near 1659 (Lettre du 3 mai 1895). »

(tome premier, page 236), à l'année 1659, une entrée ainsi conçue :

Constantius Rodoconaces the sonne of Constantius burried in the church, august 8^t.

C'est sur ce document funèbre que D. Rhodocanakis a bâti la fable des amours de Constantin Rhodocanakis avec Élisabeth Montgomery, ainsi que la naissance et la mort d'un fils issu de ces relations imaginaires. Le lecteur est prié de remarquer que D. Rhodocanakis a commis, à dessein, deux falsifications dans la reproduction qu'il a donnée (page 41) du document ci-dessus : il a transformé *Rodoconaces* en *Rhodocanaces* et le second *Constantius* en *Constantinus*.

Il demeure donc simplement établi qu'*un nommé Constantius Rodoconaces, fils d'un autre Constantius, a été inhumé à Cambridge, le 8 août 1659*. Tout le reste est un tissu d'impostures.

Le tombeau de marbre, qui, selon Rhodocanakis, recouvrait la sépulture de Constantius, n'existe pas actuellement; mais, que Rhodocanakis ne se récrie pas, nous admettons qu'il a pu exister. On nous permettra seulement de trouver singulier que, s'il a disparu, l'épitaphe n'en ait pas été conservée, comme l'ont été celles de tous les autres tombeaux supprimés. Voici ce que nous écrit à ce sujet M. le professeur P. Giles (26 avril 1895) :

« Unfortunately I can discover nothing about the tomb or its inscription. There is no such tomb in the church now. The church has undergone several changes since 1659, and, about forty years ago or rather less, the tombs in the side aisles were levelled with the floor and seats placed above them, so that only the ends of those which project into the passage are now visible (1). *Copies however were made of* ALL THE INSCRIPTIONS *which were then put out of sight, but the inscription of the Greek's tomb is not amongst them,*

---

(1) On comprend qu'il ne s'agit ici que de dalles funéraires et non pas de tombeaux proprement dits.

and the tomb was possibly swept away last century (1). The vicar (2) assures me, however, that he can find no mention of it in the archives of the church (3). »

Relevons, en outre, une très grave erreur commise par D. Rhodocanakis (4). Le Constantin mentionné dans le titre du Dictionnaire grec de William Robertson n'est pas Constantin Rhodocanakis, dont on ne connaît aucun ouvrage lexicographique, mais bien le médecin et très savant helléniste Robert Constantin (né à Caen en 1502, mort en 1605). Le *Lexicon græcolatinum* de Robert Constantin (Genève, 1562, f°) eut un immense succès, obtint plusieurs éditions et fut pillé sans scrupule dans tous les pays. Le plus bel éloge que l'on puisse faire de cet ouvrage est de dire que Henri Estienne en a tiré la plupart des explications et des autorités de son *Thesaurus*.

○
○ ○

Après voir énuméré les diverses brochurettes de « son prince », Vincent Giustiniani ajoute (5) : « Des exemplaires en furent offerts à toutes les célèbres bibliothèques du monde savant et aux têtes couronnées. » Parmi ces têtes figurent celles de la reine d'Angleterre et du roi de Grèce. Pour témoigner leur reconnaissance à l'auteur, « quelques-unes de ces Majestés le nommèrent grand-croix de leurs ordres ».

---

(1) D'après Rhodocanakis, ce tombeau existait encore en 1872. Depuis cette époque, l'église n'a subi aucune modification.

(2) M. le Dr W. Cunningham, l'historien bien connu.

(3) Dans sa lettre du 3 mai 1895, revenant encore sur ce sujet, M. P. Giles nous écrivait : « He (M. J. W. Clark) has also kindly looked into various old books on Cambridge antiquities which contain inscriptions from St. Mary's and assures me that he can find no reference to any tomb of Rodoconaces... *I am afraid that the burial is the only certain fact in the whole history* and that nothing more concerning him can be discovered in Cambridge at any rate. »

(4) Page 57, à la note 37, dont l'appel se trouve p. 25.

(5) *Vie et ouvrages de D. Rhodocanakis*, pp. 58-59.

Il est regrettable que l'historiographe ait négligé de dire quels ordres ont été conférés à Rhodocanakis pour avoir perfectionné l'honnête industrie dont Constantin Simonidès est une des gloires les plus pures. Par bonheur, il y a des chercheurs indiscrets capables d'importuner les chancelleries pour obtenir le numéro et la date des brevets. Je suis de ce nombre, et je me promets de divulguer quelque jour ce que Rhodocanakis n'a dû tenir caché que par excès de modestie.

CHAPITRE DOUZIÈME

LA BIOGRAPHIE DE DÉMÉTRIUS RHODOCANAKIS

(ADDITIONS, RECTIFICATIONS, QUESTIONS DIVERSES)

Vita e opere di Sua Altezza Imperiale il principe Demetrio Rhodocanaki da Vincenzo Giustiniani dei principi Giustiniani. Hermupoli di Sira : Tipografia di Renieri Brindesi. 1876.

Βίος καὶ συγγράμματα τῆς αὐτοῦ αὐτοκρατορικῆς ὑψηλότητος τοῦ πρίγγιπος Δημητρίου Ῥοδοκανάκιδος ὑπὸ Βικεντίου Ἰουστινιάνη τοῦ ἐκ τῶν πριγγίπων Ἰουστινιανῶν. Ἐν Ἑρμουπόλει Σύρου, ἐκ τοῦ τυπογραφείου Ῥενιέρη Πριντέζη . 1876.

In 4° de ή (8) et 82 pages. Les armoiries de la famille Giustiniani figurent sur chacun des deux titres.

Je ne sais ni ne veux savoir s'il existait, en 1876, un prince Vincent Giustiniani assez bas percé pour signer cette brochure écrite par Démétrius Rhodocanakis lui-même. La chose serait facile à vérifier, mais je ne crois pas que le jeu en vaille la chandelle. Je conserve donc à cet opuscule le nom de Giustiniani, tout en regrettant de voir ce nom rivé à celui de Rhodocanakis.

« Si Dieu le permet, écrit le biographe (page 82), je publierai plus tard la suite de ce livre. » Dieu ne l'a pas permis. Les faits et gestes accomplis par « Démétrius II » depuis vingt-ans ne sont pourtant pas inférieurs à leurs aînés, ni moins dignes qu'eux de faire l'admiration et l'amusement de la postérité. Nous en avons narré quelques-uns et non des moins importants, que Vincent Giustiniani avait omis (à dessein, sans aucun doute) et nous en avons rectifié quelques autres. Il nous reste à raconter une quantité considérable d'aventures et de mésaventures arrivées à Démétrius Rhodocanakis, mais nous les réservons pour une autre occasion. Peut-être en ferons-nous un *Rhodocanakiana*.

Il me faut pourtant préciser ou compléter certaines informations; redresser maintes erreurs, dont plusieurs ne me paraissent pas provenir de l'humaine fragilité; poser enfin plusieurs questions, auxquelles je crains bien qu'il ne soit jamais fait de réponses. Mais ce sera déjà quelque chose que d'avoir éveillé l'attention du futur biographe de Rhodocanakis. Celui qui retracera un jour la vie aventureuse de ce triste sire me saura gré, j'en suis sûr, d'avoir publié le présent volume, parce que, d'ici à quelques années, le souvenir d'une foule de détails que j'y ai consignés, aura disparu, notamment de ceux qui concernent la déconfiture de Rhodocanakis à Londres. Enfin, si quelqu'un a la fantaisie d'ajouter un chapitre à l'ouvrage de Jean-Baptiste Rocoles : *Les imposteurs insignes, ou histoires de plusieurs hommes de néant, de toutes nations, qui ont usurpé les qualités d'empereur, de roi et de prince* (Bruxelles, 1728, 2 vol. in-8°), il n'aura qu'à puiser au *Dossier Rhodocanakis*.

*** Page 24. Nous avons prouvé ci-dessus (p. 92), par la publication des actes de naissance et de baptême de Démétrius Rhodocanakis, que cet homme n'est pas né à Chio, « dans le château rhodocanakien », comme il l'affirme, mais qu'il a vu le jour à Syra, le 1/13 décembre 1840, à dix heures du matin (et non le 3/15 décembre 1840, à neuf heures du matin). On ne saurait jamais être trop précis, quand il s'agit de la naissance des « grands de la terre ». On aimerait à savoir à quel âge Rhodocanakis a mis sa première culotte et à quelle occasion il a fait son premier mensonge, mais je n'ai pu, à mon vif regret, me procurer de renseignements à cet égard.

*** Page 25. Vincent Giustiniani aurait été bien aimable de nous dire où se trouvent les parchemins des *princes* Massimo (de Chio) et ceux des *ducs* Coressius. Quant au duché de

« Théodore XIV », c'est apparemment quelque enclave de la principauté de « Démétrius II », laquelle est située, comme on sait, dans une vieille lune éteinte depuis des myriades de siècles.

∗∗ Le jeune Démétrius étudia la littérature et la théologie à l'université d'Athènes; il étudia aussi, paraît-il, aux universités de Londres, d'Oxford et de Heidelberg. Son biographe le déclare *docteur en philosophie, en philologie et en théologie*. Par quelles universités ont été délivrés ces diplômes et à quelle date? Le diplôme de théologie me rend tout particulièrement rêveur, et j'ai peine à me représenter Rhodocanakis dissertant sur la grâce ou sur la procession du saint Esprit. Après tout, il n'y a pas si longtemps encore que certaines universités allemandes vendaient, à beaux deniers comptants, des diplômes en n'importe quoi. Rhodocanakis a pu se payer trois diplômes de ce genre. Il s'est payé bien d'autres choses!

∗∗ Nous n'avons trouvé nulle part *Pantélis Ducas-Ange-Comnène-Paléologue-Rhodocanakis, ou le Massacre de Chio, récit historique* (en grec), que Rhodocanakis aurait publié à Londres, en 1869, in-4° de 812 pages. Nous promettons une récompense honnête à quiconque nous indiquera un exemplaire de cet énorme billot, dont la masse imposante contraste si singulièrement avec les autres productions rhodocanakiennes.

∗∗ Page 27. Afin de prouver à « Démétrius II » que nous avons vérifié jusqu'à ses affirmations en apparence les plus insignifiantes, disons que, dans le *Return of the number of certificates issued to aliens*, imprimé conformément à un ordre de la Chambre des Communes en date du 7 juillet 1868, son nom a été estropié et écrit Rhodocarakis, faute d'impression qui a passé dans le *Times* du 20 octobre 1870 (page 5, col. 6); ajoutons que, dans un *Return* analogue, imprimé conformément à un ordre de la Chambre des Communes en date du 8 avril 1872, on a orthographié Rhodocanachis.

∗∗ Nous avons eu sous les yeux six exemplaires de l'ouvrage de Magnus Lagerberg : *Bref fran söderns Länder.*

Aucun d'eux ne contient de dédicace à Démétrius Rhodocanakis. S'il y a des exemplaires avec dédicace, comme l'affirme Vincent Giustiniani, cette dédicace ne peut se trouver que sur un feuillet inséré dans le volume postérieurement au tirage de la première feuille typographique, laquelle possède ses seize pages au complet. La page 1 comprend le titre ; la page 2 est blanche ; la page 3 est occupée par une courte préface ; la page 4 est blanche, et l'ouvrage proprement dit commence à la page 5. Rhodocanakis n'est pas incapable de s'être dédié à lui-même un exemplaire du livre de Magnus Lagerberg.

∗ Les personnes désireuses de connaître les audiences royales dont « Démétrius II » a été favorisé, ses invitations à des bals et à des dîners, etc., ces personnes sont priées par le biographe de parcourir les « journaux aristocratiques » suivants : *The Morning Post, The Court Journal, The Court Circular, The Globe, The Queen* et *The Standard*. Nous n'avons pas suivi le conseil donné par Vincent Giustiniani, n'ayant nulle envie de savoir quel jour et chez qui le « prince » a mené le cotillon ou fait le grand écart. Nous n'avons jamais mis en doute ses talents de sauteur : cela nous suffit. Nous ferons toutefois observer que, à la liste de journaux ci-dessus, l'historiographe aurait dû ajouter la *London Gazette*, feuille aristocratique, elle aussi, puisqu'elle raconte les exploits... d'huissier, qui conduisirent « Démétrius II Ducas-Ange-Comnène-Paléologue-Rhodocanakis, quinzième empereur titulaire de Constantinople », à la Cour des Banqueroutes, la seule Cour où il ait obtenu des *audiences* qu'il n'avait pas eu besoin de solliciter.

∗ Page 29. L'alinéa consacré au « prince » Jean-Antoine Lascaris (1) et à sa fille adoptive Marie-Philomène Marchand-Maillet est un tissu d'erreurs volontaires et d'abominables inventions. Si nous en avons un jour le loisir, nous écrirons une notice sur ces deux personnages, concernant lesquels nous possédons de nombreux documents. Bornons-nous aujourd'hui à ce qui suit :

---

(1) Voir les pièces justificatives (Lettre F).

1° Jean-Antoine Lascaris n'était pas un fils bâtard de François Rhodocanakis. C'est là une odieuse calomnie que réduit à néant l'acte de naissance reproduit ci-après et dont nous sommes redevable à l'obligeance de M. l'abbé Fortuné Quendo, curé de Pont-Saint-Martin (diocèse d'Aoste, Italie), où naquit Jean-Antoine Lascaris, le 6 septembre 1816 :

Anno Domini millesimo octingentesimo decimo sexto et die sexta septembris, natus fuit et baptisatus Joannes Antonius, filius Joannis Antonii Lazier de la Laix soit Lascaris et Mariæ Magdalenæ Arvat, uxoris ejus (1). Patrini Joannes Antonius Lazier de la Laix soit Lascaris, Donatii incola, et Maria Joanna Prola, uxor egregii domini Jacobi Josephi Ardutii Neyroz.

MOTTET, curatus.

2° « Démétrius II » Philalèthe aurait-il l'extrême obligeance de nous dire quels tribunaux italiens firent défense, sur sa requête, à Marie Maillet de porter les titre et nom de « princesse Lascaris » ? Nous sommes sûr qu'il ne le dira pas, et pour cause.

3° L'historiographe raconte que Marie Maillet fut traduite en police correctionnelle *à Livourne*, sous la prévention d'avoir escroqué une somme de *5,000 francs*. Cette assertion renferme une double erreur. Marie Maillet comparut devant le tribunal correctionnel *de Rome*, le 2 août 1872, et la somme qu'on l'accusait de s'être fait remettre frauduleusement s'élevait au chiffre de *6,000 francs*. La banque Spada-Flamini, sur la plainte de laquelle Marie Maillet était poursuivie, se désista avant le jour de l'audience. Cependant, l'affaire fut retenue. Tous les témoins firent le plus bel éloge de la « princesse Lascaris ». Défendue par le célèbre avocat Pasquale Stanislao Mancini, elle fut renvoyée des fins de la plainte (2).

---

(1) Le mariage de Jean-Antoine Lascaris (père de celui qui nous occupe) avec Marie-Magdeleine Arvat, eut lieu à Pont-Saint-Martin, le 9 octobre 1815.

(2) Voir les pièces justificatives (Lettre F).

4° Jean-Antoine Lascaris ne mourut pas *à Turin*, mais à *San Benigno* (diocèse d'Ivrée, Italie), comme en fait foi l'acte de décès suivant, que je dois à l'amabilité de M. l'abbé André Ciochetti, curé de San Benigno :

L'anno del Signore mille ottocento settantaquattro ed alli uno del mese di settembre, nella parocchia di S. Benigno, comune di S. Benigno, è stata fatta la seguente dichiarazione di decesso :

Il giorno primo del mese di settembre, alle ore quattro mattina, nel distretto di questa parocchia, casa Gribaudo, munito de' SS. sacramenti, Penitenza, Viatico ed Estrema Unzione, è morto Lascaris Giovanni Antonio, d'età d'anni 56, nativo del comune di S. Martino d'Aosta, domiciliato nel comune di S. Benigno, maritato con Maria (1), figlio del fù Giovanni Antonio e della fù Maria. Il cadavere è stato sepolto il giorno due del mese di settembre, nel cimitero di S. Benigno.

Sottoscritto il parroco : Cav. C. Benone.

5° Marie Maillet naquit à Bourg-Saint-Maurice (Savoie), le 7 avril 1836, du légitime mariage de Jean-Francois Marchand-Maillet, garde forestier, et de Marie-Louise Brancaz, lessiveuse. Elle fit de brillantes études à Aoste, fut institutrice dans de grandes familles italiennes, dirigea une Banque populaire à Turin et eut le grand tort de se faire adopter par Jean-Antoine Lascaris, qui cumulait alors, à Pont-Saint-Martin, les fonctions de sacristain avec celles de maître d'école. Devenue « princesse Lascaris », Marie Maillet prit son titre au sérieux, déploya un luxe inouï, se mêla de politique intenta des procès ridicules et gaspilla presque tout son avoir. Elle possédait de puissantes relations et eut même ses entrées à la Cour d'Italie ; à une intelligence d'élite, elle joignait un savoir étendu et une éclatante beauté (j'ai son portrait sous les yeux). Elle mourut à Rome, le 24 août 1876. Que la terre lui soit légère !

*** Page 61 (Nous traduisons). « Le 2 août 1875, George

---

(1) Marie-Anne-Catherine Clérin, fille de Jean-François Clérin et de Marie-Marguerite Allera, avait épousé Jean-Antoine Lascaris, le 13 novembre 1849. Elle était alors âgée de vingt-huit ans et illettrée.

Newcomen, capitaine de la marine britannique, proposa à S. A. I. le prince Rhodocanakis la main de Catherine, sa fille aînée. Le prince accepta cette proposition, à la condition qu'elle serait tenue secrète, jusqu'à ce qu'il eût sollicité et obtenu le consentement de son père. Bien qu'il eût promis d'observer la condition imposée par le prince, le capitaine Newcomen fit insérer dans le *Morning Post* de Londres, le journal aristocratique par excellence, une note annonçant les fiançailles de sa fille et son prochain mariage. »

Voici la note, copiée dans le *Morning Post* du 4 août 1875 (page 5, colonne 4) et dont le biographe ne donne qu'une traduction grecque :

« A marriage is arranged, and will shortly take place, between His Imperial Highness Prince Démétrius, Grand Master Mason and Sovereign Grand Commander of the Supreme Council, 33rd degree, in Greece, and honorary member of the Supreme Council, 33rd degree, for Scotland, etc., and eldest Son of His Imperial Highness Prince Rhodocanakis of Rhodocanakis Castle, in the Island of Chio, and Kathleen, eldest daughter of Captain George Newcomen, R. N., of 33, Queen's Gate, South Kensington, and Feltwell Lodge, Norfolk. »

(Nous reprenons la traduction.) « Mais, le père du prince n'ayant pas consenti au mariage, le prince fut contraint de rompre les fiançailles, si maladroitement divulguées. LES AVOCATS DE SA MAISON (?) firent insérer dans le *Morning Post* du 18 août 1875 (page 5, col. 2) une note ainsi conçue :

« The mariage announced a short time ago between His Imperial Highness Prince Rhodocanakis and Kathleen, the eldest daughter of Captain George Newcomen, R. N., of 33, Queen's Gate, will not take place. »

Voilà comme quoi D. Rhodocanakis fut fiancé avec une demoiselle anglaise pendant un peu moins de quinze jours. Le biographe de « Son Altesse Impériale » aurait mieux fait de taire ces éphémères fiançailles. Qui croira jamais que ce mariage n'a pas eu lieu parce que le père du futur époux lui avait refusé son consentement ? Rhodocanakis se souciait du consentement de son honorable père comme un poisson d'une cerise. Mais Dieu ! que ce biographe est donc malhabile, il ne s'aperçoit pas qu'il dévoile lui-même le secret de la rupture, lorsqu'il affirme que Rhodocanakis avait exigé que les fiançailles ne fussent pas livrées à la publicité. Il est clair que Rhodocanakis, si friand de réclame, devait avoir de puissantes raisons pour se fiancer dans l'ombre et le mystère. Ces raisons, il n'est pas difficile de les deviner : Rhodocanakis venait de faire faillite ; ce krach étant inconnu du capitaine George Newcomen, son gendre espéré redoutait que la nouvelle de ses fiançailles ne suggérât à quelqu'un l'idée d'avertir la famille de la jeune fille.

Rappelons deux dates : le 25 mai 1875, la Cour des Banqueroutes enregistre le concordat obtenu par Rhodocanakis ; le 4 août suivant, le *Morning Post* annonce les fiançailles. Quelques jours plus tard, le capitaine Newcomen apprend que Démétrius Rhodocanakis, « prince » de Piccadilly, doit être identifié avec Démétrius Rodocanachi, commerçant failli de Bishopsgate Street ; sans perdre une minute, il lui écrit : « Je sais qui vous êtes. Tout est rompu. Je garde ma fille. » Et les feuilles publiques annoncèrent que George Newcomen déclinait le ruineux honneur de devenir le beau-père d'une « Altesse Impériale » n'ayant ni sou ni maille.

Plus tard, désespérant de trouver femme dans les maisons souveraines et fatigué du célibat, Démétrius Rhodocanakis, la mort dans l'âme, se vit contraint de violer les lois de l'empire byzantin, ces mêmes lois qu'il avait invoquées pour déclarer illégitime le mariage de Théodore Paléologue avec une Anglaise (1). Il se rabattit donc sur la bourgeoisie, et, le 12/24 décembre 1881, dans l'église de Kypséli, village voisin d'Athènes, il condescendit à épouser Despina Canaris, fille de Thrasybule Canaris et d'Angèle Caliméris (2). Despina était dans son dix-huitième printemps (3), Démétrius avait 41 ans accomplis. De ce mariage naquirent une fille, nommée Hen-

---

(1) Voir ci-dessus, p. 79.
(2) *Généalogie*, table 3.
3) Despina Canaris naquit à Syra, le 28 novembre 1863.

riette, actuellement âgée de treize ans (1), et un fils nommé Jean, décédé en bas âge. Cette union disparate ne fut pas heureuse. On divorça.

Cependant, Rhodocanakis n'ayant pas d'enfants mâles, ses sujets se demandaient avec une anxiété facile à comprendre si, à sa mort, le trône passerait à la branche cadette ou tomberait en quenouille; car on ne connaît pas très bien le statut qui régit la transmission des pouvoirs dans la « dynastie rhodocanakienne ». Par bonheur, le « quinzième empereur titulaire de Constantinople » n'avait pas dit à l'hymen un éternel adieu. En effet, les journaux ont annoncé tout récemment que, le dimanche 4 juin 1895 (style grec), « Démétrius II » avait épousé en secondes noces mademoiselle Euthymia Samothrakis. Voici, à titre de curiosité, l'article que consacre à cet événement un minuscule journal de Syra, le Προμηθεὺς du 9 juin 1895 :

Τὴν παρελθοῦσαν κυριακὴν ἐτελέσθησαν ἐν στενῷ οἰκογενειακῷ κύκλῳ οἱ γάμοι τοῦ ἐν τῇ ἡμετέρᾳ ἀγορᾷ τραπεζίτου κ. Δημητρίου Ῥοδοκανάκη μετὰ τῆς λαμπρᾶς καὶ ἐξαιρέτου δεσποινίδος Εὐθυμίας Λαζ. Σαμοθράκη. Τοὺς νυμφικοὺς στεφάνους ἀντήλλαξαν ἡ νύμφη τοῦ γαμβροῦ ἀξιότιμος κ. Ἑλένη Θ. Ῥοδοκανάκη, καὶ ἡ ἐπὶ μορφώσει καὶ κάλλει διακεκριμένη θυγάτηρ αὐτῆς δεσποινὶς Ἰουλία. Εὐχόμεθα τοῖς νεονύμφοις βίον εὐδαίμονα.

Hélas ! nul n'est prophète dans son pays. Aucun des journaux que j'ai sous les yeux (Ἀπόλλων du 8 juin 1895, Πατρὶς du 10 juin 1895, Νέα ἐφημερὶς du 12 juin 1895, et Φανὸς du 13 juin 1895) ne semble se douter qu'il annonce le mariage d'un homme qui, « sous le rapport ancestral, n'est, en Europe, le second de personne (2). » Ces vilains Grecs qualifient tout simplement « Démétrius II » de *Monsieur*; pour un peu, ils lui diraient βρὲ ἀδελφὲ ou κερατᾶ et lui taperaient sur le ventre.

Un tel manque d'égards n'était pas pour plaire à Rhodocanakis. Il a voulu s'en venger, en essayant de faire inscrire officiellement son titre princier sur les registres de l'état civil

---

(1) Elle est née en 1882 (*Généalogie*, table 3).
(2) Vincent Giustiniani, *Vie et ouvr. de D. Rhodocanakis*, p. 65.

d'Hermoupolis de Syra. Cette extravagance a donné lieu à un procès. On trouvera aux pièces justificatives (Lettre H) tous les détails concernant cette « cause célèbre » d'un nouveau genre. Plaignons sincèrement la pauvre « princesse » Euthymia, qui voit sa lune de miel ainsi métamorphosée en lune rousse par l'imbécilité de son vieil époux.

.*. Page 65 (nous traduisons). « Voilà ce que j'avais à dire concernant la vie et les publications de notre prince Démétrius. Il me reste maintenant à énumérer ses nombreux ouvrages manuscrits (il y en a 41), conservés dans sa riche bibliothèque, OUVRAGES QUE J'AI VUS MOI-MÊME ET LUS EN TOTALITÉ. »

Nous ne mettrons pas sous les yeux du lecteur la liste de ces ouvrages, dont les neuf dixièmes et demi n'existent pas et ne sortiront, Dieu merci, jamais de l'écritoire rhodocanakienne (ροδοκανάκειον κανίκλειον ?). Il nous suffira de dire que ces prétendus ouvrages se partagent comme il suit :

1°) 19 volumes in-8°, dont dix comprenant ensemble 5014 feuillets ou 10,028 pages ; et 9 comprenant ensemble 13,124 pages ; soit un total de 23,152 pages.

2°) 64 volumes in-4°, dont 4 comprenant ensemble 2020 feuillets ou 4040 pages ; et 60 comprenant ensemble 43,985 pages ; soit un total de 48,025 pages.

3°) 28 volumes in-folio comprenant ensemble 28,984 pages. Soit en tout CENT ONZE VOLUMES comprenant ensemble 100,161 pages ; ce à quoi il faut encore ajouter un volume de 150 pages (le n° 18), sans indication de format, un poème (!) de 2,000 vers (le n° 34) et un ouvrage dont on n'a pas mentionné le format, ni le nombre de pages (le n° 8).

Quand on observe que, parmi ces ouvrages, il en est un (le n° 6) qui aurait coûté à Rhodocanakis dix années de recherches ; quand on songe que « Démétrius II » n'était âgé que de trente-cinq ans à l'époque (1876) où il aurait eu déjà amoncelé tant de travaux d'érudition ; qu'il était, en outre, à a tête d'une maison de commerce et très répandu dans le monde, on se demande avec stupéfaction où ce Bénédictin anglo-grec, plus laborieux à lui seul que la Congrégation de saint Maur toute entière, aurait bien pu trouver le temps de rédiger de si nombreux et si gros volumes. Lorsque l'audace dans le mensonge atteint des proportions tellement fantastiques, elle se confond avec la démence.

⁎ Le biographe de Rhodocanakis mentionne (pp. 33, 42, 49, 51, 58) différents portraits de son héros, mais néglige les caricatures. Nous avons parlé précédemment (p. 64) de celle qui représente « Démétrius II » expulsé de l'*Almanach de Gotha*; nous en connaissons encore une autre, dont voici la description :

Rhodocanakis est représenté en pied ; il a les cheveux partagés par une raie sur le milieu du front, l'œil émerillonné, la moustache en croc, la bouche en cœur, l'air faraud ; sa main gauche est posée sur sa hanche, tandis que, de la droite, il brandit une canne de tambour-major ; il porte une jaquette clair de lune, un gilet vert pomme pas mûre, un pantalon cuisse de nymphe émue, un col de chemise monumental entouré d'une cravate bleu tendre sur le nœud de laquelle est épinglé un superbe hanneton d'or ; il est chaussé de souliers garance, sanglé de cordons, enharnaché d'écharpes, caparaçonné de rubans, ruisselant de crachats, constellé de décorations : un déballage à éclipser les plus brillantes vitrines du Palais-Royal. Au-dessus du personnage, dans un cartouche, on aperçoit une aigle bicéphale, déplumée, minable, et déchiquetant avec ses deux becs une innocente grenouille. Ce batracien et le coléoptère du nœud de cravate cachent sans doute quelques allusions malicieuses. Cette charge occupe une feuille de papier bordée de noir comme une lettre de décès et mesurant 35 centimètres de hauteur sur 27 de largeur. Dans la marge inférieure, on lit la légende suivante en français, en anglais et en grec : *S.A.I. le Prince Démétrius Rhodocanakis*, et dans le coin inférieur gauche de l'encadrement : *Bruxelles, 1875.*

On a prétendu que Rhodocanakis aurait été admis, dans l'accoutrement ci-dessus décrit, à baiser les pieds de Pie IX ; mais cette information est inexacte et provient d'une confusion d'ailleurs très excusable. Il y a, en effet, de par le monde, un portrait où Rhodocanakis, campé devant Pie IX, est représenté couvert de chamarrures carnavalesques et dans l'attitude d'un cabotin posant pour la galerie. Cette composition ridicule et ultra-fantaisiste constitue une grossière inconvenance à l'égard du Saint-Père. Si, d'aventure, « Démétrius II » se fût présenté ficelé de la sorte au Vatican, les suisses l'eûssent sûrement fait déguerpir en lui caressant l'échine à grands coups de hallebarde.

CHAPITRE TREIZIÈME

GÉNÉALOGIE DE LA FAMILLE RALLI

Durant les vacances pascales de la présente année 1895, le bruit courut que Démétrius Rhodocanakis était sur le point de publier une *Généalogie de la famille Ralli.* Cette nouvelle nous parut d'autant plus croyable que le biographe du pseudo-prince affirme (1) que son héros a composé une telle généalogie; mais, presque en même temps que cette information nous était donnée, il nous fut déclaré que ladite généalogie, quoique rédigée par Démétrius Rhodocanakis, serait signée par M. Alexandre Antoine Ralli.

Convaincu que « Démétrius II » avait dû abuser de la confiance de cette honorable famille pour lui forger une généalogie bourrée, comme la sienne, de personnages et de détails imaginaires, je résolus de prévenir M. Alexandre Antoine Ralli. Grâce à la parfaite obligeance de MM. Ralli frères, de Londres, j'obtins son adresse (2) et lui écrivis d'avoir à se tenir sur ses gardes.

M. Alexandre Antoine Ralli était, comme on va en juger, depuis longtemps déjà édifié sur le compte de Démétrius Rhodocanakis. Le 24 juin 1895, il m'adressa une lettre, à laquelle j'emprunte le passage suivant :

« Je puis vous assurer que je n'ai jamais été la dupe du « pseudo-prince Démétrius Rhodocanakis. Je me suis méfié « de lui depuis l'époque où il a émis la généalogie ridicule de

---

(1) Vincent Giustiniani, *Vie et ouvr. de D. Rhodocanakis*, p. 77.

(2) Il demeure : « 10, Heene Terrace, à Worthing, Sussex (Angleterre). » Je donne l'adresse précise, car Rhodocanakis serait capable de prétendre que M. Alexandre Antoine Ralli est un personnage de mon invention. Ici, comme ailleurs, je n'avance rien dont je n'aie la preuve entre les mains.

« sa famille, et ce n'est pas moi qui lui aurais demandé de
« s'occuper de la nôtre. Cependant, il est vrai qu'il a fabriqué
« une généalogie de notre famille, laquelle il fait remonter à
« Raoul Peau-de-Loup. Cette généalogie m'a été envoyée par
« mon frère, qui demeure à Athènes et qui, ayant épousé une
« parente de ce pseudo-prince, le voyait souvent et finit par
« tomber dans le piège qu'il lui avait tendu.

« Il est inutile de vous dire, maintenant, que je n'ai aucune
« intention de publier une généalogie de notre famille fondée
« sur les renseignements de ce Rhodocanakis.

« En 1893, je suis allé à Rome et à Florence pour
« apprendre jusqu'à quel point le faux entrait dans cette
« généalogie. J'avais de très bonnes recommandations et je
« n'ai éprouvé aucune difficulté dans ma recherche.

« Pour ne pas vous ennuyer avec de longs détails, je vous
« dirai simplement qu'il m'a été impossible de trouver, dans
« les catalogues, les livres [imprimés], manuscrits et autres
« documents signalés par Rhodocanakis, ni aux lieux indiqués
« par lui, ni ailleurs. »

Pour tromper la famille Ralli, le faussaire a employé les moyens malhonnêtes dont il est coutumier : supposition de manuscrits, fabrication de titres d'ouvrages imaginaires, etc. M. Alexandre Antoine Ralli a bien voulu nous communiquer la copie de ces divers documents avec l'autorisation de les rendre publics. Nous les reproduisons textuellement :

⁂

« Titres d'ouvrages [imprimés] et d'un manuscrit qui, au dire de M. Démétrius Rhodocanakis, se trouvent dans la bibliothèque du Vatican, mais que je n'ai pu trouver dans les catalogues. Je puis ajouter que le bibliothécaire des imprimés a eu l'obligeance de m'aider dans ma recherche, depuis le commencement jusqu'à la fin.

« Manuscrit sur parchemin petit in-folio n° 1086. Devait contenir, avec d'autres matières, deux Monodies par Léon Raoul, avec une généalogie de sa famille depuis 1008 jusqu'à 1236. Les titres des Monodies étaient :

« 1° Τοῦ τρισμακαριωτάτου κυροῦ Λέοντος Ῥαούλ, τοῦ διὰ τοῦ θείου καὶ ἀγγελικοῦ σχήματος μετονομασθέντος Λεοντίου μοναχοῦ, πρὸς Ἀνδρόνικον τὸν ἴδιον ἀδελφόν, Μονῳδία ἐπὶ τῷ θανάτῳ τῆς ἀοιδίμου καὶ μακαρίτιδος δεσποίνης Εὐδοκίας τῆς παμφιλτάτης μητρὸς τῆς ἄρτι δὴ ἐκ τοῦδε τοῦ βίου οἰχομένης, ἐν ᾗ καὶ περὶ ἀϊδιότητος.

« 2° Λεοντίου ταπεινοῦ μοναχοῦ καὶ καθηγουμένου τῆς εὐαγεστάτης μονῆς τῶν Στουδιτῶν, τοῦ Ῥαούλ, παραμυθητικὸς εἰς τὸν φίλτατον ἀνεψιὸν Κωνσταντῖνον, ἐπὶ τῇ ἀώρῳ τελευτῇ τοῦ πατρὸς Ἀνδρονίκου τοῦ πανσεβάστου καὶ τρισαλκιμωτάτου μεγάλου κοντοσταύλου.

« *Nota*. Le manuscrit grec n° 1086 existe, mais il ne contient absolument rien de la main de Raoul; son nom ne paraît pas dans le manuscrit et il n'y a pas de généalogie de sa famille.

[IMPRIMÉS IMAGINAIRES.]

« 1) Ἰουστινιανὸς καὶ Θεοδώρα, ποιημάτιον νέον καὶ πάνυ ὡραῖον στιχουργηθὲν παρ' ἐμοῦ Νικολάου Ῥάλη τοῦ ἀπὸ Σπάρτης, υἱοῦ δὲ τοῦ εὐγενεστάτου καὶ εὐσεβάστου κυροῦ Δημητρίου. Venetiis, in aedibus Fratrum de Sabio, 1519. 4°.

« 2) Βίος τοῦ θεοστέπτου βασιλέως καὶ ἰσαποστόλου Μεγάλου Κωνσταντίνου, συγγραφεὶς μὲν ὑπὸ Κωνσταντίνου Νικολάου Ῥάλλη, τοὐπίκλην Καβακίου, ἀφιερωθεὶς δὲ τῷ παναγιωτάτῳ καὶ μακαριωτάτῳ πατρὶ καὶ κυρίῳ ἡμετέρῳ κυρίῳ Λέοντι Δεκάτῳ, τῆς ἁγίας τοῦ θεοῦ Ῥωμαϊκῆς καὶ Καθολικῆς Ἐκκλησίας ἄκρῳ ἀρχιερεῖ. Ἐνετίησιν, αφκή, παρὰ Στεφάνῳ τῷ Σαβίῳ. 4°.

« 3) Τοῦ λογιωτάτου κυρίου Κωνσταντίνου Νικολάου Ῥάλλη ἀνθολογία διαφόρων ἀποφθεγμάτων ποιητῶν, ῥητόρων τε καὶ στρατηγῶν, νῦν πρῶτον τύποις ἐκδοθεῖσα δαπάνῃ καὶ ἐπιμελείᾳ τοῦ ἐν ἱεροδιδασκάλοις Δημητρίου Καβάκη τοῦ ἐκ Χίου, καὶ προσφωνηθεῖσα τῷ εὐγενεστάτῳ καὶ ἐξοχωτάτῳ ἄρχοντι ἰατρῷ Μεσὲρ Παντελῇ Κωνσταντίνου Ῥάλλη, γαμβρῷ ἐπὶ θυγατρὶ Μαρίᾳ τοῦ μακαρίτου καὶ ἐν ἰατροφιλοσόφοις ἐλλογιμωτάτου Μεσὲρ Μαρίου Δημητρίου Καβάκου τοῦ Χίου.

In Venetia, per Francesco Rambazzeto, l'anno del Signore
CIƆ. IƆ. XCIV. 4°.

« 4) Διήγησις περὶ οἰκοδομῆς τοῦ ναοῦ τῆς Μεγάλης τοῦ Θεοῦ Ἐκκλησίας τῆς ἐπονομαζομένης Ἁγίας Σοφίας ποιηθεῖσα παρὰ Διονυσίου Ῥάλη τοῦ Παλαιολόγου, ἀρχιεπισκόπου Τερνόβου καὶ πάσης Βουλγαρίας, τοῦ ἐκ τῆς περιβοήτου τῶν νήσων καὶ εὐδαίμονος Χίου, καὶ ἀφιερωθεῖσα Δημητρίῳ τῷ ἀδελφῷ αὐτοῦ. Ἐπιμελείᾳ δὲ καὶ διορθώσει Ματθαίου Γαλατιανοῦ Κυπρίου, τοῦ ἱερομονάχου. Ἐνετίησιν, παρὰ Ἀντωνίῳ τῷ Πινέλλῳ, ἔτει ἀπὸ τῆς ἐνσάρκου οἰκονομίας τοῦ Κυρίου ἡμῶν Ἰησοῦ Χριστοῦ. 1603. 4°.

« 5) Ad Serenissimum Principem Augustinum Pinellum, Genuæ Ducem, Constantini Demetrii Rhales, Chiensis, De Natura et Incremento Nili. *Romæ*, typis Bartholomæi Bonfandini. MDCIX. 4°.

« 6) Γλυκᾶς, Μιχαήλ.
« Βίβλος χρονική. Venetiis, 1618.
« *Nota.* Ce n'est pas le Michel Glycas qu'on trouve dans le *Corpus Scriptorum Historiæ Byzantinæ*; mais, d'après Rhodocanakis, un autre Michel Glycas. Je l'ai cherché dans toutes les bibliothèques sans le trouver.

« 7) Ἀνδρούτση (1), Ἀλουσίου, Κυπρίου.
« Περὶ προσκυνήσεως τῶν ἁγίων εἰκόνων κατὰ Γεωργίου Κορεσίου τοῦ Χίου, λόγοι τέσσαρες προσφωνηθέντες τῷ λογιωτάτῳ καὶ ἐντιμοτάτῳ μισὲρ Θεοδωράκῃ Ἰσαακίου Ῥάλλη, τῷ Χαλέπλῃ, καὶ τυπωθέντες ἐπιμελείᾳ καὶ ἀναλώμασι τοῦ λογιωτάτου Ἰωάννου Βελάστη τοῦ Χίου. Ἐνετίησιν, ἔτ. σωτηρ. αψιή, παρὰ Νικολάῳ τῷ Σάρρῳ. 8°.

« 8) Ἐξήγησις εἰς τὴν Πεντάτευχον, τὸν Ἰὼβ καὶ τὴν Γένεσιν (2), ποιηθεῖσα ὑπὸ τοῦ σοφωτάτου καὶ εὐγενεστάτου κυρίου Θεοδώρου Παν-

---

(1) Voir ce qui a été dit ci-dessus (pp. 20-21) concernant l'impossibilité du groupe τσ antérieurement à l'époque de Coraï (*Émile Legrand*).

(2) *Exégèse sur le Pentateuque, Job et la Génèse.* Rhodocanakis, qui se dit docteur en théologie, ne nous paraît guère ferré sur l'Écriture sainte. Il ignore que la Génèse fait partie intégrante du Pentateuque *(Émile Legrand).*

τιᾶ Ῥάλλη τοῦ Παλαιολόγου τοῦ ὕστερον διὰ τοῦ θείου καὶ ἀγγελικοῦ σχήματος μετονομασθέντος Θεοδοσίου τοῦ μοναχοῦ, παρ' αὐτοῦ δὲ προσφωνηθεῖσα τῷ ἐκλαμπροτάτῳ καὶ ἐνδοξοτάτῳ ἄρχοντι κυρίῳ κυρίῳ Θεοδώρῳ Ἀντωνίου Ῥάλλη τῷ Πίτσῃ (2), εὐπατρίδῃ Χίῳ, ἐξαδέλφῳ δὲ καὶ φίλῳ αὐτοῦ περισπουδάστῳ. Ἐνετίῃσιν, αψλζ'. Ἐν τῇ τυπογραφίᾳ Σάντου Πέκορα. 8°.

« 9) Γορδάτου, Κωνσταντίνου, τοῦ Χίου.

« Γεωγραφία συνταχθεῖσα πρὸς ὠφέλειαν τῶν φιλομαθῶν Χίων καὶ προσφωνηθεῖσα τῷ περιφανεστάτῳ καὶ εὐγενεστάτῳ κυρίῳ κυρίῳ Ἀντωνίῳ Θεοδώρου Ῥάλλη. Ἐν Λειψίᾳ παρὰ Βερνάρδῳ Χριστοφόρῳ Βρεϊτκόπφ. αψξέ. 8°.

[CONTRATS IMAGINAIRES]

« Dans notre généalogie, M. Démétrius Rhodocanakis cite des contrats fixant la dot apportée en mariage par des Italiennes de bonne famille qui s'allièrent à des Ralli, et il est dit que ces contrats se trouvent dans les livres de la *Gabella*, conservés dans les archives de Florence. Je me suis donc rendu à Florence, pour m'assurer des faits, en 1893.

« Comme j'étais fortement recommandé au chef des Archives, cavaliere Berti, on s'est donné beaucoup de peine et on a fouillé dans les Archives pendant plusieurs jours. *Enfin, on m'a dit qu'aucun des contrats n'existait et que les années que je demandais étaient justement celles qui manquaient.* J'appris, en même temps, que, comme les vieux livres de la *Gabella* occupaient trop de place, on en avait détruit plusieurs au seizième siècle et d'autres au commencement de ce siècle.

« Je vous ai transcrit ces contrats, qui sont de parfaites imitations de la forme et du style des contrats de la *Gabella*, comme on m'a dit à Florence. C'est leur seul mérite.

« 1) Nicolaus Demetrii Rali Cabacii notificavit se ipsum quod nondum sunt elapsi sexaginta dies, consumavit matrimonium cum domina Bianca eius uxore, et filia domini Andrea

---

(1) Même observation que dans la note 1 de la p. 122.

Giustiniani Fornetto, et debet recipere pro dote florenos auri 1500. Die decima nona Decembris 1495. Flor. 1500.

« Lib. D. p. 180 à 125. 1495. Dec. 19.

« 2) Constantinus olim Nicolai Demetrii Georgii Rhalles, Constantinopolitanus, civis Florentinus, fuit confessus habuisse in dotem dominæ Lenæ eius uxoris, et filiæ olim Demetrii Ioannis Thomæ Palæologi, Despotæ, florenos cccc auri, die decima nona Decembris 1516, rogato dicto ser Buonaccorso Buonaccorsi. L. 400.

« Lib. B. p. 172 à 128. 1516. Dec. 19.

« 3) Ioannes filius tertiogenitus Nicolai Demetrii Rhalles, cognomento Cabacius, civis Florentinus, confessus pro dote dominæ Victoriæ suæ uxoris, et filiæ Georgii Asanis Palæologi, florenos tre millia largos, de grossis, per instrumentum rogatum ser Pier Francesco Passerini, 12 Decembris 1525.

« Libro C. p. 194 à 45. 1525. Dec. 12.

« 4) A di 14 Agosto 1532. Messer Michele di Teodoro Ralli (Issi), Cittadino Fiorentino, consumo matrimonio con madonna Margarita sua donna, figliuola di Pasquale di Stefano Sauli, patritio Genovese, et per sua dota gli fu promesso fiorini due milla, disse frà denari, e donore, et funne pagata la gabella in di, etc. F. 2000.

« Lib. D. p. 100 à 130. 1532. Agosto 14.

« 5) A di 4 Giugno 1563. Il magnifico nobile uomo Demetrio di Constantino di Nicolo Rali contrasse matrimonio con la Giulia del magnifico Messer Iacobo Giovanni Banca Giustiniani di Scio, e per dote convengono, e sono d'accordo, che sia fiorini due milla di contanti. 2000 di contanti.

« Lib. C. p. 344. 1563. Giugno 4.

« 6) Il signore Demetrio di Constantino Rali, cittadino Fiorentino, confessa havere ricevuto per dote della signora Maria del signore Luca di Iacobo Filippo Petrocochino, sua donna, scudi mila contanti, e scudi quindici mila di donora per instrumento rogato Ser Ambrogio Ambrogi, il di 14 giugno 1645, relato in Gabella 14 detto. Scudi mila. Scudi quindici mila.

« Libro CXXXI. 1645. Giugno 14. »

A moins qu'on ne l'écorche vif, Rhodocanakis mourra certainement dans la peau d'un faussaire. Plus il avance en âge, plus il donne d'extension à son art. Nous ne l'avions pas encore surpris en flagrant délit de fabrication de contrats. Aujourd'hui c'est chose faite.

Le lecteur se demandera peut-être quelles considérations ont pu déterminer Rhodocanakis à commettre des faux pour le compte d'autrui. « Démétrius II » a travaillé pour lui-même afin de donner une pâture à la sotte vanité qui le dévore ; mais il a sans doute travaillé pour la famille Ralli par pur amour de l'art. N'y a-t-il pas des gens qui mentent pour le plaisir de mentir ? D'ailleurs, si Rhodocanakis a obéi à d'autres mobiles, rien ne l'empêche de les faire connaître. Il nous suffit d'établir qu'il s'est rendu coupable d'imposture. Le reste importe peu.

Nous remercions particulièrement M. Alexandre Antoine Ralli du précieux concours qu'il nous a prêté en cette occurrence. Il sait qu'il s'expose, comme nous, aux injures et aux calomnies du pseudo-prince ; mais, comme nous aussi, il leur oppose le plus absolu mépris.

CHAPITRE QUATORZIÈME

LE PRINCE RHODOCANAKIS ET LE PROFESSEUR É. LEGRAND

La première des deux lettres suivantes a paru dans le *Messager d'Athènes* du 18 février (2 mars) 1895. M. A. Z. Stéphanopoli, propriétaire-rédacteur en chef de ce journal, a refusé d'insérer la seconde, sous prétexte qu'elle contient des insultes à mon adresse. Cependant Rhodocanakis, avec l'entêtement bestial des gens tenaillés par une idée fixe, tenait à placer quand même sa prose vipérine. Il a donc, sous le titre ci-dessus, réimprimé la première lettre et l'a fait suivre de la seconde. Et, afin de ne pas s'exposer à entendre dire que ses missives vont deux à deux, comme les vers et les bœufs, il leur en a adjoint une couple d'autres : celle par laquelle MM. Picard et fils lui annonçaient, le 28 février 1895, l'envoi de l'arbre généalogique de la famille Ohmuchievich Gargurich; et celle que j'ai écrite moi-même à MM. Picard et fils, le 24 février 1895, pour les prier de retourner à l'expéditeur le susdit arbre généalogique et leur accuser réception des originaux des deux lettres de Rhodocanakis, que je déclarais m'être fort précieuses.

Elles me le sont devenues davantage encore, depuis que « Démétrius II » leur a donné une plus large publicité, dans l'espoir de me causer un préjudice moral. C'est justement le contraire qui est arrivé. Jamais, en effet, rien ne m'avait valu tant de marques de sympathie. Il m'en est venu des quatre points cardinaux, d'amis connus et inconnus. Mais je dois à la vérité de dire que les félicitations dont j'ai été l'objet étaient agrémentées d'une forte dose d'épithètes peu flatteuses pour Rhodocanakis. Tous ceux qui ont lu l'*Extrait du Messager d'Athènes* s'enquièrent si l'auteur n'est pas un échappé des Petites-Maisons. « Démétrius II » n'a pas encore eu, que je sache, l'occasion de s'en évader, mais il est vraisemblable qu'il ne tardera pas à y prendre pension.

Nous reproduisons ci-après les deux lettres de Rhodocanakis en les accompagnant d'un commentaire perpétuel : ce qui est certainement leur faire beaucoup plus d'honneur qu'elles ne méritent.

*
* *

Syra, le 2/14 février 1895.

Messieurs (1),

Je viens de recevoir le cinquième volume, récemment publié par votre maison, de la Bibliographie hellénique de M. Émile Legrand, (2) professeur à l'École nationale des langues orientales, et je vous remercie.

Je me flatte de croire que vous ignorez les diffamantes observations (3) qui y sont imprimées contre moi par l'auteur.

J'ai connu ce monsieur, il y a vingt-cinq années environ (4). m'a envoyé, sans les lui avoir demandées, toutes ses brochures (5); et, en 1873, il a publié, à ses frais et de son propre gré, un poème de Constantin Rhodocanakis, frère

---

(1) Monsieur, dans l'*Extrait du Messager d'Athènes*; Messieurs, dans l'original et dans le *Messager d'Athènes*.

(2) Aucun volume de ma Bibliographie hellénique ne porte cette tomaison. Les quinzième et seizième siècles forment deux volumes ; le dix-septième forme quatre volumes chiffrés de I à IV et indépendants des précédents. Mais Rhodocanakis ne peut résister à sa manie de falsificateur. Il faut lire « tome troisième de la Bibliographie hellénique du dix-septième siècle. »

(3) Rh. reconnaît lui-même la justesse d'une de ces observations qu'il déclare infamantes.

(4) J'ai connu ce pseudo-prince par éclaboussure: Il m'écrivit sa première lettre, le 25 septembre 1872, pour m'annoncer l'envoi de deux brochures. Je n'avais jamais entendu parler de lui auparavant.

(5) C'était pour le remercier de ses deux rogatons. Mais, comme il travaille dans le faux et moi dans le vrai, je perdis considérablement au change.

puîné de mon trisaïeul Pandélis, que M. Legrand avait intitulé *Le retour de Charles II, roi d'Angleterre. Poème grec du prince Constantin Rhodocanakis, publié, d'après l'édition de 1660, par Émile Legrand. Paris, Maisonneuve et C*^{ie} *libraires-éditeurs. 15, Quai Voltaire, 1873*, et me l'a dédié en termes pleins d'humilité : « A Son Altesse Impériale le Prince Démétrius Rhodocanakis, Grand-Maître de l'Ordre Maçonnique de Grèce, Chevalier Grand-Croix de plusieurs ordres, etc. etc., cet ouvrage de son illustre ancêtre Constantin est respectueusement dédié par l'éditeur (1). » Ses protestations de dévouement et de reconnaissance pour l'*iné*-

---

(1) En 1872, Rhodocanakis habitait Londres. Il me pria (lettre du 3 octobre 1872) de donner place dans ma « Collection de monuments pour servir à l'étude de la langue néo-hellénique » à un poème de Constantin Rhodocanakis sur le retour dans ses États de Charles II, roi d'Angleterre. J'accédai volontiers à son désir. Quelques semaines plus tard (le 10 novembre 1872), il m'envoya la photographie complète du susdit opuscule. Je constatai qu'il était en grec ancien et ne pouvait, par conséquent, figurer dans ma Collection néo-hellénique ; mais je résolus de le publier quand même, et j'en fis le premier numéro d'une « Collection de monuments pour servir à l'étude de la langue grecque pendant le moyen-âge et dans les temps modernes », laquelle ne devait jamais être continuée. Avant de confier le poème à l'imprimeur, je demandai à Démétrius Rhodocanakis s'il voulait me permettre de le lui dédier. Il m'accorda cette autorisation avec empressement et force remerciements (lettre du 31 juillet 1873). Je le priai alors de rédiger la dédicace dans les termes qu'il jugerait convenables, et il me l'envoya (le 9 août 1873) telle qu'on la lit en tête de la brochure et ci-dessus. Je conserve encore la feuille de papier sur laquelle il l'a écrite. Ainsi pris à mon piège, je ne pouvais qu'insérer le libellé que j'avais sollicité. Je ne fais, d'ailleurs, aucune difficulté de reconnaître que, en 1873, je croyais fermement à la principauté rhodocanakienne. *Quantum mutatus ab illo!* Le poème sur le retour de Charles II fut imprimé à Leipzig, chez W. Drugulin, et tiré à cent exemplaires. Dix furent offerts à Démétrius Rhodocanakis ; j'en vendis 20 à la librairie Maisonneuve. Les 70 autres n'ont jamais été mis dans le commerce, et j'en détruisis la plus grande partie, le jour où je sus que la préface de ce poème, puisée par moi dans un opuscule de Rh. (la *Biographie de Constantin Rhodocanakis*), se trouvait n'être qu'un tissu de détails apocryphes. Il me reste encore de cette brochure un exemplaire sur peau de vélin, deux sur papier Whatman et deux sur papier de Hollande. Je ne suis pas fâché d'avoir trouvé l'occasion de donner ces renseignements bibliographiques.

puisable obligeance de M. le prince Démétrius Rhodocanakis, auquel je me fais un devoir d'offrir ici l'expression de ma plus vive gratitude, se répètent dans l'avant-propos de son édition de la *Grammaire du grec vulgaire* de Nicolas Sophianos, et traduction en grec vulgaire du traité de Plutarque *Sur l'éducation des enfants*, publiées par Émile Legrand. Deuxième édition. Paris, Maisonneuve et Cie, libraires-éditeurs, 15, quai Voltaire, 1874 (1). »

Mais mon « inépuisable obligeance » a été épuisée (2) et, pour cette raison, ce Monsieur, dans la page VII du premier volume de sa *Bibliographie hellénique*, publiée par M. Ernest Leroux, 28, rue Bonaparte, en 1885 (3), a noté audacieusement que trois livres, existant à la bibliothèque du Vatican, où le Cardinal Pitra me les a montrés et m'en a laissé prendre les titres (4), étaient des livres inventés par moi pour soutenir une thèse que j'avais publiée, en 1872, à Londres.

J'ai souri en me souvenant du passé (5), et je lui ai écrit,

---

(1) Rh. tronque malhonnêtement le texte pour lui faire dire autre chose que ce qu'il signifie en réalité. Voici ce que nous avons écrit à l'endroit indiqué (p. 89) : « Grâce à l'inépuisable obligeance de M. le prince Démétrius Rhodocanakis, auquel je me fais un devoir d'offrir ici l'expression de ma plus vive gratitude, j'ai réussi à faire exécuter à Oxford une excellente photographie de ce livre rarissime [la traduction en grec vulgaire par Nicolas Sophianos du traité de Plutarque *Sur l'éducation des enfants*]. » Rhodocanakis avait eu la complaisance de me mettre en rapport avec un photographe d'Oxford, qui travaillait à des prix modérés. Ce sont là des services de confraternité littéraire que personne ne refuse et dont nul ne tire vanité.

(2) Je ne répondis pas à une lettre de Rh. datée du 4 décembre 1873 et nos relations se trouvèrent ainsi rompues. Rhodocanakis me récrivit pour la première fois *près de dix-huit ans plus tard*, le 1er août 1891. (Voir la préface, p. VIII.)

(3) On avouera que j'avais mis le temps à me venger de l'état d'épuisement où se trouvait à mon égard l'obligeance de Rhodocanakis.

(4) Sur cette affirmation mensongère, voir la préface, p. VIII. Ces prétendus ouvrages sont les numéros 1, 2, 3, de la liste des 24, dont aucun n'existe à la Vaticane (voir ci-dessus, pp. 6-8), ainsi que l'atteste le certificat publié p. 29.

(5) « J'ai ri jaune » ne serait-il pas plus exact ? Ce n'est d'ailleurs point le passé, mais le présent qui lui a mis la puce à l'oreille.

après plusieurs mois, si je ne me trompe pas (1), par pur sentiment littéraire, que ces livres, imaginaires selon lui, existaient dans la bibliothèque du Vatican (2), où il pouvait les voir.

Depuis ce temps, les lettres de M. Legrand, sur des questions philologiques, fourmillent d'instigations pour me faire acheter ses livres (3), des livres appartenant à « une pauvre

---

(1) Rhodocanakis se trompe de propos délibéré. Sa lettre, que je conserve, est du premier août 1891, c'est-à-dire postérieure de six ans à l'apparition de ma *Bibliographie hellénique des quinzième et seizième siècles*. Je reproduis intégralement cette lettre dans la préface, p. VIII.

(2) Il vous est désormais interdit de chercher un refuge à la bibliothèque Vaticane (voir ci-dessus, pp. 29-30).

(3) Je ne puis citer toutes les lettres où Rhodocanakis me demande des livres ; je reproduis seulement les passages suivants à titre de spécimen, et afin de permettre au lecteur d'apprécier : « Avez-vous à vendre un exemplaire en grand papier des deux premiers volumes de votre Bibliographie, et combien ? Pouvez-vous me procurer un exemplaire de l'Histoire latine de Constantinople par Belin, Paris, 1872 ? Il m'a été impossible de [m'en] procurer un exemplaire (8 août 1892). » — « Si vous me trouverez (*sic*) un exemplaire broché des deux premiers volumes de votre Bibliographie, veuillez y mettre votre autographe et les donner à mon relieur, M. Pagnant, 30, rue Jacob, pour les relier en maroquin plein du Levant, avec mes armoiries sur les plats, pour mon compte, et selon les instructions que je lui donnerai (31 août 1892). » — « Vous aurez l'amabilité de m'inscrire pour les volumes suivants de la Bibliographie en grand papier de Hollande (16 novembre 1892). » — Puis-je vous demander de m'envoyer un exemplaire de votre édition des Lettres de Michel Apostolis, broché (20 décembre 1892) ? » Rhodocanakis me confondait avec feu Hippolyte Noiret, qui a publié en un volume séparé les Lettres de Michel Apostolis ; tandis que celles que j'ai publiées moi-même se trouvent dans le tome second de ma *Bibliographie hellénique des quinzième et seizième siècles*. — « Je ne m'intéresse [pas] beaucoup aux livres concernant l'histoire moderne de [la] Grèce ; conséquem[m]ent, au lieu de me donner le volume sur Rhigas, veuillez remettre à M. Pagnant un volume en grand papier de vos *Chansons populaires grecques* (Paris, 1874), avec prière de me le relier en demi-maroquin du Levant à coins, tête dorée, dos orné, etc. (3 février 1893). » — « Je vous remercie pour le volume des *Chansons populaires grecques*, que vous avez eu la gracieuseté de me présenter (5 avril 1893). » — « Je viens de recevoir de Londres la carte postale ci-incluse [une carte de David Nutt, le libraire bien connu] concernant votre nouvelle publication : *Lettres de l'empe-*

veuve qui se trouverait dans la nécessité de les vendre (1) »,
des espérances sur la découverte d'un homme généreux qui
lui donnât l'argent nécessaire pour la publication de quelques
brochures du genre de celles qu'il a la coutume de publier (2);
l'incapacité où les limites de ses moyens et la parcimonie de

---

reur Manuel Paléologue. Veuillez me faire relier un exemplaire sur le meilleur papier en demi-maroquin du Levant, à coins, tête dorée, dos orné à petits fers, par Marius Michel, etc. (7 mai 1894). » Rhodocanakis n'a appris l'existence de cette dernière publication que par ricochet. Ces différentes citations prouveront surabondamment de quelle façon je lui insinuais d'acheter mes livres.

(1) Je l'ai, en effet, prié d'acquérir deux volumes précieux appartenant à la veuve d'un professeur et longtemps conservés par elle comme des reliques de son mari. Cette pauvre femme, atteinte de cécité, voulait, en les vendant, parfaire la somme nécessaire pour obtenir son admission dans un hospice de vieillards, mais elle ne pouvait y parvenir, les libraires auxquels elle s'était adressée lui offrant des prix dérisoires. Rhodocanakis m'ayant répondu qu'il ne se souciait pas de ces ouvrages (lettre du 6 février 1894), je les proposai à un autre bibliophile, qui les paya le triple de leur valeur, quand il sut à quelle fin était destiné le produit de la vente.

(2) Rhodocanakis m'assassinant d'exhortations à publier tantôt une chose, tantôt une autre, je lui ai maintes fois répondu que, mes ouvrages ayant un débit fort limité, il est difficile de décider un éditeur à s'en charger (quiconque s'occupe de travaux analogues aux miens sait que je dis la vérité). Mais, comme je l'ai compris depuis, ces exhortations réitérées étaient de la part de Rhodocanakis une habile manœuvre pour provoquer mes confidences et arriver insensiblement à m'offrir une subvention (lettre du 15 janvier 1893). « Démétrius II », qui a l'âme d'un maquignon, avait évidemment pour but, en procédant de la sorte, de m'amener à conclure un honteux marché : car Rhodocanakis mécène est une conception tellement abracadabrante qu'elle pourrait à peine germer dans un cerveau déséquilibré. Accepter l'argent de Rhodocanakis, c'eût été me livrer à lui pieds et poings liés, me rendre complice de ses impostures, renier tout un passé de probité littéraire. Ceux qui me connaissent personnellement, ceux qui ont ouvert un de mes livres, savent que je suis incapable de me mettre à la remorque d'un faussaire fieffé, que j'avais déjà stigmatisé comme tel en 1885. Toutes les fois que j'ai tenu à publier un ouvrage d'un débit difficile, j'ai trouvé un honnête homme qui m'a ouvert sa bourse. J'ai plus de 40 volumes à mon actif. En est-il un, par hasard, pour la publication duquel il m'ait fallu recourir au coffre-fort problématique du mercanti de Syra ?

ses éditeurs le mettent de faire reproduire des portraits de Léon Allatius et d'autres auteurs (1) dont il allait donner, dans sa *Bibliographie hellénique*, les biographies; et des prières de lui envoyer les photographies des titres du livre du poème mentionné ci-dessus sur le Retour en Angleterre de Charles II, et d'autres livres écrits par Georges Coressius, Léon Allatius, François Rhodocanaki-Giustiniani, et autres auteurs qu'il savait figurer dans ma bibliothèque, pour les reproduire dans sa *Bibliographie hellénique* (2). A ces observations, demandes, espoirs et prières, il n'a absolument reçu aucune réponse satisfaisante de ma part, ce qui l'a fait oublier ses panégyriques à mon égard et publier, aux pages VII et VIII du troisième volume (3) de sa *Bibliographie hellénique*, une menace couverte contre moi, à laquelle un de mes amis a attiré mon attention (4).

L'indifférence que, comme de raison, j'ai montrée en cette occasion encore a irrité mon ancien adulateur, qui, aux pages 261, 262 et 459 du cinquième volume (5), récemment publié, de sa *Bibliographie hellénique*, oublie la dignité d'auteur (6)

---

(1) Ce qu'il y a de piquant, c'est que j'ai donné la reproduction de ces portraits (dans les exemplaires en papier de Hollande de ma *Bibliographie hellénique du dix-septième siècle*). Serait-ce Rh. qui en a payé la gravure ?

(2) Pour ce qui concerne ces photographies, voir la préface, p. IX.

(3) Lire « tome premier de la Bibliographie hellénique du dix-septième siècle ».

(4) Rhodocanakis a des amis qui lancent le pavé de l'ours avec une adresse consommée. J'écris que j'ai l'intention de publier une brochure sur des *livres imaginaires*. Je ne nomme personne. Rh. se tient coi et ne soupçonne pas qu'une tuile énorme menace sa tête inventive. Mais un de ses excellents camarades voit le péril. « Une telle brochure, se dit-il, ne peut viser que Rhodocanakis. Avertissons cet aimable compère ! » Et c'est vous-même, « Démétrius II », qui prenez votre plume des dimanches pour nous raconter cette désopilante anecdote ? Vraiment, mon pauvre « Sire », vous agissez quelquefois comme un parfait crétin. On assure que, en récompense de cet exceptionnel service, vous auriez nommé votre perspicace ami commandeur de l'ordre impérial constantinien de saint Georges, dont vous êtes le grand-maître et le dispensateur. Si la chose est vraie, il faut désespérer de « Votre Majesté ».

(5) Lire « tome III de la Bibliographie hell. du XVIIe siècle ».

(6) Vous avez raison, si c'est oublier cette dignité que de clouer un

et écrit impudemment des infamies contre moi : 1° parce que il n'a pas réussi à trouver dans l'église dilapidée (1) de Saint-Sabbas, en Alexandrie, l'inscription funéraire du tombeau de Georges Coressius, mort en 1661, empoisonné par les Jésuites (laquelle a été publiée dans mon livre sur cet illustre théologien, sous l'autorisation, comme ses fils peuvent l'attester, d'un homme de grand mérite et d'honneur sans reproche, feu Nicholas (sic) Coressios, l'éditeur du *Messager des Peuples Byzantins* (2), descendant direct de Michel, frère aîné de Georges Coressius en question), tandis que M. Legrand lui-même n'a pas été capable, malgré le patronage avec lequel l'honore l'érudit Jésuite, R. P. François Ehrle, de découvrir celui (sic) de Léon Allatius, qui se trouve dans la petite église de Saint-Athanase, à Rome (3) ; — et ignorait, chose connue par tout le monde littéraire, grâce à la publication, en 1890, par le savant paléographe Jean Sakkélion, du *Catalogue de la bibliothèque du monastère de Saint-*

---

faussaire au pilori. Quand on prend à tâche de débarrasser la vérité du maquillage odieux dont la barbouillent les imposteurs, il ne faut pas s'attendre aux félicitations de gens dont on ruine ainsi l'industrie.

(1) Cette église n'était pas dilapidée en 1872, on la restaurait même avec soin ; mais, depuis cette époque, on a dû tout exprès la livrer au pillage pour nuire à la réputation de Rhodocanakis.

(2) J'avoue ne pas saisir comment l'autorisation d'imprimer accordée à Rh. par un journaliste (autorisation que Rh. a, d'ailleurs, passée sous silence en 1872) établirait l'authenticité de cette épitaphe.

(3) Quoi de plus amusant qu'un menteur en contradiction flagrante avec lui-même ? Rhodocanakis ne pouvait nous priver de ce divertissement. Voici, en effet, ce qu'il écrivait, en 1872 (*Leonis Allatii Hellas*, p. 119) : « Lors de notre récent séjour à Rome (21 septembre 1871), nous visitâmes avec notre savant ami (Rh. le connaissait depuis quelques heures) l'archéologue suédois, M. le chevalier de Lagerberg, chambellan du roi de Suède et de Norvège, le Collège de Saint-Athanase et l'église où il (Léon Allatius) reçut la sépulture, nous y trouvâmes sa pierre tombale ; mais, N'AYANT PU LIRE L'ÉPITAPHE EFFACÉE PAR LE TEMPS ET LE FROTTEMENT DES PIEDS, etc. etc. » Allons, Rhodocanakis, nous ne vous accablerons pas sous le poids de cette antilogie. Dites seulement si c'est en 1872 ou en 1895 que vous avez outragé la vérité, et l'on vous tiendra quitte. Quelle que soit, d'ailleurs, votre réponse, il faut convenir que vous jouez de malheur avec les épitaphes.

Jean à l'île de Patmos, que, dans cette bibliothèque, sont déposés, sous les n⁰ˢ TIA´-TIZ´, sept volumes in-4° (1), contenant dans leur 2761 feuilles, toutes les œuvres inédites de Georges Coressius (2); et 2°, parce que, dans la reproduction lithographique d'un portrait d'Allatius exposé aux yeux de tout visiteur de la salle de lecture de la bibliothèque du Vatican, avec laquelle j'ai orné mon livre sur cet homme admirable de Chio, écrit il y a vingt-trois ans, j'ai inscrit, fort dans la certitude que cette action était irréprochable, sur la couverture blanche d'un livre représenté négligemment par le peintre, sur la table près du portrait d'Allatius, le titre d'un ouvrage écrit par Allatius lui-même (3) et existant indubitablement dans la bibliothèque du Vatican (4), où il se trouve des dizaines d'autres que M. Legrand n'a pas notés dans sa *Bibliographie hellénique*.

Voilà, Messieurs, l'homme qui, ayant été trompé dans ses espérances, n'hésite pas à insulter celui qui, ne connaissant point sa vile nature, l'a traité en homme de lettres et d'honneur.

---

(1) L'habitude de l'imposture a produit de tels ravages chez Rhodocanakis qu'il ne saurait écrire une ligne sans falsifier quelque chose. Il faut lire : *cinq volumes in-folio et deux volumes petit in-quarto*, comme « tout le monde littéraire » peut s'en convaincre.

(2) Sakkélion n'ayant indiqué que d'une façon générale le contenu de ces sept volumes, je n'avais pas à les mentionner. Rhodocanakis, avec sa logique transcendante, en conclut que je ne les connaissais pas. Mais, lors même que je les aurais ignorés, mon ignorance en cette matière prouverait-elle que l'épitaphe de Coressius n'est pas l'œuvre d'un faussaire ?

(3) *Habemus confitentem reum*. Mais le coupable ne se contente pas d'avouer; il cherche à se blanchir, sans s'apercevoir que sa maladroite apologie est un réquisitoire contre lui-même.

(4) On a prouvé plus haut (p. 17) que cet ouvrage n'existe pas. Pour se laver de l'accusation portée contre lui, Rhodocanakis avait à sa disposition un moyen bien simple, c'était de produire l'exemplaire de ce livre qu'il affirme avoir en sa possession (*Hellas*, p. 51). S'il ne l'a pas fait, je n'ose penser que ce soit pour m'être agréable; j'aime mieux croire qu'un mystérieux cambrioleur (le même sûrement qui avait déjà subtilisé l'épitaphe de Georges Coressius dans l'église Saint-Sabbas d'Alexandrie) a visité la bibliothèque rhodocanakienne et l'a dépouillée d'un de ses plus précieux volumes.

Veuillez, Messieurs, remettre à M. Émile Legrand, ouverte et après lecture, la lettre ci-incluse, laquelle, ainsi que celle qui vous est adressée, sera publiée dans les journeaux (*sic*), et agréer l'assurance de ma haute considération.

RHODOCANAKIS.

P. S. — Vous ne serez pas surpris, Messieurs, d'apprendre que M. Legrand, malgré sa conduite sans nom envers moi, ose m'écrire encore. Ayez l'amabilité de lui dire qu'il falsifie la vérité en m'écrivant « qu'il connaît mieux que je ne le suppose » la plaquette Lettre de Grégoire (1), *moine et exarche du Patriarche de Constantinople, à Sophronius Protosyncelle, touchant le Martyre de Ketaba, Princesse de Georgianie, et l'insigne imposture de certains Iesuites, à ce subject. Traduite sur la copie Grecque envoyée de Constan-*

---

(1) Rhodocanakis aurait sagement agi en supprimant ce post-scriptum, qui, de même que tout le reste, se retourne contre son auteur. Pour ce qui concerne la tartine consacrée à l'opuscule du moine Grégoire, nous allons citer les premières lignes d'une lettre que Rhodocanakis, la gueule enfarinée, nous adressa, le 19 janvier 1895 : « Je viens d'acheter, pour le seul plaisir de vous l'annoncer, l'unique exemplaire d'une brochure ignorée par tous les bibliographes, et conséquem[m]ent par vous, qui a pour titre *Lettre de Grégoire, etc., etc.* » Le 26 janvier suivant, je réplique ainsi : « C'est vraiment aimable de votre part d'avoir acheté, pour l'unique plaisir de me l'annoncer, la *Lettre de Grégoire sur le martyre de Kétaba*. Je vous en suis reconnaissant. Mais permettez-moi de vous dire que vous êtes plus que léger, quand vous affirmez que tous les bibliographes, MOI COMPRIS, ignorent cette brochure. Puisque vous me faites l'honneur d'acheter ma Bibliographie hellénique, faites-moi donc aussi l'honneur de la lire. Ouvrez le tome troisième, pp. 86 et 87, n°s 705 et 706, et aussi p. 543, et constatez que je connais la susdite lettre beaucoup mieux que vous ne le supposez. Vous n'aurez donc pas à prendre la peine de produire votre exemplaire pour attester l'existence d'un opuscule que personne ne nie, etc., etc. » Pour les lecteurs, qui ne possèdent pas ma Bibliographie hellénique, je dois ajouter que, sous les n°s 705 et 706, je décris deux éditions grecques-latines de la lettre de Grégoire et que, à la page 543, je donne le titre de la traduction française, non *de visu*, mais d'après un auteur digne de foi. J'étais donc fondé à dire à Rhodocanakis que je connaissais cette brochure mieux qu'il ne le supposait : ce qui ne l'empêche pas d'écrire que je falsifie la vérité, quand c'est lui-même qui l'altère.

tinople. L'an M. DC. XXXII, qui commence par les mots « Lettre de Grégoire, moine et exarche du Patriarche de Constantinople. A Tres-Reverend et Tres-Docte Seigneur, Monsieur Sophronius l'un des Protosyncelles : Gregoire, Moine et exarche Patriarchal, souhaite felicité selon Dieu », qui finit « De Trebizonde, l'an 1626, le 6 de May. Vostre tres-affectionné serviteur GREGOIRE », et dont l'unique exemplaire connu se trouve dans ma bibliothèque. Si M. Legrand le connaissait de vue seulement, il en aurait donné le titre, fait l'analyse, et peut-être l'aurait-il imprimé en entier dans sa *Bibliographie hellénique* et n'aurait pas imprimé, au dernier moment, dans l'index du cinquième (1) volume (pp. 542-543), récemment publié de sa Bibliographie, « qu'il existe une traduction française de l'opuscule décrit sous le n° 705. En effet, dans une lettre inédite d'Antoine Leger le jeune, adressée à Jean Aymon et datée de Genève, 6 décembre 1707, on lit ce qui suit : « J'ay une lettre imprimée en grec, latin et françois, dont le titre en cette dernière langue est *Lettre de Grégoire moine et exarche du patriarche de Constantinople, à Sophronius protosyncelle, touchant le martyre de Ketaba, princesse de Georgianie, et l'insigne imposture de certains jésuites à ce sujet, traduite sur la copie grecque envoyée de Constantinople.* Elle est datée de Trébizonde, l'an 1626, le [1]6 de mai, par Grégoire, etc. » La lettre d'Antoine Leger le jeune, à laquelle nous empruntons ce passage est conservée dans le *Leydensis* latin n° 26 B, f. 41. »

Demandez-lui aussi, je vous prie, dans le cas qu'il n'a pas l'intention de s'approprier le volume sur les *Armes des empereurs Paléologues*, que je lui ai envoyé pour le consulter (2)

---

(1) Lire « tome III de la Bibliogr. hell. du dix-septième siècle ».

(2) Rhodocanakis m'avait envoyé en communication, sans que je le lui eusse demandé (lettre du 7 mai 1894), un recueil factice ainsi intitulé. On voit qu'il me prête l'intention de me l'approprier. Un jour ou l'autre, il m'accusera d'avoir attenté à sa vie et, qui sait? peut-être à sa pudeur (s'il en a une). Quant au volume à propos duquel il fait cette insinuation malhonnête, je l'avais déjà remis, le **15 janvier 1895**, à M. Pagnant, relieur, comme en fait foi un reçu signé de lui, que j'ai entre les mains.

et puis le faire relier, de vous le remettre et recevoir le montant de ce qu'il en aura déboursé pour sa reliure.

Et dites-lui de présenter immédiatement, comme il a promis de le faire, à la Bibliothèque nationale la table généalogique de la famille Ohmuchievich Gargurich, qui manque, comme je suppose, à la deuxième partie intitulée « Breve discorso genealogico della antichissima e nobilissima famiglia Ohmuchievich Gargurich esposto nel Teatro del Mondo quasi in scena da Francesco de Petris, Patritio Napolitano » de son exemplaire in-folio du livre « Abbate Don Lorenzo Miniati, Domenicano, *Le glorie cadute dell' antichissima famiglia Comnena*. In Venezia, 1663 », pour la description et analyse duquel livre il a eu la cruauté de sacrifier trente-trois pages (151-184) du quatrième volume (1) de sa *Bibliographie hellénique*, sans noter naturellement l'*Arbor familiæ Ohmuchievich Gargurich* (2), avec ses belles gravures et écussons, en question, qui manquait à l'exemplaire qu'il avait sous les yeux, quoiqu'il fallût examiner, conformément à la scrupuleuse sévérité qui le distingue en analysant les livres auxquels il fait l'honneur de les noter dans sa Bibliographie, [d'] autres exemplaires de ce livre commun et plein de stupides fallacités sur les familles impériales byzantines (3). Mais il paraît que son volume grandiose (4) a eu une influence stupéfiante sur la cervelle d'un homme accoutumé au maniement des plaquettes, et qui sera certainement ébahi, quand il lira prochainement un supplément à sa *Bibliographie hellénique* (que vous avez, avec une magnanimité rare, si somptueusement publiée), contenant les photogravures de deux cents volumes écrits et publiés par des Grecs aux quinzième,

---

(1) Lire « tome II de la Bibliogr. hell. du dix-septième siècle ».

(2) Toujours la même logique d'étourneau. Rhodocanakis me fait un crime d'avoir « eu la cruauté de sacrifier trente-trois pages » à décrire cet ouvrage et, trois lignes plus loin, il me blâme de n'avoir pas mentionné un arbre généalogique qui y figure. Il devrait bien plutôt me féliciter de n'avoir pas poussé la cruauté jusqu'à ses extrêmes limites.

(3) Jalousie de boutique. Rhodocanakis exerce la même industrie que Lorenzo Miniati et débite les mêmes *stupides fallacités*.

(4) Il y a dans le manuscrit original : *sa grandiose grosseur*.

seizième et dix-septième siècles (1) et existant dans la bibliothèque du Vatican (2) et dans la mienne.

A Messieurs Picard et fils, libraires des Archives nationales, etc., 82, rue Bonaparte, Paris.

o
o o

Syra, le 31 janvier 1895.

Monsieur,

Un homme qui écrit et publie des sentiments de dévouement et d'adulation sur le compte d'un autre pour lui extorquer de l'argent et, insatiable, il imprime ensuite des diffamations contre lui, son bienfaiteur, est une misérable canaille.

A notre première rencontre, j'arracherai de votre poitrine le ruban de chevalerie (3), lequel vous portez indignement, parce que de vous souffleter, ce serait un grand honneur pour vous (4).

RHODOCANAKIS.

A Monsieur Émile Legrand, professeur à l'École nationale des langues orientales vivantes, auteur de la *Bibliographie hellénique*, n° 1, rue Humboldt, Paris.

---

(1) Vous vous trompez, Rhodocanakis. De votre part rien ne peut plus m'étonner. Je sais trop bien que vous êtes toujours en gésine de quelque imposture nouvelle.

(2) N'oubliez pas, Rhodocanakis, que vous avez déjà éprouvé de cruels déboires avec la Vaticane. Croyez-moi, cherchez en Patagonie une bibliothèque qui ne soit accessible qu'à des princes de votre farine.

(3) Arrachez-moi, sur le papier, tout ce que vous voudrez, ô Rhodocanakis, je vous y autorise volontiers; mais, de grâce, bornez-là vos rodomontades et ne me mettez pas dans la cruelle nécessité de déformer, par une dégelée de coups de canne, votre précieuse anatomie.

(4) Un honneur, « Sire », que je vous rendrais avec usure!

※
※ ※

Si un homme probe et intègre dirigeait contre moi l'odieuse accusation énoncée dans la lettre ci-dessus et que je ne parvinsse pas à m'en laver, je me considérerais comme moralement perdu. Il n'en va pas de même quand cet homme s'appelle Démétrius Rhodocanakis. Bien au contraire. Il est plus enviable d'encourir le blâme de certains individus que de mériter leurs éloges. Rhodocanakis est un individu de ce calibre, et la boue que ce drôle ramasse sur sa personne pour m'en salir ne peut que me créer de nouveaux droits à l'estime des honnêtes gens.

Cependant, avant de me prodiguer les épithètes malsonnantes dont il porte l'indélébile flétrissure, Rhodocanakis aurait dû examiner s'il n'avait pas sur la conscience quelque peccadille de droit commun qui lui imposât une prudente réserve. Mais, plutôt que de se livrer à de salutaires réflexions et de peser chacune de ses paroles, il a préféré donner libre carrière à son habituelle intempérance de langage et s'exposer étourdiment à de justes représailles. Puisqu'il a l'audace de me calomnier, qu'il ne se plaigne pas si je lui rive son clou avec quelques dures mais incontestables vérités.

La vanité dont est bouffi cet insolent rastaquouère le mettait-elle dans l'impossibilité de se souvenir que, le 30 avril 1874, tenant alors boutique à Londres, Ethelburga House, Bishopsgate Street, il fut déclaré en faillite (*adjudged bankrupt*) et que son passif s'élevait à 17.318 liv. 4 sh. 10 d., soit, en chiffres ronds, la bagatelle de 433,000 francs? Quel besoin avait-il de m'obliger à lui remémorer que, sur cette somme, il ne put verser à ses créanciers qu'un maigre dividende de 81,000 francs (1); que, conséquemment, il restait débiteur de 352,000 francs, aujourd'hui triplés par les intérêts composés, qui se capitalisent depuis plus de vingt années?

Quand un homme d'honneur est victime d'une pareille

---

(1) On trouvera à l'Appendice, sous la lettre G, tous les documents relatifs à cette faillite.

catastrophe, il se recueille et cherche les moyens de désintéresser complètement les malheureux qu'il a ruinés; il s'efforce d'obtenir sa réhabilitation, afin de transmettre à ses enfants un nom exempt de toute souillure. Mais telle n'est pas la manière de voir du sieur Démétrius Rhodocanakis. S'inquiète-t-on d'un méchant trou à la lune, quand on descend de Jupiter? Mener la vie à grandes guides, se parer de verroteries et de breloques comme un roi nègre, épater ses fournisseurs et poser au prince byzantin devant cinq ou six paltoquets de son envergure, ce sont choses d'une tout autre importance!

C'est en mai 1875 que, « Démétrius II » ayant obtenu son concordat, ses infortunés créanciers se résignent à ne toucher que 2 sh. 6 d. par livre sterling (1); eh bien, quelques semaines plus tard, à peine échappé aux griffes des syndics et des avoués, notre homme se rend à Scarborough, en compagnie de « son richissime ami, James Ashbury, député de Brighton, « que les victoires de ses yachts *Cambria* et *Livonia* ont « rendu célèbre; là, on s'embarque sur le *Livonia* avec quatre « autres bons drilles et, PENDANT DEUX MOIS ENTIERS, la galère « vogue sur les côtes de l'Écosse et des îles adjacentes (2) ». Cette promenade de circumnavigation était assurément plus agréable que les réclamations de créanciers importuns et plus folichonne que les exploits d'huissiers rébarbatifs. Comme on se gaussait des empêcheurs de danser en rond! Tout le jour, on se laissait indolemment bercer sur la plaine liquide; le soir venu, la nacelle ancrée, bien loin du comptoir de Bishopsgate Street, on festoyait et, entre deux verres de champagne, Rhodocanakis pouvait pincer de la guitare en roucoulant ces vers :

> When labour 's done, the merry bowl
> Goes round with mirth and jollity;
> All healths are drunk with heart and soul
> And no reserve! *So mote it be* (3)!

---

(1) Le 15 mai 1875, James Waddell, syndic, certifia qu'un tel dividende avait été distribué et, le 25 mai suivant, acte en fut donné par la Cour des Banqueroutes.

(2) Vincent Giustiniani, *Vie et ouvr. de D. Rhodocanakis*, p. 62.

(3) Ces vers sont empruntés à *So mote it be* (pp. 3-4), mélodie dédiée

Après avoir ainsi, à son sens, quelque peu rafistolé les accrocs de sa virginité commerciale, l'*illustre failli* revient à Londres, boucle lestement sa valise et repart ; il visite la Hollande, la France, l'Allemagne, l'Italie et finalement arrive à Athènes, le soir même où le prince de Galles quittait la ville de Pallas (1). Les gazettes ne disent pas si Périclès et Aspasie tressaillirent d'allégresse dans leurs tombeaux, quand « Démétrius II » posa sur le sol attique ce pied poudreux qu'il avait levé à Londres avec une si remarquable agilité ; en revanche, on affirme que les francs-maçons lui firent une réception enthousiaste, qui acheva probablement d'effacer le souvenir d'une déconfiture déjà lointaine. Le 26 octobre 1875, ils l'intronisèrent grand-maître de l'ordre maçonnique de Grèce, dignité à laquelle ils l'avaient élu, le 22 juillet précédent (2). Les vénérables électeurs ignoraient-ils les « malheurs » qui avaient frappé Rhodocanakis ou prononcèrent-ils, en cette occurrence, le δὲν πειράζει (*ça ne fait rien*) si cher aux modernes Hellènes ? ou bien encore cette marque d'estime fut-elle une simple fiche de consolation charitablement octroyée à un frère éprouvé par la fortune adverse ? C'est un mystère que nous n'avons pas essayé de pénétrer.

Quoi qu'il en soit, il demeure constant qu'un gibier de la Cour des Banqueroutes trouva moyen d'escalader un trône (?) à Athènes et de se faire casser la figure à grands coups d'encensoir par le *Freemason* de Londres. En effet, dans son numéro du 4 décembre 1875, cette feuille annonçait en ces termes dithyrambiques l'élection du commerçant failli de Bishopsgate Street : « Le monde maçonnique sera heureux « d'apprendre que notre Impérial Frère le Prince Rhodoca- « nakis de Chio a été élu à l'unanimité Grand-Maître des « Frères Maçons de Grèce pour trois années (1875 à 1878) et « a été installé comme tel à Athènes, le 26 octobre. On doit

---

à Rh. par l'auteur, Hirtram Lesne. En voici la traduction : « Quand le travail est fini, la coupe joyeuse circule avec gaieté et bonne humeur. On boit à la santé de tous avec cœur, avec âme, sans réserve. *Il faut qu'il en soit ainsi !* »

(1) Vincent Giustiniani, *Vie et ouvr. de D. Rhodocanakis*, pp. 62 et 65.
(2) Vincent Giustiniani, *Op. cit.*, p. 65.

« féliciter la Grèce de posséder une Grande Loge présidée
« par un Prince dont la libéralité est si bien connue et qui,
« sous le rapport des ancêtres (1), n'est, en Europe, le second
« de personne (2). »

Telles sont les prouesses du chevalier sans tare et sans reproche qui me menace d'arracher de ma poitrine une croix, dont la vue produit sur lui l'effet d'une loque rouge sur un taureau, sans doute parce que je n'ai pas gagné cette décoration dans la honteuse industrie où il travaille et défie toute concurrence.

Quand on est un faussaire doublé d'un failli non réhabilité, on devrait avoir la pudeur de garder le silence et de chercher l'oubli. Démétrius Rhodocanakis préfère monter sur les tréteaux et battre la grosse caisse. Que cet avaleur de sabres ne s'en prenne donc qu'à son incommensurable sottise, si, faisant glisser le débat sur le terrain des personnalités, il m'a contraint d'y descendre moi-même et n'a pas eu la perspicacité de prévoir que je lui fourrerais le nez une fois de plus dans ses malpropretés.

---

(1) Et sous bien d'autres rapports.
(2) Nous croyons devoir reproduire le texte de ce passage tel que l'a donné Vincent Giustiniani (*Op. cit.*, p. 65) : « The Masonic world will be gratified to learn that our Imperial Brother, the Prince Rhodocanakis of Scio, was unanimously elected Grand Master of the Freemasons of Greece, for three years (1875 to 1878), and was installed as such at Athens, on the 26th of october. Greece is to be congratulated in having a Grand Lodge presided over by a Prince whose liberality is so well known and who, as regards ancestry, is second to none in Europe. »

PIÈCES JUSTIFICATIVES

A

LETTRES DE NATURALISATION
ACCORDÉES A DÉMÉTRIUS RHODOCANAKIS

Public Record Office Copy.
(Pursuant to Statute 1 and 2 Vict. c. 94.)
Close Roll (Chancery). 1868. Part. 1. m. 22.
Prince Rhodocanakis a certificate.
Secretary of States Office. Whitehall.

In pursuance of an Act passed in the Session of Parliament holden in the seventh and eighth years of the reign of Her Majesty Queen Victoria intituled *An act to amend the laws relating to aliens*.

I hereby certify that Prince Demetrius Rhodocanakis, an alien now residing at Higher Broughton, Manchester, in that part of Great Britain called England, with intent to settle therein, has presented to me, the right honorable Gathorne Hardy, one of Her Majesty's principal Secretaries of State, a memorial stating that he is a native of Chio (1) and a Greek subject, twenty six years old, not married, had resided five years and intends to continue to reside permanently in the kingdom, and praying me, as such Secretary of State, to grant to him the certificate therein mentioned.

---

(1) Rhodocanakis aura-t-il l'audace de nier qu'il a, de propos délibéré, commis un faux, en se déclarant né à Chio? Voir ci-dessus, p. 92.

And whereas I have inquired into the circumstances of the case and have received such evidence as I have deemed necessary for proving the truth of the allegations contained in such memorial (1).

Now, in pursuance of the power and authority given to me as Secretary of State by the said Act, I hereby grant to the aforesaid Prince Demetrius Rhodocanakis (upon his taking the oath prescribed by the said Act) all the rights and capacities of a natural born British subject, except the capacity of being a member of the Privy Council or a member of either House of Parliament, and except any rights and capacities of a natural born British subject out of and beyond the dominions of the British Crown and the limits thereof other than such as may be conferred upon him by the grant of a passport from the Secretary of State to enable him to travel in Foreign parts : Provided always and I do hereby declare that all the before mentioned rights and capacities of a natural born British subject are granted to the aforesaid Prince Demetrius Rhodocanakis upon the condition that he shall continue to reside permanently within the United Kingdom and that if, at any time hereafter, he shall voluntarily be absent from the United Kingdom for a period of six months at any one time without licence in writing under the hand of one of Her Majesty's Principal Secretaries of State, he shall be deemed to have ceased to reside permanently within the United Kingdom and then and in such case this Certificate and all the rights and capacities thereby granted shall absolutely cease and determine.

In witness whereof I have hereto suscribed my name this twenty fourth day of december 1867.

GATHORNE HARDY.

I hereby certify that the above mentioned the Prince Rhodocanakis hath duly taken and made the oath required by the before mentioned Act of Parliament, the 28th day of december

---

(1) Il est certain que l'enquête ordonnée en cette occurrence n'a guère dû dépasser les bords de la Tamise; autrement, le Secrétaire d'État de Sa Majesté en eût appris de belles.

1867, before me Thomas Dix, Bristol a Commissioner to administer oath in Chancery in England.

By Fiat. And be it remembered that by the command of the right honorable John Baron Romilly, master of the rolls, in these words and figures « 31st december 1867, the Master of the Rolls doth order that these certificates be enrolled pursuant to the statute 7th and 8th Vict. Cap. 66. A. Cox Secretary » the certificates aforesaid were enrolled word for word as above written.

Enrolled the second day of january in the year of our Lord one thousand eight hundred and sixty eight.

I certify that the foregoing is a true and authentic copy.

Locus † Sigilli.   R. Douglas Trimmer,
         Assistant Keeper of the Public Records.

4 may 1895 (1).

---

(1) Rhodocanakis a obtenu de nouvelles lettres de naturalisation en 1870. Interrogé par nous à ce sujet, un avocat anglais de nos amis nous fait la réponse suivante : « The Act of 1870 did not *compel* a naturalized alien to obtain a fresh certificate : it only gave him an *option* to obtain a fresh one under the new Act. »

B

The Imperial Constantinian Order of St. George: a Review of modern impostures, and a sketch of its true history. By His Imperial Highness the Prince RHODOCANAKIS. 2 Parts. Longmans and Co.

(Compte-rendu publié par l'*Athenæum* du 29 octobre 1870, n° 2244, p. 554-555.)

In this age of remarkable events, empires perish and emperors are dethroned; Maximilian and Louis Napoleon receive commiseration; and we may add to the fallen members of the Imperial order Soulouque of Hayti, while a grandson of Iturbide of Mexico shares in the events attendant on the fall of the papal sovereignty. Those, however, for whom the title of *imperator* has especial claims to reverence and to admiration may take this comfort to their souls: Orelio is again in his kingdom of Araucania, and the antagonistic Chilians affirm in their irritation that the new Cacique is none other than a French barber. Nevertheless, we need not go so far as that, for emperors and kings are springing up around us in London, this soil of refuge being, it seems, congenial for the propagation and culture of such eminent dignitaries. Some of this is revealed to us by a luxurious looking *brochure*, which, in this time of sorrow, is liberally « published in aid of the national Society for aid to the sick and wounded in war ».

We trust that the remarks we are about to make may promote this worthy object, and that some may be induced to pay half-a-crown, which they will find at all events well bestowed, if it reaches the treasury of the Society; nor will the purchaser have any right to grumble, for the work, as

B

The Imperial Constantinian Order of St. George : a Review of modern impostures, and a sketch of its true history. By His Imperial Highness the Prince RHODOCANAKIS. 2 Parts. Longmans and Co.

(Traduction du compte rendu paru dans l'*Athenæum* du 29 octobre 1870, n° 2244, pp. 554-555.)

Dans ce siècle, fertile en événements remarquables, les empires périssent et les empereurs sont détrônés. Maximilien et Louis-Napoléon excitent la commisération, et aux membres déchus de la caste impériale, on peut ajouter Soulouque d'Haïti, tandis qu'un petit-fils du Mexicain Iturbide a sa part dans les faits qui accompagnent la chute du pouvoir temporel des papes. Une chose pourtant peut consoler le cœur de ceux chez qui le titre d'*imperator* éveille d'une façon particulière le respect et l'admiration : Orélie est de retour dans son royaume d'Araucanie et les Chiliens ses rivaux affirment dans leur colère que le nouveau cacique n'est autre qu'un barbier français. Il n'est pas même besoin d'aller si loin que cela, car il pousse autour de nous, à Londres, des empereurs et des rois : cette terre de refuge est, paraît-il, un sol propice à la propagation et à la culture de ces éminents dignitaires. C'est du moins ce qui nous est en partie révélé par une brochure d'aspect luxueux, qui, en ces jours de deuil, est généreusement « publiée au profit de la Société nationale de secours aux malades et aux blessés de la guerre ».

Nous espérons que les observations que nous allons présenter pourront seconder la louable intention de l'auteur, et que quelques personnes se décideront à débourser une demi-couronne, qu'en tout cas elle sera bien employée, du moment où elle ira grossir le trésor de la Société. Les acheteurs n'au-

we have intimated, is truly curious. It purports to be by His Imperial Highness the Prince Rhodocanakis, and it must be our fault or that of his Imperial ancestors, that we never heard of His Imperial Highness before ; and it is creditable to the sagacity of our Legislature or our Ministers that His Imperial Highness the Prince has been duly acknowledged and recorded in a parliamentary return. The event that is the cause of the public becoming acquainted with His Imperial Highness is much less dangerous to the world than the dissensions of some of his brother emperors. Although His Imperial Highness is very candid, the circumstances are rather obscure, but we are inclined to believe that two emperors of Constantinople, the emperor of Rhodes, the king of Epirus and the grand imperial Council of something and Mr Someboby, fell out in a Masonic newspaper about an order of knighthood some fourteen centuries old, of which each and all of them claim the Grand Mastership, as do the ex-king of Naples, the ex-duke of Parma, the king of Italy and, as we understand, the ex-emperor of the French.

This is a pretty quarrel as it stands, and we should have heard nothing of it, nor of most of those concerned in it, as we should never think of looking in a masonic journal for matters of a political character; but happily H. I. H. the Prince Rhodocanakis has printed his *brochure* very neatly, and has favoured us with a copy for our critical opininion of the controversy. We hardly dare to argue with the master of so many legions : still emperors and princes do appeal to us when they have a literary turn; and, besides Prince Rhodocanakis, is there not the Duke of Roussillon ?

The order of knighthood in dispute is the « Imperial Constantinian Order of St. George » or the « Imperial Ecclesiastical and Military Order of Valiant and Noble Knights of the Red Cross of Rome and Constantine ». We freely own we do not see our way to the right of any one the main claimants to dispose of the order at all, or how he came to be connected

ront pas, d'ailleurs, sujet de se plaindre, car l'ouvrage, comme nous l'avons laissé entendre, est véritablement curieux. Il porte le nom de Son Altesse Impériale le Prince Rhodocanakis, et ce doit être notre faute ou celle de ses impériaux ancêtres, si jamais nous n'avions entendu parler auparavant de Son Altesse Impériale ; une chose fait même honneur à la sagacité de notre Chambre ou de nos ministres : c'est que Son Altesse Impériale ait été dûment reconnue et enregistrée dans un compte rendu parlementaire. L'événement qui procure au public la connaissance de Son Altesse Impériale est beaucoup moins dangereux pour le monde que les dissensions de certains empereurs ses confrères. Quoique Son Altesse Impériale parle sans fard, les circonstances sont plutôt obscures, mais nous inclinons à croire que deux empereurs de Constantinople, l'empereur de Rhodes, le roi d'Épire, le grand conseil impérial de je ne sais quoi et Monsieur je ne sais qui se sont pris de querelle dans un journal maçonnique au sujet d'un ordre de chevalerie vieux de quelque quatorze siècles et dont chacun d'eux réclame la grande-maîtrise, comme le font l'ex-roi de Naples, l'ex-duc de Parme, le roi d'Italie et, croyons-nous, l'ex-empereur des Français.

Voilà déjà matière à une jolie dispute, et nous n'en eussions jamais entendu parler, non plus que de la plupart des intéressés, car il ne nous serait point venu à l'idée de chercher des documents politiques dans un journal maçonnique. Par bonheur, S. A. I. le Prince Rhodocanakis a fait très élégamment imprimer sa brochure, et nous en a gracieusement adressé un exemplaire, afin d'avoir sur la controverse notre opinion de critique. Nous osons à peine argumenter avec le chef de tant de légions ; mais, après tout, les empereurs et les princes en appellent à nous quand ils se piquent de littérature : et, outre le prince Rhodocanakis, n'y a-t-il pas le duc de Roussillon ?

L'ordre de chevalerie en question est *l'Ordre impérial Constantinien de saint Georges* ou *l'Ordre impérial ecclésiastique et militaire des vaillants et nobles chevaliers de la Croix rouge de Rome et de Constantin.* Avouons franchement que nous ne voyons pas comment aucun des principaux prétendants peut avoir des droits sur l'ordre, ni quel point de

with it. His Imperial Highness repudiates the dukes of Parma, the kings of Naples, the empress Marie-Louise and other sovereigns, who historically dealt with the order, but this neither makes good his own claim nor that of the king of Epirus, and we cannot see that His Imperial Highness does much in putting down pretending grand masters, unless he establishes a clear case for himself.

On this ground, therefore, we shall not engage our readers in the details of the controversy with the other champions. His Imperial Highness calls this « a Review of modern impostures », which it certainly is to some extent, but he is too modest, for it embraces some very old impostures. One of these is the fable that Constantine the Great set up this order of knighthood : and, on the fall of the Byzantine empire and the greek emigration, something occurred like what happened in the polish and greek emigration of our day. If we may trust Du Cange, there was a family of Anzoli who claimed to be Angeli and to have inherited as a family title the Grand Mastership of the order of Constantine, with large prerogatives. They freely gave away titles of their order, and the last descendant, finding himself without heirs, favoured the duke of Parma and his relative the Pope, by selling him the Grand Mastership, an act which not unnaturally excites indignation in H. I. H. Prince Rhodocanakis. From this duke of Parma in time other claims arose, so that for two centuries, until the dethronement of the minor italian potentates, the cross of St. George was very freely bestowed in Italy.

The freemasons in various countries have shown a hankering for stars and orders and not contented with their craft and guild titles of worshipful masters and right worshipful, they in the last century experienced a breaking out of the order mania, in which they converted into masonic orders the Temple, St. John and, it appears, the Red Cross of St. George, culminating in a Council of emperors of the East and West.

contact peut exister entre eux et cet ordre. Son Altesse Impériale repousse les ducs de Parme, les rois de Naples, l'impératrice Marie-Louise et les autres souverains qui, dans l'histoire, se sont mêlés de l'ordre, mais ce n'est pas là établir ses propres prétentions ni celles du roi d'Épire, et nous ne voyons pas que Son Altesse Impériale gagne beaucoup à renverser de soi-disant grands-maîtres, si elle ne démontre ensuite clairement la légitimité de sa propre cause.

Pour cette raison, nous n'engagerons point nos lecteurs dans le détail de la controverse avec les autres compétiteurs. Son Altesse Impériale appelle cette partie « un exposé des impostures modernes »; c'en est un sans doute jusqu'à un certain point, mais l'auteur est trop modeste; il y fait rentrer de très anciennes impostures. L'une d'elles est la fable d'après laquelle Constantin le Grand aurait fondé cet ordre de chevalerie; ensuite, à la chute de l'empire byzantin et lors de l'émigration grecque, il se serait produit quelque chose d'analogue aux émigrations polonaise et hellénique de nos jours. Si l'on en croit Du Cange, il y avait une famille Anzoli qui prétendait s'identifier avec les Angeli et avoir hérité, comme d'un titre familial, de la grande-maîtrise de l'ordre Constantinien avec des prérogatives étendues. Cette famille distribuait libéralement les titres de son ordre et le dernier descendant, se trouvant sans héritiers, fit au duc de Parme et à son parent le pape l'honneur de leur vendre la grande-maîtrise, acte qui, tout naturellement, excite l'indignation de S. A. I. le Prince Rhodocanakis. De ce duc de Parme, par la suite, divers personnages prétendirent tirer leurs droits et, pendant deux siècles, jusqu'à la déchéance des petits souverains italiens, la croix de saint Georges fut très généreusement distribuée en Italie.

Les francs-maçons, en différents pays, se sont montrés fort épris de croix et d'ordres; non contents des titres de vénérable et de très vénérable, propres à leur corporation, ils furent, au siècle dernier, atteints d'un accès de cette manie et convertirent en ordres maçonniques le Temple, Saint-Jean et, paraît-il, la Croix Rouge de saint Georges, brochant sur le tout par un conseil des empereurs d'Orient et d'Occident. En

Passing from France into England, the disease became milder in its form, but more extensive; and respectable tradesmen have assiduously maintained ameng us the chivalric orders, although on a very modest scale. All the attractions of these orders have not protected them constantly from the vicissitudes of things human; they have had their ups and their downs. St. George, it seems, lately turned up in the pages of a right worshipful contemporary, and this appears to have put His Imperial Highness and several other illustrious potentates in mind that there was such an order, that they ought to claim it, and to distribute its decorations.

For anything that appears, His Imperial Highness had never taken any trouble about the Constantinian order till within the last two years, nor his imperial ancestors either. However, he now protests against anybody else having anything to do with it. One claimant is, it appears, Antonio Lascari Comneno, grand duke of Epirus. We must own we do not exactly know which prince of Epirus this is; whether it is the king of Epirus, who asserted that he was reigning there in defiance of the Turks, and raised an army of colonels, counts and knights grand crosses in London and Paris, to defend his christian empire against the Moslem and french police; or whether it is another pretender to the throne of prince Rhodocanakis, Lascaris emperor of Byzantium and perhaps of some other places, who, we learn, has come to London to seize the order of St. George, and thus abet the sultan and the pope in depriving of its just rights the imperial house of Ducas Angelus Comnenus Palæologus Rhodocanakis.

Now our readers may not unnaturally ask us who the imperial author may be, but on that head we can give very little information (though much of the *brochure* is devoted to it), as the original authorities are not referred to in this work; but the chief evidence is to be found in *Notes and Queries* and the *Freemasons' Magazine*. We will, therefore, do the best we can among many besetting difficulties. One of the first that besets us is the name of Rhodocanakis. This is

passant de France en Angleterre, la maladie se manifesta sous une forme plus bénigne, mais se propagea davantage ; d'honnêtes commerçants n'ont cessé de maintenir assidûment chez nous les ordres de chevalerie, mais sans beaucoup de prestige. Toutes les attractions des ces ordres ne les ont pas constamment protégés contre les vicissitudes des choses humaines ; ils ont eu leurs hauts et leurs bas. Saint Georges, à ce qu'il paraît, se rencontra dernièrement dans les colonnes d'un très vénérable confrère, et cela semble avoir rappelé à Son Altesse Impériale et à quelques autres illustres potentats qu'il existait un ordre de ce nom, et qu'ils avaient le devoir de le réclamer et d'en distribuer les insignes.

Autant qu'il semble, Son Altesse Impériale, pas plus que ses impériaux ancêtres, ne s'était jamais mise en peine, jusqu'à ces deux dernières années, de l'ordre Constantinien. Et pourtant le Prince proteste aujourd'hui contre tout autre que lui qui s'en occupe le moins du monde. Un des prétendants est, paraît-il, Antoine Lascaris Comnène, grand duc d'Épire. Nous devons avouer que nous ne savons pas exactement quel est ce prince d'Épire, si c'est le roi d'Épire qui déclara qu'il régnait en ce pays au mépris des Turcs et leva, à Londres et à Paris, une armée de colonels, de comtes et de chevaliers grands-croix pour défendre son empire chrétien contre les musulmans et la police française ; ou bien si c'est un autre prétendant au trône du prince Rhodocanakis, Lascaris, empereur de Byzance et peut-être de quelques autres lieux, lequel, apprenons-nous, est venu à Londres pour mettre la main sur l'ordre de saint Georges et se faire ainsi l'auxiliaire du sultan et du pape, pour dépouiller de ses justes droits la maison impériale de Ducas-Ange-Comnène-Paléologue-Rhodocanakis.

Peut-être nos lecteurs nous poseront-ils ici une question bien naturelle : « Mais qui est au juste cet impérial auteur ? » Là-dessus nous ne pouvons guère les renseigner (quoique une bonne partie de la brochure soit consacrée à ce sujet). L'ouvrage ne renvoie point à des documents originaux ; le principal témoignage invoqué est celui des *Notes and Queries* et du *Freemasons' Magazine*. Faisons donc de notre mieux pour débrouiller les questions embarrassantes qui se posent en

more commonly written, by the greek merchants and traders, Rhodokanaki or Rhodokanakhi. How a *c* is transliterated from greek otherwise than *k*, or transliterated back into anything else in greek than *k*, we could not make out, before the learned author informed us that Rhodocanakis is a composition of the words *Rhodoc* and *Anaks* : nor can we make this out; but it may be Rhodian grammar. However, two things at least are proved : that the Rhodocanakises were kings or emperors of the isle of Rhodes, and are so still; and that the emperor Justinian the Great knew all about heraldry in A. D. 538, and conferred « *azure*, an inverted (*sic*) imperial diadem *proper*, containing roses *argent*, and surmounted by an oval circle of six stars *or* ».

How the Rhodocanakises come to lose the empire of Rhodes, we are not informed, but it may well have been by the joint action of the pope and the sultan. Luckily, they made up for this, for the sixth hereditary emperor of the Byzantine empire, as we imply, came to England and died here, and « his title, rights and claims were inherited, as a matter of course, by his only child and heiress, Theodora Palæologus (b. 1594) ». As, also of course, perhaps by the Royal Marriage Act of England, she could only marry a royal personage, she married, in England we believe, but we are not sure, her cousin, H. R. H. Prince Demetrius Rhodocanakis, emperor of Rhodes. From that time, the Rhodocanakises went back to the commercial island of Scio, and propagated emperors, becoming emperors not only of Rhodes, but also of Byzantium, and also grand masters of the imperial, etc., order of St. George. This part of the history, as to their emperors, is clearer than the mode how they became so; for it is a stumbling-block to us that, in the Byzantine empire, any female should, « as a matter of course », inherit the empire, and become empress and grand master, or grand mistress. This is a trifle which can perhaps be explained. Meanwhile we leave it to the judgement of our readers to decide : perhaps, they may toss up; it

foule. La première qui nous arrête est le nom même de Rhodocanakis. Ce nom est plus habituellement écrit par les négociants et les commerçants grecs Rhodokanaki ou Rhodokanakhi. Comment on peut transcrire du grec deux lettres différentes, *c* et *k*, ou les retranscrire en grec autrement que par *k*, nous n'avions pu le saisir, avant que le savant auteur nous informât que Rhodocanakis est un composé des mots *Rhodoc* et *Anaks*, et nous ne comprenons par ceci davantage : ce doit être de la grammaire rhodienne. Quoi qu'il en soit, l'on nous démontre au moins deux choses : l'une, que les Rhodocanakis étaient rois ou empereurs de l'île de Rhodes et le sont encore ; l'autre, que l'empereur Justinien le Grand connaissait fort bien l'art héraldique, en l'an de grâce 538, et qu'il leur fit porter « d'azur, à un diadème impérial renversé (*sic*), au naturel, rempli de roses d'argent et surmonté de six étoiles d'or rangées en ovale ».

Comment les Rhodocanakis vinrent-ils à perdre l'empire de Rhodes ? On ne nous le dit pas ; mais ce dut être par l'action combinée du pape et du sultan. Heureusement, ils eurent ailleurs un dédommagement : le sixième empereur de Byzance, croyons-nous comprendre, vint en Angleterre et y mourut, « léguant, tout naturellement, son titre, ses droits et ses prétentions à son unique fille et héritière, Théodora Paléologue (née en 1594) ». Tout naturellement aussi, peut-être en vertu de la loi anglaise sur les mariages royaux, Théodora ne pouvait épouser qu'un personnage royal ; aussi épousa-t-elle, en Angleterre, croyons-nous, mais nous n'en sommes pas sûr, S. A. R. le prince Démétrius Rhodocanakis, son cousin. Depuis lors, les Rhodocanakis sont retournés dans la commerçante île de Chio et y ont fait souche d'empereurs, devenant empereurs non seulement de Rhodes, mais aussi de Byzance, et, en outre, grands-maîtres de l'Ordre Impérial, etc., de saint Georges. Cette partie de l'histoire, qui traite des empereurs, est plus claire que la façon dont ils acquirent cette qualité, car nous sommes tout dérouté de voir, dans l'empire de Byzance, une femme hériter « tout naturellement » du trône et devenir impératrice et grand-maître, ou grande-maîtresse. C'est une bagatelle qu'il y aurait peut-être moyen d'expliquer.

seems that, as well as two empires, the imperial and royal Rhodocanakis dynasty usually or occasionally had two emperors at once, and perhaps have now, as H. I. H. intimates, in accordance with history, to have been the practice of Byzantium.

We are not inclined to blame H.I.H. the emperor of Rhodes and Byzantium for not making all matters clear to our imperfect comprehension, but we do complain much of our travellers and consuls in the East for keeping us without information as to these emperors who have for centuries been living in their castle of Rhodocanakis, in the island of Scio, defying the sultan and all his power; as they still do; at least, so we make out. The pages of the history are deficient, for we learn « between the jealousy of the latin Church and the exterminating spirit of the turkish government, the survivant of the imperial family have ever been subjected to peculiar disabilities ». We own we never heard of this before; but we infer the Turks occasionally exterminated the emperors in the Castle of Chio, or Scio, and particularly during the horrible massacre in the isle of Chio, in 1822, « when the greater portion of them were slain, and the survivors scattered over the world ». We gather there is a hope the imperial family may yet succeed to its imperial throne, at Byzantium or elsewhere; but that is dimly foreshadowed.

In the mean time while Joannes X Ducas Angelus Comnenus Palæologus Rhodocanakis apparently remains in Chio, exposed to be massacred by the Turks and defending his prerogative of distributing grand crosses of his imperial order, of which a very pretty picture decorates the *brochure*, under protection of the imperial crown and cipher, the eldest son and heir apparent has taken shelter in England and, by the help of our government, has been naturalized as a prince; and here he may perpetuate his empire and his orders when Byzantium may be no more.

En attendant, nous laissons à nos lecteurs le soin de se prononcer à cet égard. Peut-être pourront-ils décider de la chose à pile ou face. Il semble, en outre, que, de même qu'elle possédait deux empires, la dynastie impériale et royale des Rhodocanakis avait d'ordinaire, ou occasionnellement, deux empereurs, et en a peut-être encore deux aujourd'hui, S. A. I. nous déclarant, d'accord avec l'histoire, que tel était l'usage de Byzance.

Nous n'avons nullement l'intention de blâmer S. A. I. l'empereur de Rhodes et de Byzance de n'avoir pas éclairci toutes choses pour notre faible intelligence; mais nous devons vivement nous en prendre à nos voyageurs et à nos consuls du Levant de nous avoir laissé ignorer ces empereurs, qui, durant des siècles, ont vécu à Chio, dans leur château de Rhodocanakis, défiant le sultan et toute sa puissance, et qui continuent à le faire, à ce que nous croyons comprendre. Les récits de l'histoire présentent des lacunes, car, apprenons-nous, « entre la jalousie de l'Église latine et l'esprit exterminateur du gouvernement turc, les survivants de la famille impériale se sont toujours trouvés dans des conditions particulièrement difficiles ». Nous avouons n'avoir jusqu'ici rien su de la chose, mais nous supposons que les Turcs auront à l'occasion exterminé les empereurs dans le château de Chio, ou Scio, notamment lors de l'horrible massacre de Chio, en 1822, « époque où la plupart furent mis à mort et les survivants dispersés par le monde ». Nous apprenons qu'il reste à la famille impériale quelques chances de remonter un jour sur son trône, à Byzance ou ailleurs, mais ce n'est qu'un bien vague espoir.

En attendant, tandis que Jean X Ducas-Ange-Comnène-Paléologue-Rhodocanakis reste apparemment à Chio, exposé à être massacré par les Turcs et défendant la prérogative qu'il possède de distribuer les grands-croix de son ordre impérial (une très jolie image de celle-ci orne la brochure, sous la protection de la couronne et du chiffre impérial), son fils aîné et héritier présomptif a cherché asile en Angleterre, et, grâce à notre gouvernement, y a été naturalisé avec son titre de prince. Il pourra y perpétuer son empire et ses ordres jusqu'en des temps où Byzance ne sera peut-être plus.

Lettre de D. Rhodocanakis a l'*Athenæum*.

(*Athenæum* du 5 novembre 1870, n° 2245, p. 593.)

The Clarendon Hotel, New Bond Street.
Nov. 1, 1870.

In your last issue, I noticed a critique upon my *brochure* relative to the Imperial Constantinian Order of Saint George. This article is so plainly intended to be personally offensive, that I should consider it unworthy of notice, had it not been that your unscrupulous contributor, in his zeal for truth, has wandered into the domains of libel, and bracketed my name with that of the « Duke of Roussillon », and sought to prejudice the public by misquotations from my work. This being so, I expect you to retract and apologize for the imputation upon my character. With regard to the dynastic claims to which I allude in my book, I am perfectly willing to submit their validity to any respectable and duly qualified antiquary nominated by yourself, on condition of your giving to the results of his investigation the same publicity and prominence that you have afforded to my anonymous libeller. Requesting the justice of having this letter inserted in your journal, I am, etc.

Rhodocanakis.

* Had it not been for the magnificent seal which adorns Prince Rhodocanakis's missive, and the imperial arms, the stamping of which does great credit to the stationer, whoever he may be, we should at first have hardly believed that this letter came from the Prince, so surprised were we at the effect our article has produced on the imperial mind. Far from expecting to be called so many hard names, we fancied that H. I. H. would present us with a very grand cross indeed of the Imperial Constantinian Order of Saint George, as a reward for informing the world of the existence of a line of monarchs of whom we strangely find no mention in the *Almanach de Gotha*. But H. I. H. is mistaken in supposing

Lettre de D. Rhodocanakis a l'*Athenæum*.

(*Athenæum* du 5 novembre 1870, n° 2245, p. 593.)

Clarendon Hotel, New Bond Street,
Premier novembre 1870.

Dans votre dernier numéro, j'ai remarqué une critique de ma brochure relative à l'ordre impérial Constantinien de saint Georges. Cet article vise si clairement à m'injurier personnellement que je le considérerais comme indigne de mon attention, n'était que votre peu scrupuleux collaborateur, dans son zèle pour la vérité, s'est aventuré sur le terrain de la diffamation, a accolé à mon nom celui du « duc de Roussillon » et a cherché à prévenir le public contre moi par des citations dénaturées de mon ouvrage. Tels étant les faits, j'attends de vous une rétractation et des excuses pour ces insinuations contre mon honneur. Pour ce qui est des prétentions dynastiques auxquelles je fais allusion dans mon livre, je suis absolument disposé à en soumettre la validité à n'importe quel archéologue honorable et compétent, désigné par vous-même, à condition que vous donniez aux résultats de ses investigations la même publicité et le même caractère d'importance que vous avez accordés à mon calomniateur anonyme. Requérant de votre équité l'insertion de cette lettre dans votre journal, je suis, etc.

Rhodocanakis.

** N'eût été le magnifique sceau qui orne la missive du prince Rhodocanakis et aussi les armes impériales dont la gravure fait grand honneur au papetier quel qu'il soit, nous aurions eu peine à croire que cette lettre émanât du prince, tant nous avons été surpris de l'effet qu'a produit notre article sur la cervelle impériale. Loin de nous attendre à tant d'épithètes injurieuses, nous nous imaginions que S. A. I. nous conférerait une très grande croix de l'ordre impérial Constantinien de saint Georges, pour nous récompenser d'avoir informé le monde de l'existence d'une lignée de monarques dont, chose étrange, on ne trouve aucune mention dans l'*Almanach de Gotha*. Mais S. A. I. se trompe, quand elle nous suppose la

we presumed to pass judgement on his claims or to dispute their validity, and we are sure we are incompetent to understand the heraldry of A. D. 538, even if expounded by a friendly antiquary. The « misquotations » we shall be glad to correct when H. I. H. deigns to point them out to us. It would have been better, perhaps, if, instead of undertaking to review H. I. H.'s *brochure* ourselves, we had printed a very nice notice of it, which was kindly sent us, a couple of weeks ago, by a gentleman who, like H. I. H., dated from the Clarendon Hotel, New Bond Street.

présomption de juger de ses droits ou d'en discuter la validité. Nous sommes assurément incompétent pour comprendre l'art héraldique de l'an 538, même exposé par un archéologue de nos amis. Quant aux « citations dénaturées », nous serons heureux de les corriger, lorsque S. A. I. daignera nous les indiquer. Plutôt que d'entreprendre de juger nous-même la brochure de S. A. I., peut-être eût-il été préférable de publier le charmant compte-rendu que voulut bien nous en adresser, il y a une quinzaine de jours, un Monsieur qui, comme Son Altesse Impériale, datait de Clarendon Hotel, New Bond street.

C

The Imperial Constantinian Order of St. George. A review of modern impostures and a sketch of its true history. By His Imperial Highness the Prince RHODOCANAKIS. In two parts. London: Longmans and Co. 1870.

(Compte-rendu paru dans la *Saturday Review* du 10 décembre 1870, pp. 758-759.)

This is one of the things which fairly land us in Nephelokokkygia — no bad quarters perhaps in days when the affairs of armies and governments are so largely carried on by means of balloons. Here is a quarto pamphlet of 32 pages, with two illustrations, the price of which is half-a-guinea, and for which it is clearly expected that people will give their half-guineas, for it is announced on the outside that it is « published in aid of the national Society for aid to the sick and wounded in war ». Perhaps we may be mistaken, but, according to such experience as we have of such matters, we cannot think that the sick and wounded will be greatly helped by the sale of a half-guinea pamphlet, setting forth the claims of His Imperial Highness the Prince Johannes X Ducas Angelus Comnenus Palæologus Rhodocanakis to be lawful Grand Master of the Imperial Constantinian Order of St. George, and seemingly also to be lawful heir to the Empire of the East. We do not come across Imperial Highnesses every day, but it is something to find that the Imperial Highness with whom we have just now to deal is prepared for all the ups and downs of fortune, that he has made up his mind beforehand what will be the thing for him to do in the case of his restoration to the Byzantine throne; nay, that he looks further, that he is prepared for the usual lot of a Byzantine Emperor and, in short, for any conceivable « revolution of Imperial fortune » which may turn up:

« It may be satisfactory to premise the following observations, on the Imperial Constantinian Order of St. George, by remarking, that the latter is held in *trust*, by the heir and representative of the last reigning sovereign of the Byzantine Empire, as its lawful guardian, and cannot be otherwise disposed of, save by the restoration of that Empire, when, indeed, an adverse decision of the people would necessitate its surrender ; but without prejudice to the inherent pretensions of the present representative's family, which would simply again lapse into abeyance, until some future revolution of Imperial fortune should once more revive them. »

Now we must make a very painful confession, which lowers us deeply in our own eyes, and which will no doubt lower us still more deeply in the eyes of His Imperial Highness the Prince Rhodocanakis, namely that, till His Imperial Highness's pamphlet was put into our hands, we had never heard either of the Imperial Constantinian Order of Saint-George or of the Imperial house of Rhodocanakis. And now, having, as in duty bound, tried to find out something about both, we have found out a little as to the Imperial Order, but nothing at all as to the Imperial house. The *Familiæ Augustæ Byzantinæ* of that diligent Du Cange, who, as Gibbon truly said, « pried into every corner », fail us when we try to find out something about the august house of Rhodocanakis. But Du Cange, in a passage quoted by His Imperial Highness, and which we have verified in the original, does incidentally speak of the Order of St. George, though he does not speak of it with the same reverence as is shown towards it by the Prince Rhodocanakis. As for the Order, it seems now to have something to do with Freemasonry, just as we believe that, notwithstanding all the labours of Philip the Fair, there still are people who call themselves knights Templars, though whether they worship a cat or not we cannot say. There has been some kind of dispute or other, in which the wrath of the Prince Johannes X, etc., etc., has been vehemently kindled against certain usurpers of his rights. Into all this we the uninitiated cannot enter ; we leave the arguments on both sides, or on all sides, for there seem to be more sides than two, to be discussed in the *Freemasons' Magazine and Masonic Mirror*. As ever, we decline to exercise ourselves in great matters which are too high for us, and we can preserve the strictest neutrality between His Imperial Highness the Prince Rhodocanakis and his rival the Right Honourable Lord Kenlis, Most Illustrious Grand Sovereign. We suspect that the matter concerns the world exactly as much as if a question were to arise as to who ought to take the chair at the nearest lodge of Odd Fellows. Of the Imperial Constantinian Order we therefore take a respectful leave, only asking of the Prince Rhodocanakis whether he is anyhow able to tell us the exact greek for *So mote it be*.

The Order then may go along with its fellow orders, along with the ancient order of Foresters or with the *Ordre du Chien et du Coq*, of which the Prince Rhodocanakis speaks so contemptuously. But when the Prince goes on to help us to new facts in Byzantine history, for which he quotes no authority and for which we cannot find any, the thing is getting more serious. It may be our ignorance; if so, we shall be ready to do penance in any befitting white sheet; but we never before heard of Nikêphoros Doukas, who, according to the Prince Rhodocanakis, received, early in the tenth century, « the high and invidious title of *Vasileus* or king of the island of Rhodes », and who « in order to distinguish himself from the other branches of his family, added after his family name that of RHODOCANAKIS ; a composition of the words *Rhodoc* and *Anaks*, king of Rhodes (*Rhodocanaks*, *Rhodocanaks*, *Rhodocanakis*) ». We confess that we should like to see these very odd forms, which, as spelled, suggest a son of Anak, quite as much as ἄναξ ἀνδρῶν, written in intelligible greek letters; but the Prince Rhodocanakis seems to have a strange fancy for the tongue of the Western schism; for, when he has occasion to quote Nikêphoros Bryennios, he quotes him in the Latin crib. So we have seen William of Poitiers quoted in french; so we have seen references to « Salviani *Governo di Dio* » (commonly called Salvianus *de Gubernatione Dei*) and to « St. Augustine's work *La Cité de Dieu.* » But we would gladly have Nikêphoros Bryennios, or any other responsible historian, quoted in any tongue not being agglutinative or monosyllabic, if he could throw any light on this mysterious Nikêphoros Doukas and his no less mysterious kingdom of Rhodes. The whole story sounded to us like one of those things which are too strange not to be true. To be sure we have never heard of Nikêphoros Doukas or his Rhodian kingdom, but we should have forgotten it or never heard of it seemed less amazing than that the Prince Rhodocanakis or anybody else should have dreamed or invented it. Yet it is a little hard that, at the end of a very long note setting forth the glories of the house of Rhodocanakis (the same note which contains the Latin extract from Nikêphoros Bryennios), we get no better reference than « See also *Freemasons' Magazine and Masonic Mirror*, Aug. 28, Oct. 20, Nov. 13, Dec. 4, 1869, etc. etc., and John Yarker Jun.'s *History of the Order of the Temple* (Manchester, 1869, in-8°), p. 31. »

In our lower world, from which the Templars vanished early in the fourteenth century, we have the means of referring to Nikêphoros Bryennios, but we have no means of referring to the *Freemasons' Magazine and Masonic Mirror*. A reference to a contemporary Byzantine writer would have been best of all, yet a reference to Du Cange, Gibbon or Finlay would have been quite enough; but it is too tantalizing to send us for the facts of Byzantine history in the tenth century to the *Freemasons' Magazine*. Still we have done what we could; we have turned to several books old and new, and we can find nothing about Nikêphoros Doukas or his Rhodian Kingdom. Still it is quite possible that it is our fault, and that these great events may be recorded somewhere. For, when the Prince went on to say that his family suffered much in the massacre of Chios in 1822, we turned to our Trikoupês, and in volume II, p. 190, we found distinctly enough the name of Παντελῆς Ῥοδοκανάκης. Rhodokanakês, then, or Rhodocanakis, if the Prince likes it better, is a real name; but the fact of a man being one of the chief men of Chios early in the nineteenth century does not prove that his forefathers were kings of Rhodes early in the tenth. The existence of Pantelês however is something, and having got thus much of common ground, we look with one degree less of surprise on the following magnificent description :

« It may be mentioned that in the House of Rhodocanakis, as must be well known to those of our readers who are more or less familiar with the long annals of Byzantine Empire, are at the present moment represented not only nearly all the extinct historical and once powerful families of the Byzantine Empire, on which throne they sat for generations, the Ducas, Phocas, Lacapenos, Comnenos, Botaniates, Argyros, Angelos, Bryennios, Palæologos, Vatatzes, Lascaris, Cantacuzinos, etc. — with whom that House were allied over and over again, while reigning, for centuries, but also those who reigned over the ancient kingdoms of Armenia, Iberia, Bulgaria, Georgia, Albania, Hungary, etc. Space will not allow of more than a brief historical sketch of this House, so memorable for its vicissitudes, and we must therefore simply confine ourselves to a mention of some of the illustrious European families, representatives of some of which still exist, and which are of the same blood — viz. the Kings of France, the Grand Dukes of Muscovy (now Emperors of Russia), the Counts and afterwards Dukes of Savoy (now Kings of Italy), the Dukes of Austria (now Emperors of Austria and Kings of Hungary), the Dukes of Brunswick, the Marquises of Montferrat (extinct), the Norman Kings of the Two Sicilies (extinct), the Princes of Antiochia, the Counts of Sultzpachen, in Bavaria ; and in more modern times (fifteenth to nineteenth centuries) those of the Princes or Dukes. »

The prince goes with a prodigious list of Italian and other noble names, but one must draw the line somewhere ; so we will draw it at the Counts of Sulzpachen, whose history, if they are the same as the Dukes of Sulzbach, we have looked up with some little pains, but have not been able to find their point of affinity to Pantelês of Chios.

We are bound also to state that the Princes engraves a « copper coin struck during the reign (A. D. 914-929) of Nicephorus Ducas Rhodocanakis, first king of the Island of Rhodes and founder of the Royal and Imperial House of Rhodocanakis, » but unluckily the coin is not in the British Museum or anywhere else where ordinary mortals can get at it, but « in the possession of His Holiness Pope Pius IX ». As far as we can make out, the legends on the two sides are, in a mixture of Greek and Latin letters, NICIFOR. DOUCAS O RODOCANAKIS and NICIFOR. EN ΘEO EVSEB. BASILEVS RODION. We leave it to professed numismatists to decide whether, according to their rules, anything of the kind is possible. Certainly, nearly everything does seem possible in that part of the world. Still, as earnest searchers after truth, we should really like to be sent for facts which are utterly strange to us to some more accessible authorities than the *Freemasons' Magazine* and a coin in the possession of His Holiness Pope Pius the Ninth.

D

RÉCEPTION DE DÉMÉTRIUS RHODOCANAKIS AU VATICAN (1)

RACONTÉE PAR MAGNUS LAGERBERG, CHAMBELLAN DE S. M. LE ROI DE SUÈDE ET DE NORVÈGE (2)

Je revins à Rome, pour assister à la représentation de gala qui devait avoir lieu le soir au Théâtre d'Apollon (20 septembre 1871). On y jouait *La Muette de Portici*, qui n'avait jamais été donnée à Rome auparavant. Muni d'un billet pour la loge diplomatique, je montai au salon, lequel était splendidement éclairé.

Mon heureuse étoile avait voulu que j'arrivasse à Rome précisément un jour aussi mémorable que celui-là (3). Mais je devais encore être favorisé par une autre bonne fortune qui m'ouvrit par la suite une grande quantité de portes, fermées à des personnes de ma modeste condition. Bien que l'aventure qu'il me faut maintenant raconter m'oblige à entrer dans des détails personnels, je demande au lecteur la permission de la lui narrer. Elle a du moins l'intérêt d'être unique en son genre.

---

(1) L'*Osservatore Romano* du 24 septembre 1871 mentionne ainsi l'audience accordée à Démétrius Rhodocanakis : « La Santità di Nostro Signore ha ricevuto il 21 corrente Sua Altezza Imperiale il Principe Rhodocanakis di Londra. Aveva l'onore di accompagnare il Principe il Cav. de Lagerberg, Ciambellano di S. M. il Re di Svezia e Norvegia. »

(2) Emprunté à Magnus Lagerberg, *Bref fran söderns Länder Dagboksanteckningar fran en resa till Italien för deltagande i arkäologiska kongressen i Bologna 1871* (Gothembourg, 1872, in-8º de 165 pages et un portrait de l'auteur), p. 26 et suivantes. Nous devons la traduction de ce texte suédois à l'obligeance de M. Louis Ravaisson-Mollien.

(3) Le premier anniversaire de l'entrée des troupes italiennes à Rome.

J'avais à ma gauche dans la loge un Monsieur très simplement habillé d'un complet gris comme ceux qu'on porte en voyage. C'était un jeune homme de 28 à 30 ans, de taille moyenne, avec un joli visage éclairé par deux grands yeux bleus et encadré d'une chevelure blonde bouclée. Au premier entr'acte, il se tourna vers moi pour me prier de lui prêter un instant ma lorgnette, parce qu'il avait oublié la sienne. Bientôt nous engageâmes une conversation animée, au cours de laquelle j'exprimai le désir d'obtenir, si c'était possible, une audience du Saint-Père. C'était, de l'avis de mon voisin, un souhait par trop téméraire et même irréalisable, attendu que, depuis un an, le pape n'accordait d'audience qu'aux personnes munies d'une lettre d'introduction particulière auprès d'un cardinal. D'ailleurs, les négociations traînaient en longueur et, avant que les questions et les réponses pussent être toutes expédiées, il se passait trois semaines ; et encore était-il vraisemblable qu'on refuserait, puisque, à l'exception des prêtres catholiques, des *princes* et des diplomates, personne n'obtenait d'audience. Comme je ne devais rester à Rome qu'une dizaine de jours tout au plus, une semblable procédure n'était pas propre à l'accomplissement de mon désir. Je ne possédais aucune lettre de cardinal, mais je fis observer que le ministre des affaires étrangères de Suède m'avait accordé une lettre d'introduction ouverte auprès de tous les ambassadeurs et consuls suédo-norvégiens d'Allemagne, d'Autriche et d'Italie, et je demandai à mon voisin s'il ne croyait pas que, dans le cas présent, une telle lettre pût m'être de quelque utilité.

— Impossible, car le pape est en contestation avec le gouvernement. Mais, à propos, avez-vous cette lettre sur vous ?

— Oui.

— Montrez-la moi.

Je tendis la lettre. Mon voisin la lut d'un bout à l'autre, et se mit à me parler de différentes affaires suédoises, qu'il connaissait fort bien. Enfin il me donna sa carte de visite, qui était ainsi libellée : LE PRINCE RHODOCANAKIS, puis il me demanda si je ne voulais pas accepter à souper, afin de pouvoir continuer tranquillement notre conversation. Je le remerciai et quittai la loge avec lui. Son chasseur, qui l'attendait dans le corridor, le conduisit en voiture à l'*Albergo di Roma* où le prince occupait, au premier étage, un petit appartement de cinq à six pièces ; tandis que, moi, j'habitais au sixième, à 2 fr. par chambre.

Après quelques heures passées à deviser de choses et d'autres, le prince eut l'obligeance de me proposer, sans qu'auparavant j'y eusse fait la moindre allusion ou même songé, de l'accompagner au Vatican, où le pape devait lui donner audience à onze heures. Comme dans la conversation, divers sujets avaient été effleurés qui nous intéressaient l'un et l'autre, le prince désirait me procurer le souvenir de cette audience du Saint-Père.

Le prince Rhodocanakis était, comme nous l'avons déjà dit, un jeune homme particulièrement beau ; il avait, en outre, un extérieur des plus agréables et possédait un grand fonds de savoir.

Dans sa propriété rurale, Park Bank House, Higher Broughton, Lancashire, en Angleterre, il avait une bibliothèque de quarante mille volumes (1), et il voyageait dans l'intention de recueillir des matériaux pour rédiger une biographie de Léon Allatius, le célèbre bibliothécaire de la reine Christine et du pape Innocent XI. Le prince possédait alors tous les ouvrages de cet auteur, sauf *Leonis Allatii carmina græca in Christinam Suecorum reginam*, Romæ, 1656. A mon retour, j'ai vainement cherché ce livre dans les grandes bibliothèques scandinaves ; j'en conclus qu'il doit être rarissime, puisqu'il ne se trouve pas davantage dans les grandes bibliothèques italiennes (2).

---

(1) La bibliothèque de Rhodocanakis est aujourd'hui moitié moins considérable ; elle « se compose d'environ vingt mille volumes, dont la plupart sont reliés par les plus célèbres artistes anciens et modernes ». (Joannis Guigard, *Nouvel armorial du bibliophile*, Paris, 1890, in-8, t. II, p. 409.)

(2) Bien qu'on trouve dans certains catalogues un titre pareil ou à peu près pareil, il n'existe, en réalité, aucun ouvrage de Léon Allatius ainsi intitulé : ce qui explique sa réputation de rareté. Voir notre

A Londres, le prince Rhodocanakis habite Clarendon Hotel, New Bond Street. Comme descendant en ligne directe des empereurs byzantins par les Comnènes, les Lascaris et les Paléologues, il porte le titre d'Altesse Impériale et a, comme sujet anglais, acquis, par un acte du Parlement, la confirmation de cette prérogative (1). Il ne porte pas le titre de « Prince du Saint Empire » et, pour cette raison, de même que maintes familles princières de l'Europe méridionale, il ne figure pas dans l'*Almanach de Gotha* (2). En sa qualité de colonel honoraire d'un régiment hellénique (3), il a été invité par le roi de Grèce à passer l'hiver à Athènes (4). Je restai plusieurs jours à Rome et à Naples dans la compagnie de cet aimable prince et je me séparai de lui, lorsqu'il partit pour Athènes *via* Brindisi.....

Rome 21 septembre 1871.

Le 21 septembre, après avoir déjeuné avec mon voisin, le moment arriva de partir pour le Vatican. Ces jours-là, j'étais véritablement favorisé par la chance ; car, pour parler du costume, je dois dire que, sauf mon vêtement de voyage, je n'avais avec moi qu'un habit noir. Or l'étiquette prescrivait

---

Bibliographie hellénique du dix-septième siècle (t. II, p. 88, n° 416), où nous donnons le titre exact de l'opuscule de circonstance en l'honneur de la reine Christine, auquel Léon Allatius a simplement collaboré.

(1) On voit que Rhodocanakis avait débité toutes ses fariboles à M. Magnus Lagerberg et que, comme tant d'autres, celui-ci était tombé dans le panneau.

(2) Depuis le jour où l'*Athenæum* avait constaté que Rhodocanakis ne figurait pas dans l'*Almanach de Gotha* (voir ci-dessus, p. 158), le pseudo-prince était hanté du désir de s'y faire admettre.

(3) Ce pauvre M. de Lagerberg peut se vanter que son ami Rhodocanakis lui en a donné à garder. Quant à moi, je suis persuadé que, si jamais « Démétrius II » a été colonel quelque part, ce devait être dans un cirque forain.

(4) Georges premier appelle-t-il Rhodocanakis « mon cousin », « mon oncle », ou « mon vieux frère » ? C'est un point sur lequel je désespère d'être renseigné. Je crois, d'ailleurs, que la seule invitation que le roi de Grèce pourrait adresser à cet empereur de carton serait celle d'aller se faire pendre à Londres.

justement que, dans les circonstances présentes, les quelques personnes admises au Vatican ne porteraient pas d'uniforme, mais devraient être vêtues de noir. Tout était donc comme si on l'eût réglé d'avance.

La voiture dans laquelle nous prîmes place était conduite par un cocher en livrée de soie rouge bourguignon. Par derrière se tenaient un petit laquais et le chasseur du prince. En outre, tout le long de la route, depuis l'hôtel jusqu'au Vatican, à l'aller et au retour, les chevaux de devant furent tenus par deux jeunes garçons vêtus d'une livrée pareille.

Nous arrivâmes au pont Saint-Ange, non loin du Vatican, et bientôt notre voiture roula devant l'obélisque de Caligula et les puissants jets d'eau qui jaillissent jour et nuit en face de la basilique de Saint-Pierre. Pendant que la garde pontificale, en uniformes moyen-âge noirs, jaunes et rouges, et armée de hallebardes, rendait les honneurs, la voiture s'arrêta devant le majestueux escalier qui donne accès au Vatican. Le prince et moi nous montâmes et fûmes accompagnés par un officier à travers un véritable dédale d'escaliers et de corridors, l'un plus richement décoré que l'autre, notamment une longue galerie d'un puissant intérêt, attendu que les plafonds et les murs sont ornés de peintures dues à Raphaël et à ses élèves. Nous arrivâmes enfin dans une antichambre où une troupe d'affidati nous débarrassa de nos pardessus; ensuite un autre officier nous fit traverser plusieurs salles tendues de magnifiques gobelins du XVIIe siècle et nous introduisit dans une vaste salle où nous fûmes invités à attendre.

Au bout d'un moment, survint monseigneur Ricci, grand maître des cérémonies (1), auquel le prince me présenta, en demandant que le Saint-Père daignât m'accorder audience en en même temps qu'à lui. Monseigneur Ricci me donna sa main à baiser et, comme cela rentrait dans l'étiquette, j'eus vite expédié ce baiser qui devait nous donner entrée auprès du pape. Après que le grand maître des cérémonies (qui portait une soutane violette et une calotte) eut obtenu pour moi l'au-

---

(1) Mgr Ricci n'était pas grand maître des cérémonies, mais « maestro di camera ».

torisation du pape de lui être présenté en compagnie du prince, il revint et nous introduisit dans la salle du trône, où se tenaient monseigneur Pacca, majordome pontifical, ainsi que les cardinaux Mattei (1) et Antonelli. Comme le prince connaissait déjà ces grands dignitaires de l'Église, je leur fus seul présenté. Le prince eut la bonté de me recommander à ces seigneurs...

Le grand maître des cérémonies arriva et immédiatement derrière lui le Saint-Père, *entouré d'une quantité de cardinaux* (2) dans leurs costumes de soie rouge, avec d'autres dignitaires de l'Église, bien 80 personnes...

Aussitôt que le pape entra, nous nous mîmes à genoux. Le Saint-Père s'avança vers nous et nous tendit une de ses jolies mains, à laquelle brillait un grand anneau orné d'une améthyste formant cachet. Nous baisâmes cette main à genoux, puis nous nous relevâmes, tandis que les paroles suivantes s'échangeaient en français :

— Je suis bien aise de vous voir, mon prince. Êtes-vous venu en Italie depuis notre dernière rencontre ?

— Non, Votre Sainteté.

— Votre voyage a-t-il cette fois encore un but scientifique?

— Oui, en quelque sorte. Je cherche des documents concernant Léon Allatius, sur lequel j'ai l'intention de rédiger une notice biographique.

— Hé quoi ! Je suppose alors que vous avez vu son portrait à l'huile que je possède.

— Oui, Votre Sainteté.

— Il était loin d'être beau, car l'effroyable verrue qu'il avait au front le défigure. Il a l'air véritablement comique.

Là-dessus, Pie IX se mit à rire et tira de sa poche une tabatière dorée, où il prit une prise respectable. Après que le prince eut dit au pape qu'il avait l'intention de faire graver sur cuivre le portrait d'Allatius pour orner le frontispice de

---

(1) M. Lagerberg n'a pu voir le cardinal Mattei, qui était mort le 7 octobre 1870, c'est-à-dire depuis près d'un an.

(2) M. Lagerberg nous rappelle l'homme qui avait vu « cent loups dans un champ de blé », il exagère. Les cardinaux ne se trouvent pas même aux audiences que le pape accorde aux souverains.

son livre, Pie IX ajouta : « Il vous faut visiter le couvent arménien de Rome et examiner aussi le portrait d'Allatius qui y est conservé; il est mieux peint que celui qui m'appartient. Si ma mémoire est fidèle, mon prince, nous avons eu une discussion généalogique lors de notre dernière rencontre. N'était ce pas de Vénus que vous prétendiez descendre, lorsque nous visitions ensemble mes musées?

— Si, Votre Sainteté, et par Vénus aussi de Jupiter.

— Comment cela? J'ai perdu le fil de cette descendance généalogique.

— Si. Je descends de Constantin XIII, dernier empereur régnant de Constantinople. Celui-ci tirait son origine de Constantin le Grand, qui descendait des premiers empereurs romains, qui descendaient eux-mêmes de Romulus; et, si nous entrons dans le domaine de la mythologie, Romulus était fils de la vestale Lavinia et de Mars. Et, Votre Sainteté se le rappelle, Lavinia était fille d'Énée, fils de Vénus et d'Anchise. Or, Vénus étant fille de Jupiter, ma filiation est donc claire et évidente.

Pie IX se mit à rire et dit en plaisantant : « Mes droits au Vatican, où je suis entouré des statues de tous vos ancêtres, pourraient presque, après une preuve aussi manifeste, n'être que ceux d'un étranger, en comparaison des vôtres, mon prince ! »

Le prince rit aussi et se tourna de mon côté pendant qu'il disait au pape : « Cet ami que j'ai amené avec moi s'intéresse à l'étude des monnaies. Votre Sainteté lui accorderait-elle la permission de visiter les riches trésors conservés ici ? »

Le pape se tourna vers moi et me dit amicalement : « Certainement, vous aurez cette permission si cela vous est agréable. Je puis vous raconter que j'ai dans ma collection une monnaie rarissime que le prince Rhodocanakis voudrait bien posséder; mais, comme l'exemplaire est unique, je ne puis le donner. C'est une monnaie en cuivre de Nicéphore Rhodocanakis, roi de Rhodes au commencement du dixième siècle (1), n'est-ce pas, mon prince? Quant aux monnaies sué-

---

(1) Voir ce qui a été dit précédemment (pp. 66-67) sur les affirmations mises ici dans la bouche de Pie IX.

doises, je n'en ai pas beaucoup. On ne trouve guère ici que celles qui proviennent de la reine Christine et de Gustave III; mais, en tout cas, vous devez les voir...

Le pape se tourna de nouveau vers le prince; parla un instant du roi de Grèce et pria le prince de le saluer de sa part, quand il arriverait à Athènes.....

Pie IX ajouta en se tournant vers le prince : « Je sais que vous n'êtes pas catholique, mais qu'est-ce que cela signifie (1) ? Vous êtes chrétien, par conséquent je dois toujours prier pour vous, etc. »

---

(1) Il est impossible que le chef de l'Église catholique romaine ait tenu un pareil propos.

E

NOTICE NÉCROLOGIQUE SUR JEAN D. RHODOCANAKIS

Πολίτης χρηστός, πατήρ τέκνων διακρινομένων ἐν τῇ παρ' ἡμῖν καὶ ταῖς ἄλλαις ἑλληνικαῖς κοινωνίαις, γόνος μιᾶς τῶν εὐγενεστέρων οἰκογενειῶν τῆς Χίου καὶ τῶν πρωτευουσῶν ἐπὶ πλούτῳ καὶ ἐμπορίᾳ οἰκογενειῶν ὁ Ἰωάννης Δ. Ῥοδοκανάκης ἀποβιώσας ἐκηδεύθη μετὰ μεσημβρίαν τῆς τετάρτης.

Ὁ θανὼν ἐγεννήθη ἐν Χίῳ, κατὰ τὸ 1809, ἐκ γονέων τὰ πρῶτα φερόντων ἐν τῇ ἀνθοσπάρτῳ νήσῳ. Κατὰ τὴν ἀπαισίαν καταστροφὴν τῆς πατρίδος του μεῖραξ ἔτι ᾐχμαλωτίσθη ὑπὸ τῶν ἀγρίων ὀρδῶν τοῦ ἀσιάτου δεσπότου καὶ ἐπωλήθη εἰς Τοῦρκον πλουσιώτατον παρὰ τὴν νέαν Ἔφεσον. Ὁ ὀθωμανὸς θελχθεὶς ὑπὸ τῶν προτερημάτων τοῦ νεανία (sic) ἠγάπησεν αὐτὸν σφόδρα καὶ σχεδὸν υἱοθέτησεν· ἀλλ' οὗτος δὲν ἀπέμενεν ηὐχαριστημένος ἐκ τῶν περιποιήσεων τοῦ κυρίου του προετίμα τὸν ἐλεύθερον βίον. Γνωστοῦ γενομένου τοῦ τόπου τῆς διαμονῆς του, οἱ ἐμπορευόμενοι ἐν Λιβόρνῳ ἀδελφοί του, διευθυνταὶ τοῦ ἐκεῖσε μεγάλου ἐμπορικοῦ οἴκου, ἀπέστειλον πλοῖον εἰς Ἔφεσον, οὗ ὁ πλοίαρχος κατώρθωσε νὰ ἐλευθερώσῃ κρύφα τὸν παῖδα, μετακομίσας εἰς Λιβόρνον.

Ἐκεῖσε παραμείνας ἐπὶ μικρὸν ἀφίκετο ἐνταῦθα κατὰ τὰς ἀρχὰς τοῦ συνοικισμοῦ τῆς ἡμετέρας πόλεως καὶ ἐπεδόθη εἰς τὸ ἐμπόριον, κατώρθωσε δέ, ἀπὸ μικρῶν ἀρξάμενος, διὰ τῆς δραστηριότητός του καὶ τῆς ἐπιχειρηματικότητος νὰ ἀναδειχθῇ εἷς τῶν πρώτων ἐμπόρων, κτηματιῶν καὶ ἐφοπλιστῶν τοῦ τόπου. Κατόπιν παρεχώρησε τὸ ἐμπόριόν του εἰς τοὺς δύο υἱούς του κ. κ. Δημήτριον καὶ Θεόδωρον καὶ εἰς τὸν ἐπὶ τῇ πρεσβυτέρᾳ θυγατρί του γαμβρὸν κ. Γ. Σ. Γαλάτην, περιορισθεὶς οὗτος εἰς τραπεζιτικὰς ἐργασίας, ἃς διεξήγαγε μέχρις ἐσχάτων.

Ὁ Ἰω. Ῥοδοκανάκης ἐξετιμᾶτο δικαίως ὑπὸ πάντων τῶν συμπολιτῶν του καὶ πάντων τῶν γνωρισάντων αὐτόν· διὰ τοῦτο πλειστάκις ἐξελέγη δημοτικὸς σύμβουλος Ἑρμουπόλεως καὶ ἐτιμήθη ὑπὸ τῆς κυβερνήσεως διὰ τοῦ χρυσοῦ σταυροῦ τοῦ Σωτῆρος.

Πατὴρ τέκνων διακεκριμένων ἐν τῇ παρ' ἡμῖν κοινωνίᾳ τῶν κ. κ. Δημητρίου καὶ Θεοδώρου Ἰ. Ῥοδοκανάκη, καὶ τῆς κυρίας Γεωργίου Σ.

Γαλάτη, καὶ τῆς κυρίας Μ. Ἀξελοῦ, προξένου τῆς Τουρκίας, καὶ τῆς κυρίας Δημ. Βουλπιώτη, βουλευτοῦ καὶ πρώην ὑπουργοῦ, ἐθεωρεῖτο ὡς εἷς τῶν ἐγκριτωτέρων καὶ τιμιωτέρων ἀνδρῶν τῆς Ἑρμουπόλεως.

Τὴν κηδείαν τοῦ Ἰω. Ῥοδοκανάκη παρηκολούθησαν πᾶσαι αἱ ἀρχαὶ τῆς ἡμετέρας πόλεως, καὶ λόχος τοῦ πεζικοῦ ἀπονέμων τὰς εἰς τὸ παράσημόν του ἀνηκούσας τιμάς. Κατὰ ῥητὴν ἐπιθυμίαν τῆς οἰκογενείας του οὐδεὶς στέφανος κατετέθη ἐπὶ τῆς σοροῦ του, οὐδεὶς λόγος ἐξεφωνήθη πρὸς ἐξύμνησιν τῶν ἀρετῶν του. Καὶ ὅμως ἡ κηδεία του ἦν ἐπιβάλλουσα καὶ ἀνταξία τῆς τιμῆς καὶ ὑπολήψεως ἧς ἀπελάμβανεν ὁ θανών.

Ἐπὶ τῷ θανάτῳ ἀνδρὸς τὰ πρῶτα φέροντος παρ᾽ ἡμῖν, γόνου μεγάλης καὶ ἱστορικῆς οἰκογενείας τῆς Ἑλλάδος ἡ « Πατρὶς » συλλυπεῖται θερμῶς τοῖς οἰκείοις του, εὔχεται δὲ αὐτῷ τὴν ἐν σκηναῖς δικαίων κατάταξιν.

Extrait de la Πατρὶς (journal hebdomadaire paraissant à Hermoupolis de Syra) du 11 février 1895, n⁰ 1503, page 4.

F

1

LE « PRINCE » JEAN-ANTOINE LASCARIS

Le « prince » Jean-Antoine Lascaris ayant été admis au nombre des nobles romains par la Congrégation héraldique, dans sa séance du 11 février 1869 (1), quelques journaux entretinrent leurs lecteurs de ce personnage resté si longtemps obscur. Le *Court Journal* de Londres, notamment, lui consacra les lignes suivantes, dans son numéro du samedi 27 mars 1869 (p. 350, col. 1 et 2) :

The Roman Senate (2) has lately inscribed in the Golden Book (3) of the patriciate (4) the name of the sole descendant in a direct line of the Eastern Emperors and of the last of the Lascaris known before 1789, that is to say ANTONIO LASCARIS COMNENO, Grand Duke of Epirus, Larissa, Media (?) and Macedonia, Prince of the Peloponnesus, and perpetual Grand Master by right of hereditary transmission of the Supreme Constantinian Order of the Knights of St. George. The descendant of this illustrious family was living unknown in Piedmont, when one day he conceived the idea of collecting his genealogical documents and claiming his rights. The Lascaris having belonged to the Roman nobility, he addressed himself to the Senate, and that body, after having verified the authenticity of his titles according to the documents in

---

(1) Toutes les démarches nécessaires pour obtenir cette admission furent faites par Marie Maillet.

(2) Non le Sénat Romain, auquel ne ressortissait pas un tel acte, mais la Congrégation héraldique, instituée par la bulle *Urbem Romam* du pape Benoît XIV.

(3) Le nom de Lascaris figure réellement au Livre d'Or capitolin et il y est surmonté de ses armoiries, ainsi que nous avons pu le constater, grâce à la haute bienveillance de M. le prince Ruspoli, maire de Rome.

(4) Non du patriciat, mais de la noblesse. Sont seules patriciennes les familles dont les noms se trouvent dans la bulle *Urbem Romam*.

the archives, has reinstated him in all his honours and privileges. The Prince is about to leave Turin to fix his residence in Rome.

Cet article étant tombé sous les yeux de Démétrius Rhodocanakis, il n'eut garde de laisser passer une si belle occasion de commettre une imposture. Il écrivit donc la lettre suivante, qui fut insérée dans le *Court Journal* du samedi 17 avril 1869 (p. 434, col. 1 & 2) :

To the editor of the *Court Journal*.

Sir, My attention has been called to a paragraph in your influential journal of the 27 ult., which has also been extensively circulated in other European publications, stating that the Roman Senate has lately inscribed in the Golden Book of the Patriciate the name of ANTONIO LASCARIS COMNENO as the « sole descendant in a direct line of the Eastern Emperors and perpetual Grand Master by right of hereditary transmission of the Supreme Constantinian Order of the Knights of St. George. » As the representative of my House in this Country, I hasten at once to protest against such inscription by the Roman Senate, and against the claims set up by ANTONIO LASCARIS COMNENO. My family are the senior direct lineal descendants of the Byzantine Emperors, and the sole legal inheritors of the titles and honours belonging to the dignity now improperly assumed by ANTONIO LASCARIS COMNENO, and steps will forthwith be taken to establish our indisputable rights and privileges. Accept, Sir, the assurance of my highest consideration.

RHODOCANAKIS.

15 april 1869.
Clarendon Hotel, 169, New Bond Street.

C'est très vraisemblablement la revendication de ses prétendus droits par le « prince » Jean-Antoine Lascaris qui inspira à D. Rhodocanakis l'idée d'écrire sa misérable brochure : *The Imperial Constantinian Order of St. George.* (Voir ci-dessus, p. 95.)

2

MARIE MAILLET, PRINCESSE LASCARIS,
DEVANT LE TRIBUNAL CORRECTIONNEL DE ROME

(Audience du 2 août 1872.)

Le tribunal correctionnel s'est occupé aujourd'hui de la fameuse affaire de la princesse Lascaris, descendante, dit-elle, des princes Lascaris d'Orient et qui est accusée d'escroquerie.

D'après l'acte d'accusation, la princesse Lascaris aurait extorqué à MM. Spada Flamini, banquiers bien connus à Rome, une somme de 6,000 francs, en leur présentant des lettres de change tirées par elle sur des personnes qui ont été reconnues plus tard ne pas exister.

L'audience était présidée par M. Ciampi ; M. Criscuolo siégeait au banc du ministère public. La princesse a choisi pour défenseur l'honorable Mancini ; MM. Spada Flamini, qui se sont portés cause civile, sont représentés par M. Bartoccini.

Parmi les témoins à décharge, on note les noms du prince Charam et de M. Ricciotti Garibaldi. La salle si petite du tribunal regorge de monde. Inutile de dire que la chaleur est étouffante.

La princesse Lascaris est une femme à l'aspect distingué et intelligent. Elle se défend avec calme et déclare qu'elle n'a jamais eu l'intention de tromper qui que ce soit. Son langage est celui d'une femme du monde et d'une femme instruite.

De son interrogatoire, il résulte que la princesse était connue depuis longtemps de la maison Spada Flamini, qui, à diverses reprises, avait fait avec elle des opérations. Jamais ces opérations n'avaient donné lieu à aucun incident et la maison Spada Flamini avait toujours été intégralement payée.

La princesse Lascaris s'occupait de politique et c'est sur les faits qui vont suivre que s'appuie l'accusation. En relation, dit-elle, avec Gustave Flourens, le membre de la Commune, dès les premiers jours du second siège de Paris, elle avait reçu avis de celui-ci qu'un M. Millier, habitant

Mulhouse, lui remettrait de l'argent pour compte d'un comité politique. Ce M. Millier lui était complètement inconnu. Néanmoins, après avoir reçu l'avis de Flourens, elle tira sur lui deux traites de 15,000 francs chacune, traites qu'elle donna à la maison Spada Flamini, pour en effectuer l'encaissement, mais qu'elle n'offrait pas, dit-elle, comme gage d'une avance. La somme de 6,000 francs, qui lui fut payée par la maison Spada Flamini ne lui aurait été donnée qu'en raison de la confiance particulière qu'on avait en elle.

MM. Spada Flamini, au contraire, prétendent que ces traites devaient former le gage d'une avance de 6,000 francs qui leur fut demandée et que la personne sur laquelle elles étaient tirées n'existant pas ou n'ayant jamais pu être retrouvée, il y avait dans ce fait une escroquerie. C'est là le point que les débats devront éclaircir.

On introduit M. Ettore Rinaldi, caissier de la maison Spada Flamini. Il dépose qu'il a connu, en 1869, la princesse Lascaris et qu'il a toujours professé pour elle la plus grande estime. Il l'a toujours crue sérieuse et possédant une certaine fortune. Il confirme ce fait que la somme donnée à la princesse a été avancée par suite de la confiance particulière qu'on avait en elle, comme cela résulte, du reste, de l'acte faisant foi de la remise des deux traites qu'on devait encaisser et payer intégralement à la princesse. Il ajoute que, lorsqu'on ne trouva pas Millier à Mulhouse, la maison Spada Flamini crut être victime d'une escroquerie et déposa une plainte au parquet du procureur du roi.

Tommaso Segarini, agent d'affaires, fait l'éloge de la princesse, dont l'honnêteté ne peut être mise en doute.

Le ministère public observe, à ce moment, que le témoin qui, aujourd'hui, déclare avoir si bonne opinion de la princesse, a prouvé, autrefois, par ses actes qu'il avait une façon de voir toute différente. Le témoin répond que la princesse ayant payé ce qu'elle devait jusqu'au dernier sou, intérêts compris, son honnêteté est évidente.

Filippo Brua, Giuseppe Danuso et Antonio Gazzotti déposent d'une façon favorable à la princesse. L'avocat Löwemberg, qui, en sa qualité d'Israélite, prête serment le chapeau sur la tête, confirmé par sa déposition celle des précédents témoins.

Entrée du prince Charam, qui s'avance vêtu du costume oriental. Il déclare être né au Liban. Malgré les invitations réitérées du président, il refuse de prêter serment, bien que catholique, et sa déposition est admise à titre de simple renseignement. Il fait de grands éloges de la princesse, qu'il a connue à Athènes, et qu'il respecte comme la légitime descendante des princes Lascaris d'Orient. Il l'a toujours aidée de ses vœux et a toujours fait son possible pour amener son triomphe et celui de son parti politique.

M. Ricciotti Garibaldi, qu'on introduit ensuite, refuse également de prêter serment et se déclare libre-penseur. Le président accepte le serment fait sur sa conscience. M. Garibaldi déclare que, pour lui, la princesse Lascaris est une personne des plus respectables. Il sait qu'elle a fait partie de comités politiques. Elle lui a remis autrefois une lettre de recommandation pour Flourens. Invité à présenter cette lettre, M. Garibaldi déclare qu'il ne la possède plus. Entouré d'ennemis, lors de la campagne des Vosges, il a brûlé tous ses papiers, parmi lesquels se trouvait la lettre pour Flourens.

On entend après M. Enrico Dary, officier, qui, étant en disponibilité en 1867, devint secrétaire, puis directeur du *Banco di Sconto e Sete* de Turin, où il eut occasion de connaître la princesse. Il témoigne en sa faveur.

Il est une heure. L'audience est suspendue. Nous donnerons demain la suite de cet intéressant procès.

Lorsque nous avons interrompu hier notre compte rendu, l'audience venait d'être suspendue. Après un court intervalle, elle est reprise et le ministère public, représenté par M. Criscuolo, procureur du roi, se lève pour prononcer son réquisitoire. Avec une grande clarté, il fait tout l'historique du procès. Il démontre que celui qui a eu l'initiative des poursuites est ce même M. Segarini, ami et confident de la princesse, lequel doutait fortement autrefois de sa délicatesse et de son honnêteté, à ce point qu'il disait d'elle qu'elle était un escroc, et qui, aujourd'hui qu'elle a payé, en fait le plus splendide panégyrique. Ici, le ministère public justifie pleinement l'œuvre de l'autorité judiciaire, qui a, dit-il, agi en se basant sur les renseignements transmis par la questure de Naples. Ces renseignements dépeignaient la princesse Lascaris comme une *imbrogliona*, et, d'ailleurs, une plainte en escroquerie ayant été formellement déposée, on ne pouvait se dispenser de la transmettre au ministère public.

Le procureur s'élève ensuite avec une grande force contre la maison Spada Flamini et prononce même à son égard certaines paroles qui n'ont rien de flatteur. Arrivé à ce point, le ministère public reconnaît que l'on ne peut raisonnablement soutenir l'accusation contre la princesse et demande, en conséquence, son renvoi pur et simple des fins de la plainte.

Bien que la défense fût désormais devenue inutile, M. Mancini a voulu parler, non pas dans l'intérêt juridique de sa cliente, mais dans son intérêt moral, tenant à honneur de dissiper même l'ombre d'un doute à son égard dans l'esprit des magistrats comme dans celui des citoyens.

L'illustre avocat a raconté avec beaucoup d'éloquence la vie de Mme Marie Maillet, fille légitime adoptive du prince Lascaris ; puis, avec des documents à l'appui, a prouvé combien elle est digne de respect. M. Mancini s'est ensuite élevé contre les renseignements fournis par les questures en général et celle de Naples en particulier. Puis il a discuté la question de droit. Nous ne le suivrons pas sur ce terrain. Bornons-nous à dire que sa harangue a produit un grand effet.

Le tribunal, après s'être retiré dans la chambre du conseil, en est revenu bientôt après et, sur les conclusions conformes du ministère public, a renvoyé des fins de la plainte Marie Maillet, princesse Lascaris, dernière descendante des Paléologues d'Orient.

Extrait de l'*Italie, journal politique quotidien*, des 3 et 4 août 1872.

G

FAILLITE DE DÉMÉTRIUS RHODOCANAKIS

1

In the London Bankruptcy Court.

In the matter of proceedings for liquidation by arrangement or composition with creditors, instituted by Demetrius Rodocanachi and Theodore Rodocanachi, of Ethelburga House, Bishopsgate Street, within, in the city of London, trading under the style or firm of *Rodocanachi Brothers*, merchants.

Notice is hereby given that a first general meeting of the above-named persons has been summoned to be held at the offices of Messrs Croysdell, Saffery and Co., n° 14, Old Jewry Chambers, in the city of London, public accountants, on the 14th day of may 1874, at three o'clock in the afternoon precisely (1). Dated this 15th day of april 1874.

Lumley and Lumley, 15, Old Jewry Chambers, in the city of London, and 22, Conduit Street, Regent Street, in the county of Middlesex, attorneys for the said Demetrius Rodocanachi and Theodore Rodocanachi.

Extrait de la *London Gazette* du 17 avril 1874, p. 2176.

2

In the London Bankruptcy Court.

In the matter of a Bankruptcy petition against Demetrius Rodocanachi and Theodore Rodocanachi, of Ethelburga House, Bishopsgate Street, in the city of London, merchants and copartners in trade.

Upon the hearing of this petition this day, and upon proof satisfactory to the Court of the debt of the petitioner, and of

---

(1) Cf. *The Law Journal* de l'année 1874, p. 68.

the trading and of the act of Bankruptcy alleged to have been commited by the said Demetrius Rodocanachi and Theodore Rodocanachi having been given, it is ordered that the said Demetrius Rodocanachi and Theodore Rodocanachi, he and they are hereby adjudged bankrupts.

Given under the seal of the Court, this 30th day of april 1874.

By the Court,
WM. HAZLITT, registrar.

The first general meeting of the creditors of the said Demetrius Rodocanachi and Theodore Rodocanachi is hereby summoned to be held at the London Bankruptcy Court, Basinghall Street, in the city of London, on the 3rd day of june 1874, at twelve o'clock at noon, and (1) that the Court has ordered the bankrupts to attend thereat for examination and to produce thereat a statement of their affairs, as required by the statute.

Until the appointment of a trustee, all persons having in their possession any of the effects of the bankrupts must deliver them, and all debts due to the bankrupts must be paid to William Hazlitt, Esq., one of the registrars, at the office of Mr. Peter Paget, official assignee in the London Bankruptcy Court, Basinghall Street. Creditors must forward their proofs of debts to the registrar at the said address.

Extrait de la *London Gazette* du 22 mai 1874, p. 2774.

3

In the London Bankruptcy Court.

In the matter of Demetrius Rodocanachi and Theodore Rodocanachi, of Ethelburga House, Bishopsgate Street, in the city of London, merchants and copartners in trade, bankrupts.

---

(1) On peut sous-entendre ici les mots : *notice is given;* mais, même sans cela, le sens est parfaitement clair.

James Waddell, of 12, Queen Victoria Street, in the city of London, public accountant, has been appointed trustee of the property of the bankrupts. The Court has appointed the public examination of the bankrupts to take place at the London Bankruptcy Court, Lincoln's-inn, Middlesex, on the 6th day of july 1874, at eleven o'clock in the forenoon. All persons having in their possession any of the effects of the bankrupts must deliver them to the trustee, and all debts due to the bankrupts must be paid to the trustee. Creditors who have not yet proved their debts must forward their proofs of debts to the trustee.

Dated this 3rd day of june 1874.

Extrait de la *London Gazette* du 9 juin 1874, p. 2989.

4

In the London Bankruptcy Court.

A meeting of the creditors of Demetrius Rodocanachi and Theodore Rodocanachi, of Ethelburga House, Bishopsgate Street, in the city of London, merchants, adjudicated bankrupts on the 30th day of april, 1874, will be held at the offices of Messrs. J. Waddell and Co., Mansion House Chambers, 12, Queen Victoria Street, in the city of London, on monday, 22nd day of march 1875, at two o'clock in afternoon, for the purpose of considering the propriety of sanctioning the assent by the trustee to a proposal made by the bankrupts for the payment to their creditors of the sum of 2 s. 6 d. in the pound on their debts, in full satisfaction and discharge thereof, and for the annulling of the order of adjudication of bankruptcy made against them.

Dated this 8th day of march, 1875.

James WADDELL, trustee.

Extrait de la *London Gazette* du 9 mars 1875, page 1574.

5

In the London Bankruptcy Court.

In the matter of Demetrius Rodocanachi and Theodore Rodocanachi, of Ethelburga House, Bishopsgate Street, within, in the city of London, merchants, bankrupts.

Whereas under a Bankruptcy Petition presented to this Court against the said Demetrius Rodocanachi and Theodore Rodocanachi, an order of adjudication was made on the 30th of april, 1874, this is to give notice that the said adjudication was, by order of this Court, annulled on the 25th day of may 1875.

Dated this 25th day of may 1875.

Extrait de la *London Gazette* du 25 mai 1875, page 2807.

6

La *London Gazette* ne donne ni le chiffre du passif de la faillite, ni le montant du dividende payé aux créanciers. Pour combler cette double lacune, il nous a fallu puiser à une autre source. Grâce à l'aimable intervention d'un ami, avocat distingué du barreau de Londres, nous avons pu faire copier, par un employé de la Bankruptcy Court, les notes officielles suivantes, qui confirment et complètent les détails précédents. On y remarquera l'assistance pécuniaire prêtée au failli par son honorable père.

Debtor's summons for Charles Rogers Heap (1) against Demetrius Rodocanachi and Theodore Rodocanachi, Ethelburga House, Bishopsgate, merchants, for £ 1411.5.0., stock exchange differences (2). Dated 8th april 1874 (Date of summons).

[Petition by C. R. Heap.] Creditor's petition filed 16th

---

(1) Charles Rogers Heap, a stock broker of 2 Copthall Buildings, Throgmorton Street, in the City (*The Law Journal* de 1874, p. 92).

(2) *Id est* differences between selling and buying prices, *id est* losses (Note de l'avocat ci-dessus désigné).

april 1874. Act of Bankruptcy, failing to pay after debtor's summons; 30th april 1874 adjudged bankrupt.

First meeting creditors 27th may 1874.

Advertisement of adjudication stayed (1) on application of Lumleys, who had filed liquidation petition, until after 17th may to see what creditors resolved. Liquidation petition fell through.

1874, 15th april, Letter, Lumleys to creditors, stating a creditor (meaning Heap) had served a bankruptcy summons and would not wait; a letter to Rodocanachi senior as to whether he would assist the debtors that they had filed this day liquidation petition.

Meeting 3rd june 1874, trustee James Waddell; C. R. Heap and Maurice Adolphus Goldschmidt, 14, Angel Court, stock broker, committee; Lewis and Lewis, solicitors for trustee.

Statement of affairs filed 9th june 1874.

Creditors partly secured, Cunliffe Brooks and Co., 93 King Street, Manchester, bankers, £ 4822.7.0; Hold bonds (2) value £ 264.15.0.

John Rodocanachi, Syra, Greece, hold shares Olympia Company, and a piece of land at Athens under the mountain Licavitus, value £ 40; Property, List G. Share in Austrian £ 12; Share in Loway Coal Company; Cape Breton Land £ 100

6th july 1874, Public examination adjourned to 13th july 1874. No examination.

12th july adjourned to 27 july to file cash account.

Cash, etc. account filed 20th july 1874.

Adjourned to 9th november; adjourned to 7th december; 18th january 1875; to file proper account as to £ 820 drawn from a sum of £ 850 banking account.

Adjourned to 15th february 1875.

Adjourned to 22nd march to carry out arrangement with a creditor.

Meeting called 22nd march 1875 to approve scheme (3).

---

(1) *Id est* delayed for a time (Note de l'avocat).
(2) *Id est* the said bankers hold these bonds (Note de l'avocat).
(3) *Id est* proposed composition (Note de l'avocat).

Notice of application to confirm, dated 8th april 1875.
Application 20th april 1875 to sanction.
Scheme 2 s. 6 d. in £ within 14 days, and then to annul Bankruptcy and pay cost and expenses of Bankruptcy and trustee. Order made. Proposal signed by bankrupt. Debts proved £ 17.318.4.10.
25th may application made and Bankruptcy annulled.
Mr. Waddell on 15th may 1875 certified as trustee that bankrupt had paid £ 2756.18.6. and £ 484.8.0. he had in hand, which paid composition agreed on and costs, trustee £ 150, and Lewis and Lewis £ 150.

H

DÉMÊLÉS DE DÉMÉTRIUS RHODOCANAKIS
AVEC LA MUNICIPALITÉ D'HERMOUPOLIS DE SYRA

Après la célébration religieuse de son mariage, Démétrius Rhodocanakis, désirant se conformer à la loi, demanda l'inscription de ce mariage sur les registres de l'état civil d'Hermoupolis de Syra. Dans sa déclaration, il prenait, comme bien on pense, le titre de *prince*. Le secrétaire municipal transcrivit la déclaration telle quelle, mais M. Constantin Tsiropinas, maire d'Hermoupolis, refusa de la signer, sous prétexte que la Constitution hellénique ne reconnaît pas les titres nobiliaires et il invita Rhodocanakis à se présenter, dans les vingt-quatre heures, à l'Hôtel de Ville, pour y annuler son titre de *prince*. Sacrifier d'un trait de plume un titre pour lequel il a gâché tant d'argent et débité tant de mensonges, c'était pour le pauvre sire mille fois plus cruel que d'être accroché à la potence. Il s'y refusa avec la dernière énergie, clabauda, tempêta et finalement en appela au préfet des Cyclades. Ce fonctionnaire, plus radical encore que M. le maire, ordonna la radiation pure et simple de l'acte de mariage du faussaire, alléguant que le mariage d'un sujet anglais ne doit pas figurer sur les registres d'un état civil du royaume de Grèce.

C'en était trop. Démétrius Rhodocanakis porta le différend devant le tribunal de première instance de Syra. L'affaire fut appelée à l'audience du 5 juillet 1895 et le jugement rendu le 8.

Rhodocanakis obtint gain de cause.

La sentence du tribunal de Syra donne donc une consécration solennelle à toute une série de faux en écriture publique commis par Démétrius Rhodocanakis. Le tribunal a estimé qu'il n'avait pas à rechercher par suite de quelles mystérieuses métamorphoses Rhodocanakis parti chenille de son pays natal y était revenu papillon. Il a pris connaissance des papiers anglais du personnage, il a constaté qu'il y portait la qualification de *prince*. Cela lui a suffi. Il a craint, non sans quelque apparence de raison, de sortir de son rôle en poussant plus loin ses investigations ; mais la preuve qu'il n'a pas la moindre confiance dans la noblesse de Rhodocanakis, c'est que, craignant sans doute de prêter à rire, il fait prudemment observer *qu'il n'entend pas reconnaître le titre nobiliaire du requérant, ni même s'occuper de rechercher* SI CE TITRE EST RÉEL OU NON.

D. Rhodocanakis a pris la peine de m'envoyer lui-même un exemplaire du jugement. Je le reproduis ci-dessous in extenso.

Il va sans dire que cette sentence, accueillie en Grèce par des sifflets et sévèrement appréciée par des jurisconsultes distingués, ne change absolument rien aux conclusions du présent livre, aucun tribunal au monde n'ayant le pouvoir d'improviser l'histoire et, conséquemment, de faire que Démétrius Rhodocanakis ne soit pas un imposteur.

1

Ἐλάβομεν ἐξ Ἑρμουπόλεως τῆς Σύρου τὴν ἑξῆς ἀρκετὰ περίεργον ἐπιστολήν.

Κύριε Διευθυντὰ τῆς « Ἑστίας »,

Ὁ κ. Δημήτριος Ἰωάννου Ῥοδοκανάκης ἐνυμφεύθη πρὸ ὀλίγων ἡμερῶν τὴν θυγατέρα τοῦ ἱερέως Σαμοθράκη· κατ' ἀκολουθίαν ἠθέλησε, ἂν καὶ ξένος ὑπήκοος, νὰ δηλώσῃ τὸν γάμον του ἐν τῷ ἐνταῦθα δημαρχείῳ. Ἡ δήλωσις γραφεῖσα ὑπ' αὐτοῦ ἐδόθη πρὸς τὸν οἰκεῖον ὑπάλληλον τοῦ δημαρχείου ἵνα περασθῇ εἰς τὸ οἰκεῖον βιβλίον. Ἐν αὐτῷ ὁ κύριος οὗτος τὸν ἑαυτόν του ὀνομάζει πρίγκηπα, τὴν δὲ σύζυγόν του ὡς καταγομένην ἐκ τῆς οἰκογενείας Μοροζίνη (τοῦ Πελοποννησιακοῦ;).

Τὴν ληξιαρχικὴν ταύτην πρᾶξιν ὑπέγραψεν ὁ πρίγκηψ· ἀλλ' ὅτε αὕτη ἐπαρουσιάσθη ἵνα ὑπογραφῇ ὑπὸ τοῦ δημάρχου, ὄχι μόνον δὲν τὴν ὑπέγραψεν οὗτος, ἀλλὰ καὶ διέταξε νὰ προσκληθῇ ὁ πρίγκηψ ἐντὸς 24 ὡρῶν νὰ διαγράψῃ τοὺς πριγκηπικοὺς τίτλους του ὡς ἀλλοτρίους τῶν ἑλληνικῶν νόμων. Ὁ πρίγκηψ διεμαρτυρήθη καὶ διὰ τῆς νομαρχίας ἀπῄτησε νὰ μὴ διαγραφῶσιν οἱ τίτλοι· ἡ νομαρχία ὅμως δι' ἐγγράφου της διέταξε νὰ διαγραφῇ ὅλως ἡ ῥηθεῖσα πρᾶξις, διότι ὁ πρίγκηψ τυγχάνει Ἄγγλος ὑπήκοος· τοῦτο δὲν ἤρεσεν εἰς τὸν πρίγκηπα καὶ διαδίδει ὅτι διὰ τοῦ Δικαστηρίου θὰ ἐξαναγκάσῃ τὴν δημαρχίαν νὰ καταχωρίσῃ τὴν πρᾶξιν τοῦ γάμου του μὲ τοὺς τίτλους του.

Περὶ τοῦ ἐπεισοδίου τούτου πολὺς γίνεται ἐνταῦθα λόγος, διότι μανθάνει ἡ Ἑρμούπολις ὅτι ἐγεννήθη καὶ κατοικεῖ ἐν αὐτῇ ὁ μόνος ἀπόγονος καὶ διάδοχος τῆς Βυζαντινῆς αὐτοκρατορίας· διότι, ὡς ἔμαθον, λέγει ὅτι κατάγεται ἀπὸ τοὺς Ἀγγέλους, Κομνηνούς, Δούκας καὶ Παλαιολόγους, καὶ ὅτι περιῆλθεν εἰς φιλολογικὰς διαφορὰς μέ τινα (;) Γάλλον Émile Legrand, διότι οὗτος ἠθέλησε, ἄγνωστον διατί, ν' ἀμφισβητήσῃ τοὺς τίτλους του.

Πάμπολλα διαδίδονται περὶ τοῦ ῥηθέντος πρίγκηπος, ἀλλ' ἴσως δὲν εἶνε ἄξια προσοχῆς ν' ἀναγραφῶσιν. Ἁπλῶς ἠθέλησα νὰ καταστήσω γνωστὸν τὸ ἀνωτέρω ἐπεισόδιον, ἵνα καὶ ἡ βασιλεία τοῦ Ἑλληνικοῦ ἔθνους γνωρίσῃ ὅτι ὑπάρχουσιν ἀπόγονοι τῶν Βυζαντινῶν Αὐτοκρατόρων.

Εἷς ἀναγνώστης σας.

Extrait de l'Ἑστία du 6 juillet 1895, pp. 2-3.

2

Περὶ τοῦ κυρίου ἐκείνου, τοῦ ζητήσαντος νὰ ὑπογράψῃ μὲ πριγκηπικοὺς τίτλους ληξιαρχικήν τινα πρᾶξιν, μᾶς ἐπιστέλλουν ἐκ Σύρου τὰς ἑξῆς νεωτέρας εἰδήσεις : Ἀπεφάσισε τέλος ὁ κ. Δ. Ῥ. νὰ διασώσῃ δικαστικῶς τοὺς κινδυνεύσαντας τίτλους του· διὰ τοῦτο τὴν παρελθοῦσαν τετάρτην (5 Ἰουλίου) συνεζητήθη ἡ περίεργος αὕτη δίκη ἐν τῷ πρωτοδικείῳ Σύρου. Ὁ μὲν πρίγκηψ παρέστη διὰ δύο δικηγόρων, τοῦ δὲ δικαστηρίου προήδρευε ὁ ἀξιότιμος κ. Ἰω. Καφόπουλος. Περίεργος λίαν θὰ εἶνε ἡ ἀπόφασις τῆς παραδόξου ταύτης δίκης, περιεργότερα δὲ καὶ ἀξιοθέατα θὰ εἶνε τὰ ἔγγραφα καὶ αἱ περγαμηναὶ δι' ὧν ὁ πρίγκηψ θὰ ὑποστηρίξῃ τὸ πριγκηπικόν του ἀξίωμα.

Ἀλλ' ὅμως εἰς μὲν τὸν βίον τοῦ πρίγκηπος, ὃν ἔγραψε Βικέντιός τις Ἰουστινιᾶνος, λέγεται ὅτι εἷς τῶν προγόνων τοῦ πρίγκηπος ἐνυμφεύθη Θεοδώραν, τὴν μόνην θυγατέρα Θεοδώρου Δ' Παλαιολόγου ἐν τῷ ἐν Νεαπόλει ναῷ τῶν ἀποστόλων Πέτρου καὶ Παύλου ἐν ἔτει 1614, ἐξ ἧς ἐκληρονόμησε τὴν διαδοχὴν τοῦ Βυζαντινοῦ θρόνου (σελ. 8, 17), ἐν δὲ τῇ ὁμωνύμῳ καλουμένῃ ἐφημερίδι (ἔτος ΙΑ', 1884, 356) ἐδήλωσεν αὐτὸς οὗτος ὁ πρίγκηψ ὅτι τὸν τίτλον τοῦ πρίγκηπος ἀπένειμε εἴς τινα τῶν προγόνων αὐτοῦ Κάρολος Β', βασιλεὺς τῆς Ἀγγλίας.

Extrait de l'Ἑστία du 9 juillet 1895, p. 3.

Le dernier alinéa de cet article a besoin de quelques éclaircissements. Le journal athénien Ἐφημερὶς du 20 décembre 1884 (pp. 1-2) ayant traduit pour l'édification de ses lecteurs l'article *Rhodocanakis* inséré dans l'*Almanach de Gotha* (année 1885, qui venait de paraître), l'accompagna de quelques paroles railleuses à l'adresse de « Démétrius II ». Celui-ci, qui était alors à Athènes, se rendit, le jour même, au bureau du journal, y exhiba « ses parchemins », déclara que le titre de *prince* avait été accordé à un de ses aïeux par Charles II, roi d'Angleterre (Ἐφημερὶς du 21 décembre 1884, p. 2) et qu'il portait ce titre non comme sujet grec, mais comme sujet anglais.

Nous nous bornerons à remarquer que Démétrius Rhodocanakis n'affirme nulle part dans ses opuscules qu'un de ses aïeux ait été créé prince par Charles II. S'il a réellement tenu le langage que lui prête l'Ἐφημερὶς (et nous n'avons aucune raison d'en douter), ce serait une imposture nouvelle qu'il faudrait ajouter à son actif déjà si riche.

3

Ἕλλην πρίγκηψ. — Μία περιεργοτάτη δίκη. — Εἷς ἀπόγονος τοῦ Διὸς καὶ τῆς Ῥέας. — Εἷς μνηστήρ τοῦ θρόνου τοῦ Βυζαντίου.

Μᾶς γράφουν τὰ ἑξῆς :

Δημήτριος II Δούκας Ἄγγελος Κομνηνὸς Παλαιολόγος Ῥοδοκανάκης, δέκατος πέμπτος τιτουλάριος αὐτοκράτωρ τῆς Βυζαντινῆς αὐτοκρατορίας, μέγας μάγιστρος τοῦ αὐτοκρατορικοῦ τάγματος τοῦ ἁγίου Κωνσταντίνου, ἱππότης τοῦ Ἀετοῦ καὶ τοῦ Πελεκᾶνος, μέγας πρίγκηψ τοῦ Ῥοδοσταύρου καὶ ἱππότης καδώσχ.

Εἰς δύο προηγούμενα φύλλα τῆς ἐφημερίδος Ἑστίας ἐγένετο λόγος περί τινος ἐπεισοδίου τοῦ κ. Δημητρίου Ῥοδοκανάκη καὶ τοῦ δημάρχου Ἑρμουπόλεως κ. Τσιροπινᾶ καὶ τῶν πριγκηπικῶν ἀξιώσεων τοῦ πρώτου.

Ἡ ὑπόθεσις αὕτη, ὡς γνωστόν, συνεζητήθη τὴν 5 Ἰουλίου εἰς τὸ ἐνταῦθα πρωτοδικεῖον, ἀνυπομόνως δὲ οἱ Ἑρμουπολῖται ἀναμένουσι τὴν καλὴν ἔκβασιν, ὑπὲρ τοῦ πρίγκηπος, τῆς ἀποφάσεως τῆς παραδόξου ταύτης δίκης διὰ νὰ μὴ στερηθῶσι τὴν ὕπαρξιν πρίγκηπος συμπατριώτου, γεννηθέντος καὶ ἀνατραφέντος μεταξύ αὐτῶν.

Κατὰ λάθος ὁ γράψας ἐν τῇ Ἑστίᾳ περὶ τῶν πριγκηπικῶν ἀξιώσεων τοῦ κ. Δημητρίου Ῥοδοκανάκη ἔγραψεν ὅτι ὁ βιογράφος του, Βικέντιος Ἰουστινιάνης, διϊσχυρίζεται ὅτι τὰ ἐπὶ τοῦ βυζαντίνου θρόνου δικαιώματά του ἀναφέρονται ἐν ταῖς μνημονευθείσαις σελίσιν. Τὸ παράδοξον τοῦτο βιβλίον ἐπιγράφεται : « Βίος καὶ συγγράμματα τῆς Αὐτοῦ Αὐτοκρατορικῆς Ὑψηλότητος τοῦ πρίγκηπος Δημητρίου Ῥοδοκανάκιδος, ὑπὸ Βικεντίου Ἰουστινιάνη, τοῦ ἐκ τῶν πριγκήπων Ἰουστινιανῶν. Ἐν Ἑρμουπόλει Σύρου, εκ του τυπογραφείου Ρενιέρη Πριντέζη. 1876.» Εις 4ον, σελ. 1-82.

Πολλοί διϊσχυρίζονται ότι ο ρηθείς βιογράφος του πρίγκηπος Βικέντιος είνε πρόσωπον πλαστόν, και ότι αυτός ο πρίγκηψ εβιογράφησεν εαυτόν. Τούτο δεν δύναμαι να βεβαιώσω, αν και ο γνωστός τοις πάσι Γάλλος Émile Legrand διά πολύ δυσωνύμων λέξεων, ας δεν επιθυμώ να επαναλάβω, χαρακτηρίζει την προς τα τοιαύτα επιτηδειότητα του πρίγκηπος (Bibliographie hellénique du dix-septième siècle, tome III, pp. 261-262, 459-460).

Εκ της ρηθείσης ταύτης αυτοβιογραφίας του ημετέρου πρίγκηπος μανθάνει τις πολλά παράξενα, άγνωστα εν τη ιστορία : ότι ο πρίγκηψ εγεννήθη εν Χίω (ενώ εκ των βιβλίων της δημαρχίας Ερμουπόλεως δηλούται ότι εγεννήθη εν Σύρω) · ότι είναι σήμερον ο δέκατος πέμπτος τιτουλάριος αυτοκράτωρ της Βυζαντινής αυτοκρατορίας, Δημήτριος II, ότι κατάγεται εκ του Διός και της Ρέας, και το σπουδαιότατον πάντων ότι, εν έτει 1822 (κατά την καταστροφήν της Χίου), επεδίωξαν οι δούκες Ροδοκανάκηδες την ανόρθωσιν της Βυζαντινής αυτοκρατορίας (σελ. 24).

Απέναντι τοιούτων και τηλικούτων αξιώσεων, ποίου είδους απόφασιν θα εκδώση το εν Σύρω πρωτοδικείον; Φ.

Extrait du journal athénien Άστυ du 12 juillet 1895.

4

Αριθ. 1010.
Το Δικαστήριον των εν Σύρω Πρωτοδικών
του τμήματος των διακοπών,

Συγκείμενον εκ των δικαστών Ιω. Καφοπούλου προεδρεύοντος του τμήματος των διακοπών, Ιω. Βελιμέζη εισηγητού και Ν. Φιλίνη παρέδρου, απόντος του ετέρου δικαστού του τμήματος των διακοπών, Γ. Διοβουνιώτου.

Συνεδριάσαν δημοσίως εν τω ακροατηρίω την 5 Ιουλίου 1895, παρόντων του τε εισαγγελεύοντος δικηγόρου Γ. Γεράρδη, κωλυομένου του εισαγγελέως και των αμέσως αυτού αναπληρωτών, και του υπογραμματέως Γιαν. Καντζιλιέρη, ίνα δικάση επί της εξής αιτήσεως του αιτούντος πρίγκηπος Δημητρίου Ροδοκανάκη, κατοίκου Ερμουπόλεως, παραστάντος μετά των πληρεξ. του δικηγόρων Κωνσταν. Σαλταμπάση και Σ. Μάτεση.

Ὁ αἰτῶν διὰ τῆς ἀπὸ 27 Ἰουνίου 1895 πρὸς τὸ Δικαστήριον τοῦτο αἰτήσεώς του ἐξέθηκεν ὅτι, νυμφευθεὶς ἐν Ἑρμουπόλει, κατὰ τὴν 4 Ἰουνίου (ἐ. ἔ.), μετὰ τῆς Εὐθυμίας Λαζ. Σαμοθράκη, σακελλαρίου, καὶ συμμορφωθεὶς πρὸς τὸν ἐν Ἑλλάδι ἰσχύοντα ἀστυκὸν νόμον, καὶ ἰδίως πρὸς τ'ἄρθρα 13 καὶ 14, ἐδήλωσε τὴν τέλεσιν τοῦ γάμου του ἐντὸς τῆς νομίμου προθεσμίας πρὸς τὸν δήμαρχον Ἑρμουπόλεως ὡς ληξίαρχον, διότι, καίπερ ἀλλοδαπός, ἤτοι ὑπήκοος ἄγγλος, ὤφειλεν νὰ τελέσῃ καὶ ἐτέλεσε τοὺς γάμους του κατὰ τὸν ἐν Ἑλλάδι ἰσχύοντα νόμον, ἐπομένως ὤφειλε νὰ δηλώσῃ τὴν ἐκτέλεσιν αὐτοῦ ἐνώπιον τοῦ ληξιάρχου τῆς περιφερείας ἔνθα ἐτελέσθη. Ἐνῷ δὲ ἐδήλωσε τὸ ὄνομά του ὡς ἑξῆς « ὁ πρίγκηψ Δημήτριος Ἰ. Ῥοδοκανάκης, Ἄγγλος τὴν πατρίδα, ἐνυμφεύθη τὴν κλπ. » · ἐπὶ τῇ δηλώσει του δὲ ταύτῃ συνετάχθη ἡ ληξιαρχικὴ πρᾶξις παρὰ τοῦ γραμματέως τοῦ δημάρχου καὶ ὑπεγράφη αὕτη παρὰ τοῦ αἰτοῦντος καὶ τῆς συζύγου του, τῶν μαρτύρων Ἀναστ. Σπουργίτου καὶ Γ. Χρυσίδου καὶ τοῦ ἱερέως Ἐμμ. Βλυσίδου, ὁ δήμαρχος ὡς ληξίαρχος διέγραψε τὴν λέξιν « πρίγκηψ » ὡς καὶ τὰς λέξεις « Ἄγγλος τὴν πατρίδα », προσθεὶς « τὴν πατρίδα Ἑρμουπολίτης », ἐπομένως δικαιοῦται, κατὰ τὸ ἄρθρον 54 τοῦ ἀστυκοῦ νόμου, νὰ ζητήσῃ τὴν διόρθωσιν τῆς ληξιαρχικῆς πράξεως παρὰ τοῦ Δικαστηρίου διὰ τῆς ἐπ' ἀναφορᾷ διαδικασίας.

Ἐπειδὴ ὁ τίτλος τοῦ πρίγγιπος ἀνεγνωρίσθη εἰς αὐτὸν ὑπὸ τῆς ἀγγλικῆς κυβερνήσεως, καὶ ὑπὸ τὸν τίτλον τοῦτον εἶναι γνωστὴ ἡ ταυτότης του ἐν Ἀγγλίᾳ, ἧς διατελεῖ ὑπήκοος · ἀλλὰ καὶ ἐν Ἑλλάδι οὐδεμία ἀρχὴ ἠρνήθη ν'ἀναφέρῃ ἐν τοῖς ἐγγράφοις αὐτῆς τὴν ἰδιότητα ὑφ' ἣν ἀνεφέρθη · ἀποδείξεις δὲ περὶ τούτου ἐπικαλεῖται καὶ ἐπισυνάπτει 1) τὴν ὑπ' ἀριθ. 545 ληξιαρχικὴν πρᾶξιν τοῦ ληξιάρχου Ἀθηνῶν τῆς 27 Ἰουλίου 1884 ἐν ᾗ ἀναφέρεται « ἐνεφανίσθη ὁ πρίγκηψ Δημήτριος Ἰ. Ῥοδοκανάκης κλπ. » 2) τῆς ὑπ' ἀριθ. 617 τῆς 2 νοεμβρίου 1882 ἑτέραν ληξιαρχικὴν πρᾶξιν τοῦ ληξιάρχου Ἑρμουπόλεως καὶ δημάρχου Δημ. Βαφιαδάκη, ἐν ᾗ ἀναφέρεται « ἐνεφανίσθη ὁ πρίγκηψ Δημήτριος Ῥοδοκανάκης κλπ. » 3) τὸ ἀπὸ 8 Ἰουνίου (ἐ. ἔ.) πιστοποιητικὸν τοῦ τελέσαντος τὸν γάμον του ἐφημερίου Ἐμμ. Βλυσίδου βεβαιοῦντος ὅτι αὐθήμερον ἐστεφάνωσεν « τὸν πρίγκηπα Δημήτριον Ἰ. Ῥοδοκανάκην, ἄγγλον πολίτην. » 4) τὸ ἀπὸ 23 μαρτίου 1882 πιστοποιητικὸν τοῦ, ἀδείᾳ τοῦ μητροπολίτου Ἀθηνῶν, τελέσαντος τὸν πρῶτον γάμον του ἱερέως Ἀγάθωνος Σταθοπούλου βεβαιοῦντος ὅτι ἐστεφάνωσε « τὸν πρίγκηπα Δημήτριον Ῥοδοκανάκην, ἄγγλον πολίτην. »

Ἐπειδὴ ἡ πρὸς τέλεσιν τοῦ γάμου του ἄδεια ἀπὸ 4 Ἰουνίου (ἐ. ἔ.). τοῦ ἀρχιεπισκόπου Σύρου, Τήνου καὶ Μήλου πρὸς τὸν αἰδέσιμον πρεσβύτερον καὶ ἐφημέριον τοῦ ἁγίου Νικολάου Ἐμμ. Βλυσίδην περιέχει τὰ ἑξῆς : « ἐπιτρέπεταί σοι ἵνα στέψῃς τὸν πρίγκηπα Δημήτριον Ῥοδοκανάκην μετὰ τῆς Εὐθυμίας Λαζ. Σαμοθράκη σακελλαρίου εἰς γάμου κοινωνίαν ἀμφοτέρους. »

Ἐπειδὴ γάμος ἄνευ προηγουμένης ἐκκλησιαστικῆς ἀδείας θεωρεῖται ἄκυρος καὶ μὴ ὤν · ἡ δὲ ἄδεια τῆς ἐκκλησιαστικῆς ἀρχῆς εἶναι τὸ ἔγγραφον ἐκεῖνο ὅπερ ἀποδεικνύει τὴν ταυτότητα τοῦ νυμφευθέντος · ὁ δὲ ληξίαρχος δὲν δύναται ν' ἀπομακρυνθῇ τῆς ὀνοματεπωνυμίας τῆς ἀναφερομένης ἐν τῇ ἐκκλησιαστικῇ ἀδείᾳ. Ἀφοῦ δὲ διὰ τῆς ἀδείας τοῦ ἀρχιεπισκόπου Σύρου ἐπετράπη ἡ στέψις τοῦ πρίγκηπος Δημητρίου Ῥοδοκανάκη, ὁ ληξίαρχος ὀφείλει νὰ καταχωρίσῃ ἐν τῇ πράξει τὸ ὄνομα τοῦ συζύγου συνῳδὰ τῇ περιεχούσῃ αὐτὸ ἐκκλησιαστικῇ ἀδείᾳ (1).

Ἐπειδὴ, κατὰ τὸ ἄρθρον 54 τοῦ ἀστυκοῦ νόμου, πᾶσα διόρθωσις ληξιαρχικῆς πράξεως γίνεται διὰ δικαστικῆς ἀποφάσεως, τηρεῖται δὲ ἡ τοῦ ἄρθρου 640 ἐπ' ἀναφορᾷ διαδικασία.

Ἐπειδὴ ἐν τῇ προκειμένῃ ληξιαρχικῇ πράξει οὐ μόνον μετεβλήθη ἡ δήλωσίς του, ἀλλὰ καὶ οὐδόλως ἐτηρήθη ἡ διάταξις τοῦ ἄρθρου 75 τοῦ ἀστυκοῦ νόμου, κατὰ τὸν ὁποῖον ἡ ληξιαρχικὴ πρᾶξις θέλει περιέχει τὸ ὄνομα καὶ τὸ ἐπώνυμον, τὸ ἐπάγγελμα καὶ τὴν ἡλικίαν, τὸν τόπον τῆς γεννήσεως καὶ τὴν κατοικίαν τῶν συζύγων καὶ τῶν γονέων αὐτῶν · ὡς δὲ προκύπτει ἐκ τῆς προσαγομένης ἐν ἐπισήμῳ ἀντιγράφῳ ἀπὸ 25 Ἰουνίου (ἐ. ἔ.) ληξιαρχικῆς πράξεως δὲν ἀναφέρεται ἐν αὐτῇ ὁ τόπος τῆς γεννήσεως, οὔτε ἡ κατοικία τῶν συζύγων καὶ τῶν γονέων αὐτῶν, ἐπομένως δέον νὰ διορθωθῇ ἡ πρᾶξις ὡς ἑξῆς : « ἐνεφανίσθη κλπ. ὁ ἱερεὺς Ἐμμ. Βλυσίδης κλπ. ὁ πρίγκηψ Δημήτριος Ῥοδοκανάκης ἐτῶν 54, γεννηθεὶς καὶ κατοικῶν ἐν Ἑρμουπόλει, πολίτης καὶ ὑπήκοος ἄγγλος, κτηματίας, υἱὸς τοῦ Ἰωάννου Ῥοδοκανάκη, κτηματίου, καὶ τῆς Ἀριέττας συζύγου Ἰωάννου Ῥοδοκανάκη, τὸ γένος Θ. Κορεσίου, γεννηθέντων ἐν Χίῳ, ἀποβιωσάντων δὲ ἐν Ἑρμουπόλει τῇ κατοικίᾳ των · καὶ ἡ Εὐθυμία Σαμοθράκη ἐτῶν 26, γεννηθεῖσα ἐν Τήνῳ, κατοικοῦσα ἐν Ἑρμουπόλει, θυγάτηρ τοῦ Λαζάρου Ἐμμ. Σαμοθράκη καὶ τῆς Πηνελόπης Φιλιππότη

---

(1) Cela revient à dire que si, sciemment ou à son insu, l'autorité ecclésiastique s'est rendue complice d'un faux, l'officier de l'état civil est légalement obligé de donner à ce faux une consécration officielle. Le Tribunal de première instance de Syra professe là une singulière jurisprudence.

Μοροζίνη, γεννηθέντων εν Τήνω, κατοικούντων δ' εν Ερμουπόλει, και εδήλωσαν ότι κλπ. » (άρθρον 75 αστυκού νόμου).

Διά ταύτα εξαιτείται όπως διορθωθή η περί του γάμου του ληξιαρχική πράξις του ληξιάρχου Ερμουπόλεως, και υποχρεωθή ο ληξίαρχος όπως εγγράψη την διορθωτέαν πράξιν εις τα ληξιαρχικά βιβλία ως εξής : « ενεφανίσθη κλπ. ο πρίγκηψ Δημήτριος Ροδοκανάκης ετών 54, γεννηθείς και κατοικών εν Ερμουπόλει, πολίτης και υπήκοος άγγλος, κτηματίας, υιός του Ιωάννου Ροδοκανάκη, κτηματίου, και της Αριέττας, συζύγου Ιωάννου Ροδοκανάκη, το γένος Θ. Κορεσίου, γεννηθέντων εν Χίω, αποβιωσάντων δε εν Ερμουπόλει τη κατοικία των, και η Ευθυμία ετών 26, γεννηθείσα εν Τήνω, κατοικούσα εν Ερμουπόλει, θυγάτηρ του Λαζάρου Εμμ. Σαμοθράκη και της Πηνελόπης Φιλιππότη Μοροζίνη, γεννηθέντων εν Τήνω, κατοικούντων δε εν Ερμουπόλει κλπ.»

Της αιτήσεως ταύτης το Συμβούλιον του τμήματος των διακοπών, διά της υπ' αριθ. 223 (ε. ε.) πράξεώς του ώρισε δικάσιμον την σήμερον, και εισηγητήν τον νεώτερον κατά την συνεδρίασιν δικαστήν. Προκειμένης όθεν σήμερον συζητήσεως αυτής ·

Ακούσαν τον εισηγητήν δικαστήν αναγνόντα την έκθεσίν του · τους πληρεξουσίους του αιτούντος αναγνόντας και προφορικώς αναπτύξαντας τας εγγράφους αυτών προτάσεις ·

Τον εισαγγελεύοντα γνωμοδοτήσαντα ·

Διελθόν την δικογραφίαν ·

Σκεφθέν κατά τον νόμον ·

Επειδή, συνωδά τοις 54 του τμά αστυκού νόμου και 640, εδ. 5, πολ. Δικονομίας, νομίμως η από 27 Ιουνίου (ε. ε.) αίτησις περί της διορθώσεως ληξιαρχικής πράξεως του εν Ερμουπόλει τελεσθέντος γάμου του αιτούντος εισάγεται διά της επ' αναφορά διαδικασίας ενώπιον του Δικαστηρίου τούτου νομίμως προτιμηθείσα.

Επειδή ο αιτών διά της ειρημένης αιτήσεως και των προτάσεων αυτού παραπονείται ότι ο ληξίαρχος Ερμουπόλεως εκ της νομίμως γενομένης ενώπιον τούτου δηλώσεως διέγραψε 1) την λέξιν « πρίγκηψ » εκ του ονόματος αυτού, και 2) τας λέξεις « Άγγλος την πατρίδα », προσθείς « την πατρίδα Ερμουπολίτης » εν τη συνταχθείση υπ' αυτού υπ' αριθ. 71 ληξιαρχική πράξει · προς δε ότι η αυτή ληξιαρχική πράξις δεν αναφέρει, κατά το άρθρον 75, τον τόπον της γεννήσεως και την κατοικίαν των συζύγων, ούτε την κατοικίαν των γονέων αυτών, και κατά ταύτα αιτείται την διόρθωσιν της υπ' αριθ. 71 ληξιαρχικής πράξεως του έτους τούτου.

Ἐπειδὴ ἐκ τῶν ἄρθρων 32, 35, 44, 45, 46 καὶ ἄλλων τοῦ ἀστυκοῦ Νόμου προκύπτει ἀναμφισβητήτως ὅτι ὁ ληξίαρχος ὀφείλει νὰ καταγράφῃ τὰς ἐν τῇ περιφερείᾳ του γεννήσεις, γάμους, ἀποβιώσεις, μεταβολὰς ἢ προσθήκας ὀνομάτων, ἀναγνωρίσεις νόθων τέκνων, υἱοθεσίας καὶ διαζύγια ἀκρίτως, ἂν αὗται ἀναφέρωνται εἰς πρόσωπα ξένης ὑπηκοότητος, ὁσάκις πληροφορηθῇ ταύτας ἁρμοδίως εἴτε παρὰ τῶν ἐχόντων συμφέρον ἢ ὑποχρεουμένων ἐκ τοῦ νόμου τούτου προσώπων, ἢ καὶ ἐξ ἰδίας ἀντιλήψεως (μεταβαίνων μάλιστα καὶ αὐτοπροσώπως, ἄρθρ. 78), τηρῶν κατὰ τὴν σύνταξιν τῶν ληξιαρχικῶν τούτων πράξεων τὰς νομίμους διατυπώσεις, συνεπῶς καὶ τὴν διάταξιν τοῦ ἄρθρου 43, δυνάμει τῆς ὁποίας προέβη, φαίνεται, εἰς τὰς ἐκ τῆς δηλώσεως τοῦ αἰτοῦντος διαγραφάς.

Ἐπειδὴ διὰ τοῦ ἄρθρου 43 τοῦ ἀστυκοῦ νόμου ἔχοντος «οἱ ληξίαρχοι δὲν δύνανται νὰ καταχωρίσωσιν εἰς τὰς παρ' αὐτῶν συντασσομένας ληξ. πράξεις, οὔτε λόγῳ σημειώσεως, οὔτε καθ' οἱονδήποτε ἄλλον τρόπον, ἄλλο τι ἐκτὸς τῶν δηλώσεων ὅσαι συγχωρεῖται κατὰ τὸν νόμον νὰ γίνωνται ὑπὸ τῶν ἐμφανιζομένων,» ὁ νομοθέτης ἀπέβλεψε εἰς τὸ νὰ κανονίσῃ ὁμοιόμορφον τύπον ληξ. πράξεως, περιεχούσης ὅ,τι κατὰ τὴν κρίσιν του οὐσιῶδες καὶ χρήσιμον πρὸς ταύτην, καὶ πρὸς τοῦτο συνώδευσε τὸν περὶ ληξ. πράξεως νόμον μεθ' ὑποδειγμάτων πρὸς τοὺς ληξιάρχους τοῦ Κράτους, ἀλλὰ διὰ τῆς ὁμοιομόρφου καὶ κατὰ νόμον ἀκριβοῦς. τηρήσεως τῶν ληξιαρχικῶν πράξεων καθ' ὅλον τὸ Κράτος, οὐδόλως βεβαίως ἠθέλησε ν' ἀπαγορεύσῃ τὴν σαφήνειαν τῶν ἐν ταῖς ληξ. πράξεσιν ἀναφερομένων δηλώσεων, ἤτοι ὅτι οὐσιωδῶς ἠθέλησεν, ἀλλὰ δὲν ὥρισεν, ὡς αὐτονοήτως ἐν τῷ σκοπῷ του ἐγκείμενον, καὶ δὴ ὁσάκις διασάφησίς τις ἢ προσθήκη λέξεως στρέφεται περὶ τὰ οὐσιώδη, τὴν ταυτότητα δηλονότι τοῦ ὀνοματεπωνύμου δι' οὗ προτίστως καὶ ἀμέσως τὰ πρόσωπα διακρίνονται ἀλλήλων ἐν τῇ σφαίρᾳ τῶν κοινωνικῶν καὶ νομικῶν αὐτῶν σχέσεων καὶ ἐνεργειῶν, ἢ τὴν ἐθνικότητα τοῦ δηλοῦντος προσώπου.

Ἐπειδὴ, κατὰ τὸν νόμον καὶ τὸν γενικὸν τοῦ διεθνοῦς ἰδιωτικοῦ δικαίου κανόνα, ὁ νόμος τοῦ τόπου διέπει τὴν πρᾶξιν (locus regit actum), ἐφαρμοζόμενον καὶ ἐπὶ τοῦ γάμου, τὸ κῦρος ἑπομένως τοῦ γάμου κρίνεται κατὰ τὸν νόμον τῆς χώρας ἔνθα ἐτελέσθη οὗτος, εἰς τρόπον ὥστε, ὅταν πρόσωπόν τι νυμφεύηται ἐν ἄλλῃ χώρᾳ ἐκτὸς τῆς ἑαυτοῦ, τηρῶν τὰς τοπικὰς διατυπώσεις, ἡ νομιμότης τοῦ γάμου τούτου δὲν δύναται ν' ἀμφισβητηθῇ, πλὴν ἐν περιπτώσει μὴ τηρήσεως τῶν ἀλλοδαπῶν νόμων, ἄνευ ἄλλης τινὸς ἐξαιρέσεως, ἐκτὸς τῆς πηγαζούσης ἐκ τῆς προφανοῦς ὑπεκφυγῆς τῶν διατάξεων τοῦ προσωπικοῦ θεσμοῦ ἢ καταδολιεύσεως τοῦ νόμου τοῦ τόπου τῆς καταγωγῆς. Αἱ συνέπειαι ὅμως τοῦ γάμου τοῦ ἀλλοδαποῦ διέπονται ὑπὸ τῶν νόμων τοῦ Κράτους οὗ διατελεῖ οὗτος ὑπήκοος, ὡς λ. χ. τὰ κληρονομικὰ δικαιώματα καὶ ἄλλαι ἐκ τοῦ γάμου ἔννομοι προσωπικαί σχέσεις.

Ἐπειδὴ πρὸς τούτοις ὁ ἀλλοδαπὸς ἐν Ἑλλάδι, κατὰ τὸ ἄρθρον 13 ἀστυκοῦ νόμου, ἀπολαύει ἐπίσης τῶν ἀστυκῶν δικαιωμάτων ὡς ὁ Ἕλλην, ἐκτὸς ἐὰν νόμοι τοῦ ἑλληνικοῦ Κράτους μὴ τροποποιούμενοι διὰ συνθηκῶν ἀποδίδωσιν ἀστυκόν τι δικαίωμα εἰς μόνους τοὺς ἡμεδαπούς.

Ἐπειδὴ, κατὰ τ' ἀνωτέρω, ἀφοῦ ἐκ τῶν προσαγομένων ἐπισήμων ἐγγράφων, 1) τοῦ ἀπὸ 20 μαρτίου 1869 Β. διατάγματος τοῦ ἡμετέρου Κράτους, δι' οὗ ἐπετράπη τῷ αἰτοῦντι Δημ. Ῥοδοκανάκῃ νὰ παραιτήσῃ τὴν ἑλλην. ἐθνικότητα καὶ ἀναλάβῃ τὴν ἀγγλικήν · 2) τοῦ ὑπ' ἀριθ. 1931 τῆς 1 ἰουλίου 1895 πιστοποιητικὸν τοῦ δημάρχου Ἑρμουπόλεως, ἐξ οὗ προκύπτει ὅτι ὁ αἰτῶν διεγράφη ἐκ τοῦ δημοτολογίου τοῦ δήμου Ἑρμουπόλεως ὡς παραιτηθεὶς τῆς ἑλληνικῆς ἐθνικότητος · 3) τοῦ ἐν πρωτοτύπῳ καὶ μεταφράσει προσαγομένου ὑπ' ἀριθ. 6 τῆς 3 νοεμβρίου 1870 πιστοποιητικοῦ ἢ ἀναγνωρίσεως τοῦ Ὑπουργείου τῶν ἐσωτερικῶν Λονδίνου πολιτογραφήσεως τοῦ αἰτοῦντος καὶ ὁρκίσεως τούτου ὡς Βρετανοῦ ὑπὸ τὸ ὄνομα « ὁ πρίγκηψ Δημήτριος Ῥοδοκανάκης » · 4) τοῦ ἀπὸ 17 αὐγούστου 1871 διαβατηρίου τοῦ Ὑπουργείου τῶν ἐξωτερικῶν Ἀγγλίας, θεωρηθέντος καὶ ἐν τῇ ἐν Ἀθήναις πρεσβείᾳ τῆς Βρεττανικῆς Μεγαλειότητος τὴν 15 ἰουλίου 1875, ἐπίσης φέροντος τὸ ὄνομα « πρίγκηψ Δημήτριος Ῥοδοκανάκης » προκύπτει ὅτι ὁ αἰτῶν εἶναι ἄγγλος ὑπήκοος, τελέσας δὲ ὡς τοιοῦτος τοὺς γάμους του ἐν Ἑρμουπόλει τῆς Ἑλλάδος, τὴν 4 ἰουνίου 1895, κατὰ τὰ ἐν Ἑλλάδι περὶ γάμου ἰσχύοντα, ὀρθόδοξος ὢν μετὰ ὀρθοδόξου Ἑλληνίδος, ὤφειλε διὰ νὰ ἔχῃ κῦρος ὁ γάμος του νὰ συμμορφωθῇ καὶ πρὸς τὸ ἄρθρον 74 τοῦ ἑλλ. ἀστυκοῦ νόμου, καὶ ὄντως συνεμορφώθη πρὸς αὐτὸ, δηλώσας νομίμως καὶ ἐμπροθέσμως ἐνώπιον τοῦ ληξιάρχου Ἑρμουπόλεως τὴν τέλεσιν τοῦ γάμου αὐτοῦ.

Ἐπειδὴ, ἀφοῦ ὁ αἰτῶν δὲν εἶναι Ἕλλην, ἀλλὰ ὑπήκοος ἄγγλος, ἕπεται ὅτι, ἐὰν οὗτος ἔχῃ τίτλον εὐγενείας ἢ διακρίσεως κατὰ τοὺς νόμους τῆς ἐθνικότητος αὐτοῦ, ἥτις ἐπιτρέπει τοὺς τίτλους, δύναται νὰ φέρῃ αὐτὸν καὶ ἐν τῇ ἀλλοδαπῇ καὶ δὴ καὶ ἐν Ἑλλάδι, ἀναποσπάστως μετὰ τοῦ ὀνόματος οὗτινος ἀποτελεῖ μέρος, καὶ πᾶν πρόσωπον ἔχει τὸ δικαίωμα ν' ἀπαιτήσῃ ὅπως γείνῃ μνεία αὐτοῦ ἐν τῇ ληξιαρχικῇ πράξει (Laurent, *Principes de droit civil*, τόμος II, σελὶς 32), χωρὶς διὰ τοῦτο νὰ θίγηται τὸ ἡμέτερον Σύνταγμα, καθ' ὃ μόνον (ἄρθρον 3 Συντάγματος) « εἰς τοὺς πολίτας ἕλληνας τίτλοι εὐγενείας ἢ διακρίσεως οὔτε ἀπονέ μονται, ούτε αναγνωρίζονται », να προσβάλληκαι ή ισότης των πολιτών ελλήνων ενώπιον των νόμων.

Έν τούτοις δεν πρόκειται σήμερον το Δικαστήριον, ως και πάσα άλλη ελληνική αρχή, ούτε τίτλον ευγενείας του αιτούντος ν' αναγνωρίση, ούτε καν περί της πραγματικότητος ή μη τούτου ν' απασχοληθή · αλλ' απλώς να εξετάση εκ των προσαγομένων συν τη αιτήσει του εγγράφων το βάσιμον του ισχυρισμού του ότι ως πρίγκηψ Δημήτριος Ροδοκανάκης είναι γνωστός εν Αγγλία, ης είναι υπήκοος · και συνεπώς αν ή εν αρχή του ονόματος Δημ. Ροδοκανάκη λέξις « πρίγκηψ » αποτελεί μέρος του ονόματος αυτού εν Αγγλία και έχη εκ τούτου συμφέρον ώστε, σπουδαίως και ουχί εκ ματαιοδοξίας, να αίτη ούτος την ούτω πως, κατά την δήλωσιν αυτού ενώπιον του ληξιάρχου, διόρθωσιν του ονόματός του εν τη επιδίκω ληξιαρχική πράξει.

Επειδή εκ των εν τη ανωτέρω 7 σκέψει περιγραφομένων υπ' αριθ. 3 και 4 εγγράφων, ήτοι 1) του εγγράφου της αγγλικής υπηκοότητος και ορκίσεως αυτού ως τοιούτου, και 2) του διαβατηρίου, εν οις φέρεται ως « πρίγκηψ Δημήτριος Ροδοκανάκης » · ως επίσης και εκ της λοιπής εν τη δικογραφία αλληλογραφίας του αιτούντος μετά των εν Αγγλία και αλλαχού προσώπων, και λοιπών εγγράφων, πείθεται το Δικαστήριον ότι ο αιτών ως πρίγκηψ Δημ. Ροδοκανάκης είναι γνωστός εν Αγγλία, συνεπώς έχει έννομον συμφέρον όπως τεθή ούτω το όνομά του εν τη ληξιαρχική πράξει, αφού, ως είρηται, θα κανονίση τας εν Αγγλία συνεπείας του γάμου κατά τους αγγλικούς νόμους. Τοσούτω δε μάλλον το Δικαστήριον ου μόνον πείθεται, αλλά και θεωρεί ως νομίμως και ουσιωδώς διορθωτέαν την ληξιαρχικήν πράξιν δια της λέξεως « πρίγκηψ », καθ' όσον και προηγούμεναι εν Ελλάδι σχέσεις αυτού του αιτούντος, και ιδίως περί του πρώτου αυτού γάμου εν Ελλάδι, εκανονίσθησαν υπό το όνομα « πρίγκηψ Δημήτριος Ροδοκανάκης », και δη εις επισήμους αδείας εκκλησιαστικών ελληνικών αρχών Αθηνών και Ερμουπόλεως και ληξιαρχικάς πράξεις των ληξιάρχων Αθηνών και αυτού της Ερμουπόλεως, ήτοι τας εν τη αιτήσει και τω ιστορικώ της παρούσης μνημονευομένας λεπτομερώς και προσαγομένας νομίμως.

Επειδή και ανεξαρτήτως πάντων τούτων, αφ' ου η εκκλησιαστική ενταύθα αρχή, η κατά νόμον ερευνήσασα την ταυτότητα του προσώπου όπως επιτρέψη άδειαν του δευτέρου τούτου γάμου του αιτούντος, εξέδωκε τοιαύτην, όπως στεφθή ο πρίγκηψ Δημήτριος.' Ι. Ροδοκανάκης μετά της Ευθυμίας Λαζάρου Σαμοθράκη σακελλαρίου κλπ. (όρα προσαγομένην υπ' αριθ. 89 της 4 Ιουνίου 1895 άδειαν του αρχιεπισκόπου Σύρου, Τήνου και Μήλου) και ούτως εγένετο η στέψις, ως πιστοποιεί ο τελέσας τον γάμον εφημέριος Έμμ. Βλυσίδης οικονόμος (όρα το από 8 Ιουνίου 1895 σχετικόν πιστοποιητικόν), ώφειλεν ο ληξίαρχος Ερμουπόλεως να καταχωρήση εν τη ληξιαρχική πράξει το όνομα του συζύγου συνωδά τη περιεχούση αυτό εκκλησιαστική αδεία, ήτις είναι το μόνον έγγραφον κατά τους νόμους ημών, ους ο αιτών ηκολούθησε, το προσδίδον κύρος εις τον γάμον και αποδεικνύον μέχρις ανταποδείξεως την ταυτότητα του νυμφευθέντος και δεν ηδύνατο ν' απομακρυνθή της ονοματεπωνυμίας « πρίγκηπος Δημητρίου Ροδοκανάκη ».

Επειδή ως προς την διαγραπτέαν φράσιν της δηλώσεως « την πατρίδα Άγγλος » και της αντ' αυτής τεθείσης υπό του ληξιάρχου « την πατρίδα Ερμουπολίτης » δεν εμμένει ο αιτών να τεθή η λέξις « πατρίς », αλλά το « πολίτης και υπήκοος άγγλος », όπερ δεν προσκρούει εις την σαφήνειαν ή αλήθεια της ληξιαρχικής πράξεως, αφ'ου άλλως θα τεθή ο τόπος της γεννήσεως αυτού, της συζύγου του και των γονέων αυτών, κατά το άρθρον 75.

Επειδή λίαν βασίμως ο αιτών ζητεί, κατά το άρθρον 75 του αστυκού νόμου και κατά το σχετικόν του νόμου τούτου υπόδειγμα, να συνταχθή η ληξιαρχική πράξις του γάμου του κατά την δήλωσίν του, ήτοι να περιλάβη τον τόπον της γεννήσεως και κατοικίας των συζύγων και την κατοικίαν των γονέων αυτών.

Επειδή κατά ταύτα δέον να γίνη δεκτή η προκειμένη του αιτούντος αίτησις ως νόμιμος και βάσιμος και υποχρεωθή ο ληξίαρχος όπως εγγράψη εις τα ληξιαρχικά βιβλία την διορθωτέαν ληξιαρχικήν πράξιν κατά τα εν τω σκεπτικώ και τω άρθρω 75 του αστυκού νόμου, και το σχετικόν υπ' αριθ. 75 υπόδειγμα ως εξής : « Ενεφανίσθη κλπ. ο πρίγκηψ Δημήτριος Ροδοκανάκης ετών 54, γεννηθείς και κατοικών εν Ερμουπόλει, πολίτης και υπήκοος άγγλος, κτηματίας, υιός του Ιωάννου Ροδοκανάκη, κτηματίου, και της Αρριέτας, συζύγου Ιωάννου Ροδοκανάκη, το γένος Θ. Κορεσίου, γεννηθέντων εν Χίω, αποδιωσάντων δε εν Ερμουπόλει τη κατοικία των, και η Ευθυμία ετών 26, γεννηθείσα εν Τήνω, κατοικούσα εν Ερμουπόλει, θυγάτηρ του Λαζάρου Έμμ. Σαμοθράκη και της Πηνελόπης Φιλιππότη Μοροζίνη, γεννηθέντων εν Τήνω, κατοικούντων δὲ ἐν Ἑρμουπόλει, καὶ ἐδήλωσαν ὅτι κλπ. » ("Ἄρθρον 75 ἀστυκοῦ νόμου.)

Διὰ ταῦτα,

Δεχόμενον τὴν ἀπὸ 27 ἰουνίου (ἐ.ἔ.) αἴτησιν ὡς νόμιμον καὶ βάσιμον, Διατάσσει τὴν διόρθωσιν τῆς ὑπ' ἀριθ. 71 (ἐ.ἔ.) περὶ τοῦ γάμου τοῦ αἰτοῦντος ληξιαρχικῆς πράξεως τοῦ δήμου Ἑρμουπόλεως ἐν τοῖς σχετικοῖς βιβλίοις κατὰ τὰ ἐν τῷ σκεπτικῷ, καὶ

Ἐπιβάλλει τὰ ἔξοδα εἰς βάρος τοῦ αἰτοῦντος.

Ἐκρίθη, ἀπεφασίσθη ἐν Σύρῳ τῇ 8 ἰουλίου 1895 καὶ ἐδημοσιεύθη ἐν Σύρῳ τῇ 10 ἰουλίου 1895.

ὁ προεδρεύων
Ἰω. Καφόπουλος.

ὁ ὑπογραμματεὺς
Γιαν. Καντζηλιέρης.

Ἀκριβὲς ἀντίγραφον,
Σῦρος, 12 ἰουλίου 1895.
(Τ. Σ.)

ὁ ὑπογραμματεὺς
Α. Ν. Γαβαλλᾶς.

Extrait de la Πατρὶς du 15 juillet 1895. Ce jugement a aussi été publié in-extenso dans les autres journaux de Syra, dont voici les titres: Ἀπόλλων du 19 juillet 1895, Προμηθεὺς du 21 juillet 1895, Ἀλήθεια du 22 juillet (3 août) 1895 et Ἀνατολὴ du 3 août 1895.

Il est inutile de reproduire ici tous les articles que la presse hellénique a consacrés à cette exhilarante affaire; mais nous devons signaler particulièrement au lecteur ceux qui ont été publiés dans le journal athénien Καιροὶ des 18 juillet, 25 juillet, 31 juillet (celui-ci sous la signature de E. S. Macrygiannis, avocat à Syra) et 4 août 1895. Dans ce dernier, il est dit que le maire d'Hermoupolis a interjeté appel du jugement de première instance. Nous ignorons ce qu'il en adviendra. Peu importe, d'ailleurs. Lors même que l'Aréopage se prononcerait en faveur de D. Rhodocanakis, sa décision ne changerait rien à ce qui existe. Démétrius Rhodocanakis est et restera, quoi qu'il fasse, un faussaire avéré : titre personnel et inaliénable, dont personne ne s'avisera jamais de lui contester la légitime propriété.

INDEX DES NOMS PROPRES

Agathemère. 37.
Alexandre VI, pape. 72.
Alexandre VII, pape. 16.
Allatius (Léon). 5, 15, 16, 17, 35, 36, 37, 57, 72, 100 à 102, 132, 133, 134, 170 à 174.
Allen (W.-H.). 83
Allera (Marie-Marguerite). 112.
Andreini (Gio.). 45.
Androutzis (Alvise). 122.
Angeli (Famille). 150, 151.
Antonelli (Le cardinal). 173.
Anzoli (Famille). 150, 151.
Apostolis (Michel). 129.
Archer (J.-H. Lawrence). 81 à 84.
Arsène de Monembasie. 5, 6, 7.
Arundel (Alexandre). 74.
Arundel (Marie). 75.
Arundel (William). 74.
Arvat (Marie-Magdeleine). 111.
Attaliote (Michel). 7.
Aymon (Jean). 136.
Balls (Marie). 70, 79.
Balls (William). 70.
Barocci (Frédéric). 15.
Baronius (César). 45.
Bartoccini. 180.
Basile le Loup. 11.
Béhanzin. 61.
Bekink (G.-J.). 27.
Benessa (Pierre). 17.
Berti (Le chevalier). 123.
Bessarion (Le cardinal). 57.
Birague (Le comte de). 7.
Blackwood (William). 31.
Bonazini (Ambrogio). 45.
Bonfandini (Barth.) 122.
Bordini (Gianfr.). 45.
Bourdaloue. 42.
Bradfield (Henry-J.). 75. 78, 79.
Brancaz (Marie-Louise). 112.
Breitkopf (B.-Chr.). 123.
Bridge (Tobias). 77.

Brindesis (Renieris), imprimeur. 107, 194.
Brown (William). 88.
Brua (Filippo). 181.
Bruun (C.-W.). 25.
Burke (Bernard). 83, 93.
Burke (Henry Farnham). 83, 94.
Butcher (Samuel-Henry). 32.
Bytschkoff (A.). 29.
Caliméris (Angèle). 114.
Canaris (Despina). 62, 114.
Canaris (Thrasyb.). 62, 114.
Canélos (Étienne ou Georges). 92, 93.
Cantziliéris (Jean). 194. 202.
Caphopoulos (Jean). 194. 202.
Cappelli (Licinio), imprimeur. 53.
Caretto (Giorgio del). 58.
Carolsfeld (Schnorr von). 25.
Caryophyllis (Jean-Mathieu). 10, 34.
Castellani (C.). 31.
Catherine II. 23.
Cédrénus (Georges). 7.
Centurione (Catherine). 57.
Chalcondyle (Laonic). 7.
Charam (Le prince). 180, 182.
Charles II, roi d'Angleterre. 19, 20, 128.
Charles IX, r. de France. 9.
Chatzidakis (Georges N.). 49.
Choniate (Nicétas). 7.
Christine, reine de Suède. 170, 171, 175.
Chrysidis (G.). 193.
Chrysoloras (Manuel). 7.
Ciampi. 180.
Ciochetti (André), curé de San Benigno. 112.
Clark (J. W.). 103, 105.
Clérin (Jean-François). 112.
Clérin (Marie-Anne-Catherine). 112.

Codrington (Chr.). 78.
Comnène (Démétrius). 23.
Comnène (Vincent). 11, 14, 17.
Condé (Le prince de). 82.
Conciolini (Vincenzo). 45.
Constantin Dragasès. 19, 70, 174.
Constantin le Grand. 174.
Constantin Porphyrogénète. 7, 54, 55, 56.
Constantin (Robert). 105.
Cook (Thomas). 87 à 89.
Coppola (Antonio). 45.
Coraï (Adamantios). 21, 122.
Coressios (Nicolas). 133.
Coressius (Georges). 2, 10, 14, 15, 47 à 50, 67, 99, 100, 122, 132 à 134.
Coressius (Henriette), mère de Démétrius Rhodocanakis le faussaire. 59, 62, 92, 93, 99, 100, 196, 197, 201.
Coressius (Th.). 196, 197, 201.
Corneth (John). 74.
Courcouas (Jean). 57.
Criscuolo. 180, 182.
Crollalanza (J. B. de). 53.
Crusius (Martin). 72, 73, 74.
Cunningham (W.). 105.
Danuso (Giuseppe). 181.
Dary (Enrico). 182
Delisle (Léopold). 28.
Démétracopoulos (Andronic). 11, 18.
Diatzindéna (Loula). 92, 93.
Dilke (Sir Charles), 97, 98.
Diovouniotis (G.). 194.
Dix (Thomas). 145.
Doria (Orietta). 58.
Douglas Trimmer (R.). 145.
Drugulin (W.), imprimeur. 128.
Du Cange. 12, 84, 150, 151, 163, 165,
Ducas (Andronic). 7, 54.
Ducas (Constantin). 7, 54.

Dyck (Antoine van). 19.
Ehrle (Le R. P. François). 30, 66, 133.
Énée. 174.
Fabricius (Jean-Albert). 36, 37, 38.
Farnham-Burke (Henry). 83, 94.
Fatma (La belle). 61.
Felini (Antoine). 15.
Finlay. 165.
Flavius Julius Claudianus Constantinus. 54.
Flourens (Gustave). 180, 181, 182.
Franzino, podestà d'Ostiglia. 73.
Fuller (Loïe), danseuse. 87.
Galatianos (Mathieu). 132.
Galatis (G. S.). 176.
Garibaldi (Ricciotti). 180, 182
Garnett (Richard). 24, 81, 84.
Gaston, duc d'Anjou. 9.
Gaston, duc d'Orléans. 82.
Gathorne Hardy. 143, 144.
Gattilusio (Dorino). 58.
Gattilusio (Palamède). 58.
Gavallas (Jean). 202.
Gazzotti (Antonio). 181.
Georges Ier, roi de Grèce. 171, 175.
Georges Cédrénus. 7.
Georges Phrantzès. 7.
Gérardis (G.). 194.
Gibbon. 163, 165.
Gibson (Charles). 74.
Giles (P.). 103 à 105.
Giugni (Camillo). 45.
Giuliani (André). 14.
Giustinian (Antonio). 73.
Giustiniani (Jérôme). 8, 9.
Giustiniani (Vincent). 9, 193, 194.
Glycas (Michel). 7, 122.
Gossart (Ern.). 25.
Gradenigo (Alvise). 20, 51, 103.
Green, libraire. 95.
Grégoire le Protosyncelle. 11.
Grégoire, moine. 135, 136.
Guevara (Inigo Velez di). 14.
Guillaume de Poitiers. 164.
Hanmer (Geo.). 77.
Hassell (Ralph). 76.
Heath (Josiah). 79.
Henri III. 9.
Henri IV. 9.
Heyd (Guillaume). 28.
Hinckson (J.). 78.
Holmes (Richard-R.). 28.
Hopf (Charles). 58.

Houdin (Robert). 57.
Innocent XI. 170.
Iturbide. 146, 147.
Iustinian. Voir Giustiniani.
Ivan III (Le tsar). 72.
Jackson (Ed.-St.). 69.
Jago (Fr.-Vyvyan). 69, 70, 71, 74.
Jean Courcouas. 57.
Joasaph, patriarche de Constantinople. 8.
Jones (John). 88.
Justinien le Grand. 7, 154, 155.
Kendall (Thomas). 77.
Kenlis (Lord). 164.
Kétaba (Le martyre de). 135, 136.
Kielstra (E.-B.). 27.
Kneller (Godefroid). 19.
Kydonakis (Parthénios). 93.
Lagerberg (Magnus). 66, 109, 110, 133, 168 à 175.
Lascaris (Jean). 7.
Lascaris (Jean-Antoine). 110 à 112, 152, 153, 178, 179.
Lascaris (Marie Maillet, princesse). 110 à 112, 180 à 183.
Lauras (L.). 42.
Lawrence-Archer (J.-H.). 81 à 84.
Lazier de la Laix. Voir Lascaris (Jean-Antoine).
Lee (François). 75.
Leger (Antoine). 136.
Lely (Pierre). 19, 83.
Léon X, pape. 121.
Leroux (Ernest), libraire. 129.
Lesne (Hirtram). 83, 141.
Longmans, libraire. 95.
Lonsdale (Le comte). 19.
Louis XIII. 9, 82.
Louis XIV. 15.
Louis-Napoléon. 146, 147.
Löwemberg, avocat. 181.
Mac Alister (I.-Y.-W.). 32.
Macrygiannis (E. S.) 203.
Mahomet II. 73.
Maillet (Jean). 112.
Maillet (Marie). 110 à 112, 180 à 183.
Maisonneuve, libraire. 128, 129.
Mamoucas (André Z.) 49.
Mancini (Pasquale-Stanislao). 111.
Marapharas. Voir Scordylis.
Marie-Louise. 150, 151.
Massariis (Ulisse de). 45.

Masson (Antoine). 19.
Matésis (S.). 194.
Mattei (Le Cardinal). 173.
Maximilien, empereur du Mexique. 146, 147.
Mazzi (Curzio). 40.
Michallet (Étienne), imprimeur. 8.
Michel Attaliote. 7.
Michel Glycas. 7.
Michel (Marius), relieur. 131.
Millier. 180, 181.
Mindonios (Ignace). 21, 51, 103.
Miniati (Lorenzo). 11, 14, 17, 137.
Montézuma. 61.
Moretti (Camillo). 45.
Mottet, curé de Pont-Saint-Martin en 1816. 111.
Müller (Charles). 37.
Müller (H. C.). 52.
Musurus (Marc). 7.
Nanteuil (Robert). 19.
Newcomen (Catherine). 113.
Newcomen (George). 112 à 114.
Neyroz (J.-J.-A.). 111.
Nicéphore Bryenne. 164, 165.
Nicétas Choniate. 7.
Nichols, libraire. 99.
Nicholson (E.-W.-B.) 31.
Noiret (Hippolyte). 130.
Norcliffe (W.). 83.
Notaras (Lucas). 13.
Nutt (David), libraire. 130.
Orélie, roi d'Araucanie. 146, 147.
Pagnant, relieur. 130, 136.
Paléologue (André), fils de Thomas. 72, 73.
Paléologue (André), fils de Manuel. 73.
Paléologue (Camille). 19, 70, 71.
Paléologue (Catherine), femme d'André. 72.
Paléologue (Constantin), fils d'André. 72, 73.
Paléologue (Dorothée). 74. 75, 76.
Paléologue (Ferdinand). 75 à 79.
Paléologue (Jacques). 42 à 46.
Paléologue (Jean), fils imaginaire de Thomas. 19, 57, 58, 78.
Paléologue (Jean), fils de Manuel. 73.
Paléologue (Manuel), empereur de CP. 131.

INDEX DES NOMS PROPRES

Paléologue (Manuel), fils de Thomas. 72, 73, 74.
Paléologue (Marie). 74, 76.
Paléologue (Marthe). 74.
Paléologue (Prosper). 9, 19, 70, 71.
Paléologue (Rebecca). 76.
Paléologue (Sophie). 72.
Paléologue (Divers ayant porté le prénom de *Théodore*). 19, 44, 51, 69 et suiv. 74, 76, 77, 79, 80, 82, 83, 114.
Paléologue (Thomas). 19, 57, 58, 70 et suiv.
Papadopoulos - Kérameus (A). 100.
Parthénius, patriarche de Constantinople. 12.
Pastor (Louis). 72.
Paul V, pape. 39, 40.
Paulus, chanteur. 86.
Pecora (Santo). 123.
Petris (Francesco de). 137.
Philinis (N.). 194.
Philippe le Bel. 163.
Philippoti Morosini (Pénélope). 196, 197, 201.
Phrantzès (Georges). 7, 72, 73.
Picard (Alphonse) et fils, éditeurs-libraires. 2, 126, 138.
Picart (Étienne). 19.
Pie IX. 65, 66, 67, 68, 117, 118, 167, 168, 172 à 175.
Pierling (Le R.P.). 72, 73.
Pinelli (Antoine). 10.
Pitra (Le cardinal). 129.
Plutarque. 129.
Politis (Nicolas G.). 20, 48.
Pomfret (Abraham). 77.
Portius (Simon). 21.
Pratz (Édouard). 11.
Prola (Marie-Jeanne).
Puigcerver (J. Lopez). 26.
Quaritch (Bernard). 81.
Quendo (Fortuné). 111.
Ralli (Alexandre Antoine). 119 à 125.
Ralli-Paléologue (Denys). 122.
Ralli (Famille). 119 à 125.
Ralli frères. 119.
Rambaud (Alfred). 57.
Rambazetto (Francesco). 122.
Raoul Peau-de-Loup. 120.
Ravaisson-Mollien (Louis). 168.
Reece junior (R.). 78.

Rhodocanakis (Constantin). 18, 19, 41, 42, 51, 52, 83, 102 à 105.
Rhodocanakis (Démétrius). *passim.*
Rhodocanakis (Hélène, femme de Théodore). 115.
Rhodocanakis (Henriette). 114, 115.
Rhodocanakis (Jean), fils de Démétrius le faussaire. 115.
Rhodocanakis (Jean), père de Démétrius le faussaire. 59, 62, 82, 92, 93, 103, 113, 162, 163, 176, 177, 196, 197, 201.
Rhodocanakis (Julie), fille de Théodore. 115.
Rhodocanakis (Pantélis). 165, 166.
Rhodocanakis (Théodore), frère puîné de Démétrius le faussaire. 40, 62, 176.
Ricci (Monseigneur). 172.
Rietstap (J.-B.), 48, 60.
Rinaldi (Ettore). 181.
Roberts (Richard). 74.
Robertson (William). 105.
Rocoles (Jean-Baptiste). 108.
Rodoconaces (Constantius). 103, 104, 105.
Roebuck (John Arthur), 98.
Rogge (Y.-H.). 52.
Romanos (Jean), 17.
Romilly (John Baron). 145.
Roquette (Le Dr.). 26.
Roussillon (Le duc de). 148, 149, 158, 159.
Sabio (Etienne de). 121.
Sabio (Les frères de). 121.
Sakkélion (Jean). 133, 134.
Saltambasis (Const.). 194.
Salvianus. 164.
Samothrakis (Euthymia). 115, 116, 195, 196, 197, 201.
Samothrakis (Lazare). 196, 197, 201.
Saros (Nicolas). 122.
Saulger (Robert). 8.
Schlumberger (Gustave). 67.
Schomburgk (Robert H.). 78.
Scordylis (Zacharie). 8.
Segarini (Tommaso). 181, 182.

Sellori (Flaminio). 45.
Siméon (Le tsar). 55.
Simonidès (Constantin). 54, 106.
Skylitzios (Emmanuel). 20, 21.
Sophianos (Nicolas). 129.
Sophronius, protosyncelle. 135, 136.
Soulouque. 61, 146, 147.
Souvigny (Guy de). 100.
Spada-Flamini. 111, 180, 181, 183.
Spandugnino (Théodore). 72, 73, 74,
Spourgitis (Anastase). 195.
Stathopoulos (Agathon). 195.
Stavrinos (Jean - André). 12.
Stéphanopoli (A. Z.). 126.
Stevenson junior (Henry). 42, 43, 44, 67.
Syrigos (Mélétius). 12.
Tamerlan. 61.
Tennulius (Samuel). 37.
Tiefenau (A. Göldlin de). 29.
Tinolfi (Jacomo). 45.
Townsend (François). 74.
Tricoupis (Spiridion). 165.
Trimmer (R.-Douglas). 145.
Tsiropinas (Constantin). 193.
Vaphiadakis (Démétrius). 195.
Velez di Guevara (Inigo). 14.
Vélimézis (Jean). 194.
Veloudo (Jean). 5.
Vénétoclis (D.). 48, 49.
Victoria (La reine). 79, 113.
Villaras (Lazare-D.), imprimeur. 99.
Villari (Pasquale). 73.
Vlastos (Nicolas). 6.
Vlysidis (Emmanuel). 195, 196, 201.
Vos Az (G.-J.). 52.
Vrain-Lucas. 54.
Vrétos (André-P.). 12.
Vrétos (Marinos-P.). 78.
Waddell (James). 140.
Walrond (Edward). 76.
Walrond (Henry). 76.
Woolferstone (Charles). 75.
Wright (J.). 74.
Wynmalen (T.-C.-L.). 27.
Yarker (John). 165.
Young (J.-G.). 78.
Zannetti (Barthélemy). 34.

TABLE DES MATIÈRES

	Pages
Préface	v
Ch. Ier. — Imprimés imaginaires	1
Ch. II. — Ouvrages anonymes frauduleusement attribués	35
Ch. III. — Manuscrits imaginaires	41
Ch. IV. — Épitaphes imaginaires	47
Ch. V. — La généalogie des Rhodocanakis de Chio	52
Ch. VI. — Démétrius Rhodocanakis et l'*Almanach de Gotha*	62
Ch. VII. — Fausse monnaie	65
Ch. VIII.— Les Paléologues anglais	69
Ch. IX. — Une dupe anglaise de D. Rhodocanakis	81
Ch. X. — Naturalisation de D. Rhodocanakis. Son passeport anglais. Ses actes de naissance et de baptême. Son titre princier	85
Ch. XI. — Bibliographie rhodocanakienne	95
Ch. XII. — La biographie de Démétrius Rhodocanakis	107
Ch. XIII.— Généalogie de la famille Ralli	119
Ch. XIV.— Le prince Rhodocanakis et Émile Legrand	126

Pièces justificatives :

A. — Lettres de naturalisation accordées à D. Rhodocanakis	143
B. — Compte rendu par l'*Athenæum* d'une brochure de Rh.	146
C. — Compte rendu par la *Saturday Review* d'une brochure de Rhodocanakis	162
D. — Réception de Démétrius Rhodocanakis au Vatican	168
E. — Notice nécrologique sur Jean D. Rhodocanakis	176
F. — Le « prince » Jean-Antoine Lascaris. Marie Maillet, princesse Lascaris, devant le tribunal correctionnel de Rome.	180
G. — Faillite de Démétrius Rhodocanakis	184
H. — Démêlés de Démétrius Rhodocanakis avec la municipalité d'Hermoupolis de Syra	190

L'INSTABILITÀ DELLA FORTVNA.

Oda del Monsignor *GIOVANNI MATTEO CARTOFILO* Archiuescouo d'Iconio,

Dedicata all'Altezza Serenissima

DI DEMETRIO RHODOCANAKI,

Prencipe di Constantinopoli.

IN ROMA,
Per l'Erede del Zannetti. 1630.

CON LICENZA DE' SVPERIORI.

Titre fabriqué d'après la méthode exposée ci-dessus, pages 33-34.

ACHEVÉ D'IMPRIMER LE 13 NOVEMBRE 1895

PAR LEMALE ET CIE

LE HAVRE, 3, RUE DE LA BOURSE